그들은 왜 나보다 덜 내는가

THE TRIUMPH OF INJUSTICE

그들은 왜 나보다 덜 내는가

이매뉴얼 사에즈 · 게이브리얼 저크먼 지음 | 노정태 옮김

**불공정한 시대의
부와 분배에 관하여**

부·키

이매뉴얼 사에즈Emmanuel Saez

캘리포니아대학교 버클리캠퍼스 경제학 교수이자 공정성장센터 소장이다. 조세정책과 불평등 문제에 대한 이론 및 실증 연구에 집중하며, 피케티와 더불어 미국 소득 불평등의 역사를 보여주는 장기 시계열 자료를 만들었다. MIT에서 경제학 박사학위를 받았고, 전미경제학회의 존베이츠클라크 메달과 맥아더 펠로십을 받았다. 저서로 《세계불평등보고서 2018》《애프터 피케티》《세금혁명》 등이 있다.

게이브리얼 저크먼Gabriel Zucman

캘리포니아대학교 버클리캠퍼스 경제학 조교수다. 경제적 불평등과 조세천국 문제를 집중적으로 연구한다. 파리경제대학에서 박사학위를 받았고, 프랑스경제학회에서 박사학위 최우수 논문상을 받았다. 세계불평등데이터베이스의 집행위원이다. 저서로 《세계불평등보고서 2018》《국가의 잃어버린 부》 등이 있다.

옮긴이 노정태

작가, 번역가. 《논객시대》《탄탈로스의 신화》를 썼다. 《아웃라이어》를 시작으로 《기적을 이룬 나라, 기쁨을 잃은 나라》《민주주의는 어떻게 망가지는가》《야바위 게임》《밀레니얼 선언》《정념과 이해관계》 등을 번역했고, 《경향신문》《주간경향》《GQ》 등에 기고했다. 현재 《조선일보》와 《신동아》에 칼럼을 쓰고 있다.

그들은 왜 나보다 덜 내는가

2021년 4월 1일 초판 1쇄 인쇄 | 2021년 4월 9일 초판 1쇄 발행

지은이 이매뉴얼 사에즈·게이브리얼 저크먼 | 옮긴이 노정태
펴낸곳 부키(주) | 펴낸이 박윤우
등록일 2012년 9월 27일 | 등록번호 제312-2012-.000045호
주소 03785 서울 서대문구 신촌로3길 15 산성빌딩 6층
전화 02) 325-0846 | 팩스 02) 3141-4066
홈페이지 www.bookie.co.kr | 이메일 webmaster@bookie.co.kr
제작대행 올인피앤비 bobys1@nate.com
ISBN 978-89-6051-858-2 03300

세금이 없다면
협동도 없고, 번영도 없고,
공동의 운명도 없다.

차례

프롤로그

트럼프가 똑똑해서 세금을 안 낸다고?　　　… 10

1　왜 가난한 사람들이
더 내는가　　… 25

7만 5000달러: 미국인의 평균 소득 26 | 1만 8500달러: 미국 노동계급의 평균 소득 29 | 상위 1퍼센트가 얻는 것과 하위 50퍼센트가 잃는 것 32 | 세금은 모든 사람이 낸다 35 | 오직 사람만이 세금을 낸다 40 | 미국의 조세 체계는 누진적인가 44 | 왜 가난한 사람들이 더 내는가 46 | 왜 부자들은 세금을 덜 내는가 51 | 민주주의는 언제나 금권정치에 승리했다 55

2 부자들에게 거리낌없이 세금을 거두던 시절 ··· 61

부유세의 기원은 17세기부터 63 | 신대륙의 두 얼굴 65 | 소득세가 위헌이었을 때 70 | 그리고 누진세가 태어났다 75 | 최상위 소득세율을 늘리면 불평등은 줄어든다 82 | 아이젠하워 시절 부자들의 평균 세율 55퍼센트 88

3 애국적인 일로 둔갑한 조세 회피 ··· 93

문명 사회가 치러야 할 대가 97 | 탈세의 폭증 104 | 탈세냐 절세냐, 그 잘못된 프레임 109 | 정치와 법 집행의 한계 113 | "부자가 하면 절세, 가난뱅이가 하면 탈세"··· 그 반대 아닐까? 118 | 세금의 대탈출: 국경을 넘어 탈세를 한다 123 | 탈세와 싸우는 방법: FACTA의 교훈 126

4 구글이 세금을 떼먹는 방법 ··· 129

대기업들이 많은 세금을 내던 시절 131 | 이익 이전이 시작되다 135 | 버뮬랜드에 오신 것을 환영합니다 137 | 다국적기업의 이익 중 40퍼센트가 조세 도피처로 이전된다 143 | 서류상의 이익이나 수익 구조가 실제로 조세 도피처로 이전되는가 147 | 국가 주권의 상품화 152 | 바퀴에 낀 모래 155 | 세금 인하 경쟁의 승리 157

5 법인세를 인하하면 임금이 오른다는 신화 ··· 161

노동과 자본: 모든 수입의 원천 162 | 자본 세금은 점점 줄고, 노동 세금은 늘어만 간다 165 | 건강보험: 노동에 부과된, 크지만 보이지 않는 세금 170 | 자본에 대한 이상적 세율, 0퍼센트? 175 | 자본 과세와 자본 축적, 장기적 관점에서 181 | 세금이 아닌 규제가 자본 축적을 북돋는다 185 | 법인세 인하는 곧 누진적 소득세의 죽음 190

6 유령회사 놀음을 끝장내기 위한 호루라기 ··· 195

국제 공조는 왜 실패해 왔는가 196 | 국가는 다국적기업을 관리할 책임이 있다 203 | 지금 당장, 국제 공조를! 210 | 탈세로 인한 조세 결손을 어떻게 충당할 것인가 213 | 조세 도피처를 제재하라 217 | 바닥을 향한 경쟁에서 정상을 향한 경쟁으로 219

7 소득액이 같으면 세금도 똑같이 ··· 223

왜 부자 과세인가? 가난한 이들을 돕기 위해 227 | 부자들에 대한 최적의 평균 세율: 60퍼센트 230 | 부자들의 탈세를 막는 방법: 공공수호국이 필요하다 236 | 탈세의 구멍을 막자: 동일 소득 동일 세율 240 | 소득세 통합: 법인세라는 출구를 없애자 242 | 상위 1퍼센트는 얼마나 세금을 낼 수 있을까? 248 | 부유세: 억만장자들에게 세금을 걷는 바람직한 방법 252 | 부자들에게 과세하는 법: 시장의 힘을 지렛대 삼아 258

8 경제성장의 열매는
공평하게 분배되는가 … **265**

1980년 이전까지 최상위 소득세가 거둔 성과 267 | 압류에 가까운 최고 소득
구간 세율을 옹호하며 270 | 극도로 집중된 부의 혜택: 주장은 있지만 근거는
없다 274 | 높고 고른 성장 276 | 노동계급이 경제성장에서 배제되다 277 | 노
동계급의 소득 증가: 두 나라 이야기 281 | 성장은 저평가되었는가 285 | 재분
배의 한계 290 | 부의 집중을 막기 위한 급진적인 부유세 293

9 건강·교육·노후를 책임지는
사회국가를 향하여 … **299**

사회국가의 등장 302 | 민간 건강보험: 거대한 인두세 305 | 사회국가의 재정:
급여세와 부가가치세를 넘어서 310 | 21세기 사회국가의 재정 조달: 국민소득
세 315 | 우리의 건강과 자녀, 교육 그리고 번영을 위한 길 320

에필로그
지금 당장 정의로운 세금을 … **327**

감사의 말 332 | 미주 333 | 참고문헌 340
옮긴이의 말 353

프롤로그

트럼프가 똑똑해서
세금을 안 낸다고?

2016년 9월 26일 저녁, 힐러리 클린턴은 기분 좋게 출발했다. 전직 국무부 장관으로서, 공화당 대선후보 경선에서 승리를 거둔 리얼리티 쇼 스타 도널드 트럼프와 맞서게 된 클린턴이 첫 텔레비전 토론에서 우위를 점했기 때문이었다. 공화당의 대선 후보는 신경질적이고 공격적인 태도로 상대방을 끊임없이 방해했지만, 잘 준비된 채로 토론에 임하던 민주당 후보는 침착하게 한 점씩 따내고 있었다. 갑자기 세금 문제가 토론 주제로 떠오를 때까지만 해도 그랬다.

1970년대 초부터 이어 온 전통을 깨뜨리며 자신의 세금 환급 내역 공개를 거부했던 트럼프는, 자신이 국세청 감사를 계속 받고 있기 때문에 공개할 수 없다고 주장했다. 클린턴은 트럼프가 지난 세월 동안 얼마나 적은 세금을 내 왔는지를 거론하면서 그 부동산 개발업자 출신 억만장자를 함정으로 끌어들이려 했다. "사람들이 확인한 세금 환급 내역은 트럼

그들은 왜 나보다 덜 내는가

프가 카지노 영업권을 얻으려 할 때 제출한 것뿐인데, 그 내역을 보면 그는 연방소득세를 전혀 내지 않았습니다." 트럼프는 자랑스럽다는 듯이 그 사실을 인정했다. "그래서 내가 똑똑한 거요." 클린턴은 그 말을 되받아치지 않았다. 대신 클린턴은 감정적인 요소를 배제하고 기술적인 요소를 사려깊게 도입한 세금 제도 개혁안을 내놓았지만, 잘 다듬어졌고 섬세하게 균형이 잡힌 이 제안은 단 하루도 관심을 끌지 못했다.

"그래서 내가 똑똑한 거요"는 정치적으로 영악한 표현이다. 미국에서 가장 부자인 사람 중 하나가 세금을 전혀 내고 있지 않다는 것을 스스로 인정하는 모습은, "워싱턴 정가의 기득권층이 나라를 망치고 있다" "다른 모든 것들과 마찬가지로 세법은 사기다"라는 트럼프 선거운동의 핵심 메시지를 강화해 주는 효과를 낳기 때문이다. 트럼프의 답변 속에는 세법을 "일상적 강도질"이라고 불렀던 로널드 레이건 대통령의 유명한 발언이 메아리치고 있는 것이다. 트럼프와 레이건은 자신의 이익만을 거침없이 추구하는 것이 모든 이의 번영에 도움이 된다고 보고 있다. 그 관점에 따르면, 자본주의는 인간의 탐욕을 길들여 더 큰 선으로 인도한다. 세금은 그 과정에서 방해가 될 뿐이며 따라서 조세 회피tax avoidance는 올바른 일이다.

동시에 "그래서 내가 똑똑하다"는 말은 이런 이데올로기가 갖는 모순을 드러내고 있다. 무분별한 자기 이익의 추구는 모든 번영하는 사회의 핵심에 놓여 있는 신뢰와 협동의 규칙을 파괴하기 때문이다. 그가 가진 마천루들을 세계와 연결시켜 주는 사회기반시설, 그의 배설물을 처리해 주는 하수도 시스템, 그의 변호사들에게 읽고 쓰는 법을 가르쳤을 교사들, 그의 건강을 지켜 줄 의사와 공공 연구 인력들이 없다면 트럼프는 아무것도 아닐 것이다. 그의 재산을 지켜 주는 법과 법원은 언급할 필요도 없겠다. 공동체는 만인에 대한 만인의 거리낌없는 투쟁을 통해 번창하지 않는다. 협동과 집단적인 행동이 성공의 열쇠다. 세금이 없다면 협동도 없고, 번영도 없고, 공동의 운명도 없다. 대통령을 필요로 할 국가조차도 존재할 수가 없는 것이다.

거들먹거리던 트럼프는 미국 사회의 실패를 보여주고 있었다. 부자가 공동체에 기여할 필요가 없다는 발상이 너무도 자연스러워진 탓에, 대통령후보가 공개적으로 자신의 조세 회피를 인정하고 있는데도 그 상대편에서는 분명한 대응을 하지 못하고 있었던 것이다. 조세 체계는 그 어떤 민주적인 사회에서도 가장 중요한 제도라고 할 수 있다. 미국의 조세 체계는 실패했다.

우리는 미국이 어쩌다 이 지경이 되었는지 정확히 이해하고 미국을 바로잡는 데 기여한다는 두 가지 목적을 염두에 두고 이 책을 썼다.

불의의 승리

대통령후보 트럼프가 탈세를 인정한 것은, 미국 사회에 새롭게 대두된 정의롭지 못한 현실을 보여주는 유일한 사례가 아니다. 미국에서 가장 부유한 이들은 세계화의 과실을 차지하면서 소득의 폭발적 증가를 경험했고 그리하여 전례 없이 많은 재산을 쌓기에 이르렀지만, 그들을 대상으로 한 세율은 떨어지고 있었던 것이다. 반면에 노동계급의 경우 임금 상승은 정체되었고 노동조건은 열악해졌으며 빚도 커졌는데, 세금은 올랐다. 1980년 이래 미국의 조세 체계는 시장경제의 승리자를 더욱 풍요롭게 만들어 주고 있으며, 경제성장의 보상을 거의 받지 못하고 있다는 것을 깨달아 가는 처지의 사람들을 더욱 가난하게 만들고 있다.

민주국가라면, 정부의 적절한 크기가 어느 정도일지 또한 이상적인 누진세는 어떤 수준이어야 할지에 대한 토론이 있어야 마땅하다. 때로는 개인이나 국가가 역사와 해외 사례, 통계 및 추상적 모델 등을 통해 입장을 바꿀 수도 있고 그건 자연스러운 일이다. 하지만 지난 수십 년 동안 미국이 겪어 온 조세 정책 변화가 과연 그렇듯 충분한 정보를 바탕으로 심사숙고한 결과물인가? 엄청난 슈퍼리치들이 내야 할 세금을 깎아주고 또 깎아주는 것이 미국이라는 사회가 진정 원하는 바라고 할 수 있는가?

우리는 그렇지 않다고 생각한다. 이러한 변화 중 일부는 의식적 선택의 결과물일 수 있다. 하지만 훨씬 많은 부분에서 이루어진 변화는 수동적으로 발생한 것이다. 소득과 부를 은폐하는 조세 회피 산업의 폭발적 증가나, 세계화와 맞물려 다국적기업들이 파들어가고 있는 새로운 탈세 구멍loopholes, 국가들이 연이어 세율을 낮추도록 만드는 국가간 세금 경쟁의 악순환 같은 것들을 생각해 보자. 이와 같은 조세 정책의 변화는 대중들이 어느 날 불현듯 부자들의 짐을 덜어 주겠노라고 마음을 먹어서 만들어진 것이 아니다. 유권자들의 뜻과 상관없이 움직이는 힘에 의한 것일 뿐이다. 세금 감면에 긍정적 경제 효과가 있건 없건, 지난 수십 년 동안 엄청난 규모로 이루어진 대격변은 충분한 정보를 제공받은 시민들이 이성적인 토론 끝에 만들어낸 결과물이 아니다. 그러므로 세금 문제에서 불의가 승리하고 있는 것은 결국 민주주의를 부정하는 것이다.

이 책은 일차적으로 그와 같은 거대한 전환에 대한 이야기를 들려주는 책이다. 우리는 여기서 좌파 대 우파로 나누어지는 이야기를 하고 있지 않다. 작은 정부를 선호하는 보수주의자들이 부의 분배를 강조하는 진보주의자들을 이겼다는 이야기를 하는 것도 아니다. 뉴딜 정책으로 도입된 조세 체계가 어떻게 허물어졌는지를 다루고 있는 것이다. 우리는 조세 체계가 죽음을 향해 한 걸음씩 다가갈 때마다 같은 패턴이 반복되고 있다는 것을 발견했다. 조세 회피가 폭증하는 것이 그 시작이다. 합법적 탈세tax shelter, 세계화, 조세 도피처tax haven, 불투명한 금융 등 이길 수 없으리라고 간주되는 적 앞에 움츠러든 채 정책 결정자들은 조세 회피 행위가 더욱 창궐하도록 수수방관한다. 결국 부자들에게 세금을 물리는 것은 불가능한 일이 된 양, 정부가 나서서 부유층에 대한 세율을 삭감해 주는 것으로 마무리된다.

어떤 과정을 거쳐, 어떤 선택을 하거나 하지 않은 탓에 이렇듯 불의가 승리를 거두게 되는 것인지 이해하기 위해, 우리는 경제에 대한 심층적인 탐구에 착수했다. 1913년부터 지금까지 한 세기에 걸친 통계 자료를 수합하여 미국의 최빈곤층부터 억만장자까지 각각의 사회집단이 얼마나 세금을 내고 있는지 추산해 보았다. 우리는 연방정부, 주정부, 지방정부에 낸 모든 세금을 데이터로 삼았다. 연방소득세는 당연하고, 주소득세, 허다하게 복잡한 매출세sales tax와 특별소비세excise tax, 법인소득세corporate income tax, 기업과 가계의 재산세property tax, 급여세payroll tax 등도 다루었다. "개인이 내는 세금"과 "법인이 내는 세금"을 구분하는 것은 무의미하다. 모든 세금은 사람이 내는 것이고, 우리는 한 세기가 넘는 기간의 자료를 모아 구체적으로 어떤 사람이 세금을 내고 있는지 추적했다.

우리는 시스템의 관점에서 문제에 접근했다. 트럼프 대통령은 자신이 세금을 많이 안 낸다고 거들먹거렸는데, 그렇다면 다른 부자들은 어떨까? 트럼프는 비정상적 일탈 행위자일 뿐인가, 아니면 더 넓은 현상을 보여주는 사례인가? 개별적인 사례를 통해 경각심을 부추길 수는 있겠지만, 아무리 눈이 튀어나오게 황당해도 그런 것으로는 사회 전체에 어떤 일이 벌어지고 있는지 큰 그림을 이해할 수 없다. 조세 제도의 변화와 그 변화가 뜻하는 바를 살펴보기 위해 우리는 확보할 수 있는 증거들을 모은 후 그것을 일관된 틀로 해석하는 방법론에 결합시켰다. 소득세 환급 내역, 세무감사 결과, 가계 소득 조사, 미국의 다국적기업이 해외 지사에서 벌어들인 수익의 장부상 기록 등을 모아 도표화했다. 경제 통계란 절대 완벽할 수가 없다. 우리가 모은 자료에도 한계가 있고 그 점도 언급할 것이다. 하지만 어떤 선택, 법, 정책이 모여 정의롭지 못한 세금의 원동력이 되고 있는지, 데이터를 모아놓고 보면 진상이 드러난다.

이와 같은 종합적인 시각은 오랜 세월에 걸쳐 미국 경제를 연구한 성과물이다. 그것을 통해 우리는 미국의 누진세 시스템이 장기적으로 변화해 간 경로를 총체적으로 연구할 수 있었다. 그 어떤 정부 기관이나 연구소에서도 해내지 못한 일이다. 자료를 통해 지난 수십 년 동안 벌어진 변화뿐 아니라, 도널드 트럼프가 대통령이 된 이후 어떤 결과가 벌어지고 있는지까지 드러나게 될 것이다.

한 가지 사실부터 살펴보자. 1970년에 가장 부유한 미국인들은 모든 세금을 통틀어 소득의 50퍼센트 이상을 세금으로 내고 있었다. 노동 계급의 개인들에 비해 두 배가량이었다. 그런데 2018년에는 트럼프가 세제 개혁을 하면서 지난 100년 이래 처음으로 억만장자들이 철강 노동자, 교사, 퇴직자들보다 세금을 덜 내는 세상이 되고 말았다. 부자들이 내는 세금의 수준은 1910년대 이래 최저치인데, 당시만 해도 정부의 규모는 오늘날의 4분의 1에 지나지 않았다. 지난 100년간의 재정 정책의 역사가 모두 삭제되고 만 꼴이다.

정의로운 세금의 세계화를 위하여

우리는 미국을 넘어서, 더욱 근본적으로 세계화와 민주주의의 미래에 대해 다룰 것이다. 조세 제도의 급격한 변화는 대서양의 서쪽에서 훨씬 도드라지고 있지만, 정의롭지 못한 조세 정책은 미국뿐 아니라 다른 곳에서도 승승장구하고 있기 때문이다. 조세 회피가 늘어나는 가운데 각국이 경쟁적으로 세율을 인하하는 분위기 속에서 불평등이 상승하고 세금의 누진율이 하락하는 것은 정도의 차이는 있을지언정 대부분의 국가에서 발

그들은 왜 나보다 덜 내는가

견되는 현상이다. 그 결과 시급한 대답을 요구하는 질문이 전 세계적으로 커지고 있다. 우리가 선거로 뽑은 대표자들이 소수 기득권층의 수입을 올려 주기 위한 방향으로 조세 제도를 바꾸고 있다면, 민주적 제도에 대한 신념이 과연 남아날 수 있을까? 세계화라는 것이 이미 승리한 자들에게 더욱 낮은 세율을 선사하고 나가떨어진 패배자들에게 높은 세금을 때리는 것이라면, 세계화에 대한 호의를 유지할 수 있는 사람이 누가 있겠는가? 이제는 더 낭비할 시간이 없다. 우리는 새로운 재정기구를 창출해내고 새로운 형태의 협력 방안을 찾아야만 한다. 그래야 민주주의와 국제적 개방성이 융성한 21세기를 누릴 수 있을 것이다.

희소식이 있다. 우리는 이 정의롭지 못한 조세 체계를 지금 당장 고칠 수 있다. 우리는 거대한 기업과 부자들에게 과세하는 능력을 잃어버렸지만 그것은 세계화에 내재한 어떤 힘 때문이 아니다. 우리 스스로의 선택으로 바꿀 수 있다. 우리는 다국적기업들이 어느 나라에 이익을 신고할지 선택하도록 방관할 수도 있고, 혹은 그 선택권을 우리 손으로 되찾아 올 수도 있다. 우리는 회계상의 불투명성과 그에 수반하는 수많은 조세 포탈의 가능성을 용납할 수도 있지만, 부를 측정하고, 기록하고, 과세할 수도 있는 것이다. 우리는 부유한 자들의 조세 회피를 돕는 산업이 번창하는 것을 지켜만 볼 수도 있지만, 그것을 규제의 대상으로 삼고 조세 회피의 수요 자체를 근절하는 쪽을 택할 수도 있다. 세계화와 누진세는 양립 가능하다. 이 책은 조세 정책이 어떻게 지금까지 바뀌어 왔는지를 넘어, 그것을 바로잡을 수 있는 방안을 제시하고자 한다.

좌우를 막론하고 많은 이들이 다국적기업에 세금을 내게 하는 것은 이제 거의 불가능한 일이 되었다고 생각하게 된 듯하다. 그들은 이렇게 말하곤 한다. 그런 기업들에 세금을 물리려 들면 아일랜드, 싱가포르, 그리고 어쩌면 내일은 중국으로 이전할 것이다. 그들의 자본은 손으로 움켜쥘 수 없는 것이다. 자본은 수백만 분의 1초 사이에 버뮤다로 가 버릴 수 있다. 다른 나라들의 세율이 낮다고? 우리도 세율을 낮춰야 한다. 다른 나라들이 다국적기업과 고소득자에게 과세하는 걸 포기했다고? 우리도 포기해야 한다. 국가간 조세 협력은 이상적인 소리이며 우리에게 주어진 미래는 바닥을 향한 경쟁뿐이다.

어느 정도까지 진심으로 하는 말이건, 얼마나 널리 퍼져 있건, 이런 생각들은 옳지 않다. 재정 정책을 만인을 향한 만인의 투쟁으로 만드는 대신, 우리는 국제관계의 수많은 영역에서 그러하듯이 협력 하에 정책을 성공적으로 추진해 나갈 수 있다. 분명 지금과 같은 세계화의 방식으로 인해 큰 이득을 보고 있는 일부 국가나 사회단체들이 있다는 것을 우리는 안다. 하지만 다른 방식의 세계화도 가능하다. 이어지는 내용에서 우리는 세율 인하 경쟁이 이루어지게끔 하는 셈법을 알아보고, 그것이 소수의 이익을 증진하는 데 핵심적인 역할을 하고 있다는 사실을 살펴보게 될 것이다. 반대로 그런 게임을 끝내는 호루라기를 불기 위해 힘을 합치는 국가들도 많지는 않지만 있다. 그 또한 살펴보게 될 것이다. 합법적 탈세와 맞서기 위한 대응 전략으로서 무엇이 가능한지 살펴보고, 세율의 바닥을 향한 경쟁을 어떻게 천장을 향한 경쟁으로 대체할 수 있을지 알아본다.

그들은 왜 나보다 덜 내는가

"국제 경쟁" "조세 회피" "탈세 구멍" 같은 외적인 혹은 기술적인 제약 조건들은 조세 정의를 한가한 공상처럼 보이게 만들지만, 그런 것들도 비판을 피할 수 없다. 조세 정책의 미래를 논하는 장에서는 모든 것이 가능하다. 지난 40년 남짓의 추세가 계속된다면 소득세가 사라지는 것 또한 불가능하지는 않을 텐데, 그런 극단적인 경우부터 우리가 일찍이 경험해본 적 없는 누진세에 이르기까지 미래의 가능성은 우리 앞에 무한히 열려 있는 것이다.

부와 민주주의

억만장자들이 오늘날 미국에서처럼 소득의 23퍼센트를 세금으로 내는 것이 적절할까? 아니면 1970년대처럼 소득의 50퍼센트에 가까운 세금을 내는 것이 좋을까? 1960년대처럼 기업은 이익의 52퍼센트를 세금으로 내야 할까, 아니면 2018년 세금 개혁 이후 그러하듯 21퍼센트를 내는 것으로 충분할까? 자료나 과학만으로는 이런 질문에 대한 답을 구할 수 없다. 실로 큰 행운이 아닐 수 없다! 이것은 경제학자들이 대답할 수 있는 문제가 아닌 것이다. 모든 사람들이 민주적으로 숙고하고 투표하여 결정을 내리고 응답해야 할 일이다. 정부는 국민에 의한, 국민을 위한, 국민의 것으로서 존재해야 하며, 경제학자들은 결정적인 정보를 수합함으로써 그 정부가 잘 작동하도록 돕는 역할을 맡는다. 수없이 많은 가능성의 길이 있고 그 선택지들이 각각 어떤 의미를 지니는지, 즉 세율의 분배가 달라짐으로써 우리 각각에게 어떤 영향이 오게 되는지, 또 우리가 오늘 내린 결정이 다양한 사회적 집단이 내일 벌어들일 소득의 증가를 어떤 식으로 규정짓게 되는지 등을 보여주는 것이 경제학자의 역할인 것이다.

이 책의 세번째 역할은 그와 같이 다양한 미래의 가능성을 짚어볼 수 있는 새로운 도구를 만들어내는 것이다. 우리는 정책 결정자들과 활동가는 물론, 정치적 성향과 학파나 경제학에 대한 지식수준을 떠나 모든 사람들이 둘러볼 수 있도록 시뮬레이션 사이트인 taxjusticenow.org를 만들었다. 조세 정책이 변화함으로써 세금의 분배가 어떻게 달라지는지, 각각의 사회적 집단에서 소득과 부가 어떻게 달라지는지, 불평등의 동역학이 어떻게 움직이는지 등을 확인할 수 있다. 누구라도 웹사이트에 접속하여 현행 조세 체계에 적절한 수정을 가하거나 과격한 개혁을 감행한 후, 그 정도에 따라 사회가 어떻게 변하는지 살펴볼 수 있다. 소득세 최상위 구간의 세율을 70퍼센트까지 높이면 억만장자들이 노동계급 전체가 내는 그 모든 세금보다 많은 돈을 내서 공공 재정에 기여하게 만들 수 있을까? 법인세율을 30퍼센트까지 높이거나 슈퍼리치들을 대상으로 새로운 부유세wealth tax를 만든다면 어떻게 될까? 중산층을 대상으로 한 세율은 어디까지 낮아질 수 있으며, 정부 적자는 얼마나 줄어들 수 있을까?

이와 같은 질문들은 정치 논쟁에서 언제나 주된 화젯거리다. 하지만 지금까지는 그 누구도 국민들에게 그에 대한 정확한 답을 제공해 주지 않고 있었다. 미 재무부, 의회 예산국, 혹은 조세정책센터Tax Policy Center나 세금 및 경제 정책 연구소Institute on Taxation and Economic Policy 같은 일부 싱크탱크는 이미 조세 정책 시뮬레이션 프로그램을 확보하고 있었지만, 언론인이나 선거 출마자 및 유권자들에게는 주어지지 않고 있었던 것이다.

세금에 대한 논쟁이 대체로 불투명하게 마무리되는 현상에는 이런 맥락이 깔려 있었다. 좌파 진영에서는 상위 1퍼센트가 너무도 많은 부를 가지고 있기 때문에 그들에게 세금을 더 내게 하는 것만으로도 충분한 재정을 확보할 수 있다는 주장이 보편적으로 통용되고 있다. 말은 옳은 말이지만 제대로 된 주장을 하고 싶다면 좀더 정교해질 필요가 있을 것이다. 부자들에게 세금을 더 걷음으로써, 구체적으로 얼마나 더 많은 예산을 확보할 수 있으리라 기대하고 있는가? 공립대학 교육을 무료로 전환하고 모든 이들에게 건강보험을 제공할 수 있을 만한 재정이 나온다고 보는가? 중도파들은 탈세가 가능한 구멍이 너무 많다고 끝없이 불평하는 경향이 있다. 그런 구멍들을 잘 틀어막기만 하면 그 이상의 개혁은 불필요할 수도 있다는 식이다. 물론 구멍을 막는 것은 중요한 일이다. 하지만 그것만으로 납세자들 사이의 불균형을 바로잡을 수 있는 실질적 변화가 이루어질 수 있다고 확신할 수 있을까? 우파들은 전통적으로 모든 세율을 합쳐놓고 보면 이미 최상위계층에 대한 최고 한계 세율top marginal tax rate은 충분히 높다는 주장을 한다. 그러니 지금보다 더 세금을 내게 하는 것은 징벌적이며 경제성장을 방해할 수 있고, 대신 미국에 소비세를 도입해야 한다는 것이 그들의 입장이다. 안 될 거야 없지만, 그러한 조세 체계는 심지어 현행 조세 체계보다 훨씬 퇴행적이지 않겠는가?

이와 같은 질문들에 대해 taxjusticenow.org는 새로운 경제학적 방법론에 입각해 사실에 기반한 답을 제공한다. 우리가 만든 시뮬레이션 프로그램은 단지 소득세나 연방세뿐 아니라 모든 단위의 정부가 과세하는 모든 종류의 세금을 포괄한다. 누진세의 형식을 띤 부유세나 전 국민을 대상으로 한 건강보험의 재정 마련을 위한 폭넓은 세금까지, 근본적인 개혁의 향방도 가늠해 볼 수 있는 시뮬레이션을 제공하고 있다. 지금까지 나와 있는 정책 도구들은 세금의 변화가 정부 재정에 미치는 영향에 주로 초점을 맞춰 왔지만, 우리는 조세 정책을 논하면서 너무도 자주 간과되어 온 지점을 바라볼 수 있도록 시뮬레이션을 짰다. 세금과 불평등의 관계가 그것이다.

미국에서 부유층의 수입이 증가하고 부가 집중되는 현상을 다룬 언론 기사는 지금껏 숱하게 접할 수 있었다. 상층의 부는 솟구치고 나머지는 아주 느리게 증가해 왔다. 사실이 그렇다. 1980년, 미국 상위 1퍼센트가 벌어들이는 소득은 전체의 10퍼센트에 지나지 않았지만 현재는 20퍼센트에 달한다. 이러한 추세는 앞으로도 지속될 것인가? 그 답은 앞으로 정부가 어떤 정책을 취하느냐에 따라, 특히 어떤 조세 정책을 취하느냐에 따라 달라질 수밖에 없을 것이다.

통상적으로 볼 때 소득의 집중은 중기적으로 점점 가속화되는 경향이 있다. 눈덩이처럼 불어나기 때문이다. 부유층은 다른 계층에 비해 소득 중 더 많은 부분을 저축할 수 있고, 따라서 더 많은 부를 축적할 수 있으며, 그렇게 축적된 부가 더 많은 소득을 낳는 것이다. 누진세, 특히 노동에 비해 자본에 더 많은 세금을 물리는 조세 정책은 20세기 대부분의 기간 동안 이와 같은 악순환을 어느 정도 방지해 왔다. 그러나 지난 20여 년 사이에 정책이 달라졌고, 그 보호막은 허물어지고 있다.

불평등이 극도로 치닫는 것을 막기 위해 우리는 21세기에 걸맞은 새로운 조세 체계를 만들어내야 한다. 이 책의 뒷부분에서 우리는 현실 속에서 그러한 변화를 이끌어내기 위해 필요한 독창적이며 실용적인 방안을 제시할 것이다. 극도로 부유한 이들과 다국적기업으로부터 세금을 받아내는 방법, 건강보험을 위한 재정을 확보하고 누진적인 소득세를 다시 만들어내는 것 등이 그에 포함된다. 우리의 해법이라고 해서 완벽하지는 않을 테고, 유일한 해답이라고 할 수도 없을 것이다. 하지만 우리는 신중한 계산을 통해 그 함의를 면밀하게 따졌다. 그와 같은 세금의 분배가 각각의 사회적 계층의 소득과 부에 끼치는 영향을 시뮬레이션을 통해 확인해 볼 수 있다. 정밀하고, 신중하며, 최근까지의 연구를 통해 나온 증거와 연구를 통해 뒷받침되고 있는 제안인 것이다.

불평등에 고삐를 죄겠다는 이러한 발상은 과연 정치적으로 현실성이 있을까? 정가에 돌아다니는 검은 돈과 가진 자의 이익을 위한 이데올로기의 강력한 힘을 생각하면 희망을 품고 있기란 쉽지 않다. 그와 같은 장애물이 없다고 할 수는 없겠지만, 절망할 필요는 없다. 불의가 승리를 거두기 전까지 미국은 조세 정의의 희망을 보여주는 등불 같은 나라였다. 세계에서 가장 가파른 누진세율을 가지고 있던 나라였고, 그러한 결정은 민주적 과정을 통해 이루어졌다. 1930년대 미국의 정책 결정자들은 가장 높은 소득을 올리는 이들에게 해당될 소득세 최고 한계 세율을 90퍼센트로 책정했고, 그러한 정책은 거의 반세기가량 유지되었다. 법인이 만들어내는 이익은 50퍼센트가 과세 대상이었다. 가액이 큰 부동산은 80퍼센트에 달하는 과세 대상이 되었다. 그렇게 형성된 재원으로 미국은 학교를 지었고 국민들에게는 생산성과 경제적 활력이 넘쳐흘렀다. 공립대학에 재정을 투입해 지금까지도 세계의 부러움을 받고 있다.

곧 살펴보게 되겠지만 조세 정책의 역사는 수많은 엎치락뒤치락으로 이루어져 있다. 역사의 거울에 비춰보면, 세금을 많이 내지 않는 "똑똑한" 억만장자들이 우리를 우롱하고 있는 현실은 영원히 지속되지 않는다.

왜 가난한 사람들이
더 내는가

미국의 조세 체계는 얼마나 재분배에 기여하고 있을까? 어떤 이들의 눈에는 미국의 누진세율이 의심할 나위 없이 대단히 가파르게 보일 수도 있다. 많이 벌수록 자신의 소득 중 일부에 더 높은 세율이 적용될 테니 말이다. 유럽 국가들은 부가가치세에 크게 의존한다. 그런데 부자들은 가난한 이들보다 더 많이 저축하므로, 소비에 세금을 물리는 부가가치세는 가난한 이들에게 상대적으로 더 큰 부담을 주게 된다. 하지만 미국에는 부가가치세가 없다. 따라서 앞서 말한 논의대로라면 저소득층이 내는 세금은 상대적으로 낮아야만 하는 것이다. 그렇게 보자면 미 연방정부의 재정은 소득 피라미드 꼭대기에 있는 부유한 이들에게 의존하고 있다고 해도 과언이 아닐 수도 있다.

반대편에서 누진세를 요구하는 사람들이 볼 때 그런 말은 진실과 정반대다. 세법에 존재하는 수많은 구멍으로 인해, 그리고 특정한 이익집단을 위해 합법적으로 만들어져 있는 허점 때문에, 부자들의 털끝 하나 건드리지 못하고 있다고 주장하고 있으니 말이다.

어느 편의 주장이 옳을까? 정책에 대해 차분하게 논의하기 위해, 우리는 그 전에 반드시 기본적인 사실을 확인해야 한다. 누가 얼마나 내고 있을까? 불행하게도 연방의회에 예산과 경제적 현황에 대한 정보를 제공하는 연방의회 예산국은 이 질문에 대답하기 위한 답을 제공하지 않는다. 연방의회 예산국이 연방소득세의 계층별 부담에 대해서는 자료를 제공하기는 하지만, 적어도 완벽하다고 볼 수는 없다. 미국인들이 내는 전체 세금의 3분의 1가량을 차지하는 주세와 지방세는 연방의회 예산국의 관할 사항이 아니기 때문이다. 게다가 주세와 지방세는 연방에서 걷는 세금에 비해 훨씬 덜 누진적이다. 연방의회 예산국이 제공하는 통계는 슈퍼리치들에 대한 세부적인 정보를 담고 있지 않기에, 우리는 도널드 트럼프가 예외적인 일탈 사례인지 억만장자들 사이에서 흔히 벌어지는 일을 보여주는 경우에 지나지 않는지를 판단할 수 없다. 이제 그 안개를 걷어내 볼 차례다.

7만 5000달러: 미국인의 평균 소득

우리의 탐색은 간단한 질문 하나에서 출발했다. 오늘날 미국인들의 평균 소득은 얼마인가? 이 질문에 대답하려면 이 책 전체를 관통하는 핵심적인 개념을 소개할 필요가 있다. 국민소득national income이 그것이다. 국민소득이란 특정 연도의 특정 국가에 거주하는 이들이 벌어들인 모든 소득을 합산한 것으로, 그 소득의 법적 분류 여부는 따지지 않는, 가장 넓은 차원에서 파악되는 소득 개념이다. 국민소득은 특히 세금 환급을 위해 신고되는 소득이나 가계 조사를 통해 파악되는 소득보다 더 크다. 가령 국민소득은 기업이 벌어들인 모든 이익을 포괄한다. 그 이익을 주주들에게 나누어주었건 그러지 않았건 상관하지 않는다. 배당을 받았든 받지 않았든 기업의 이익은 주주들에게 모종의 형태로 수익이 된 것이다. 차이가 있다면 배당하지 않은 해의 수익은 기업에 다시 투자된다는 것뿐이다.

국민소득에는 또한 사용자를 통해 노동자에게 제공되는 민간 의료보험 같은 일체의 부가급여fringe benefits가 포함된다. 국민소득은 언론에서 열광하며 달려드는 개념인 "국내총생산"과 가까운 관계에 있는 개념이라고 볼 수 있다. 국내총생산, 그러니까 GDP는 주어진 해에 국내에서 생산된 모든 재화와 서비스를 합친 것이다. GDP는 대공황의 여파가 가시지 않았던 시절 처음으로 대두되어 1950년대와 1960년대를 거치며 널리 알려지기 시작했다. 그 전까지는 국민소득 개념의 전성기였다. 그러나 지금은 기업의 대표건 전문가건 모든 사람들이 경제성장에 대해 이야기할 때 반드시 GDP를 근거로 삼는다. 2019년, 미국의 성인 1인당 GDP는 9만 달러에 근접해 있다.* 다시 말해 성인 한 사람당 평균적으로 9만 달러

---

* 　이 장에 언급된 통계와 자료의 완전한 형태는 taxjusticenow.org에서 확인할 수 있다.

의 가치를 지니는 재화와 서비스를 생산하고 있다는 것이다.

GDP에서 국민소득을 얻기 위해서는 두 가지 보정이 필요하다. 첫째, 감가상각을 제외해야 한다. 감가상각이란 건물·기계·설비 등 생산 과정에 투입되는 요소의 가치가 하락하는 것을 의미하는데, 이는 GDP를 계산할 때 불가결한 요소로 합산된다(이런 것들을 포함하기 때문에 GDP가 국내 '총'생산인 것이다). 감가상각은 그 누구의 어떠한 소득과도 관련이 없다. 기업은 노동자에게 월급을 주고 이윤을 배당하고 새로운 기계에 투자를 하기에 앞서서, 일단 소모된 장비와 기타 자산들을 대체할 필요가 있다. 낡고 망가진 트랙터나 깨진 유리창 같은 것들을 고쳐야 할 테니 말이다. 국민계정national accounts을 측정할 때 감가상각이 차지하는 비중은 GDP의 16퍼센트에 육박할 만큼 크다. 경제적 생산이 천연자원을 고갈시키고 생태계를 파괴하는 결과를 수반할 때가 많으므로, 자본잠식은 현재 국민계정에서 파악되는 것보다 더 클 수도 있을 것이다. 이러한 종류의 자본 잠식은 GDP에서 빠져야 마땅하지만 현재로서는 그렇게 처리되고 있지 않다. 물론 경제 통계가 가지고 있는 이와 같은 한계를 극복하기 위한 노력은 계속되고 있다.[1]

GDP에서 국민소득을 얻기 위한 두번째 단계는 미국이 해외로부터 벌어들이는 수입을 더하고, 미국이 미국 외의 세계에 지불하는 액수를 빼는 것이다. 국제 자본시장이 닫혀 있었던 1950~60년대만 해도 이런 국제적인 흐름은 무시해도 좋을 만한 수준이었다. 오늘날은 국경을 넘어 오가는 이자와 배당금의 액수가 상당한 수준에 이른다. 미국이 외국을 상대로 이자와 배당금의 형식으로 제공하는 돈은 GDP의 3.5퍼센트이며, 동시에 미국은 세계로부터 GDP의 5퍼센트에 해당하는 돈을 같은 명목으로 받는다. 합쳐 보면 미국은 주는 것보다 많이 받고 있는 셈이다.

감가상각을 제하고 해외로부터 발생한 수입을 합쳐 보면, 미국의 국민소득은 2019년 현재 18조 5000억 달러에 달한다. 미국에 거주하고 있는 20세 이상 성인은 2억 4500만여 명이니 평균적으로 1인당 7만 5000달러의 소득을 올리고 있는 셈이다. 세금과 사회보장 혜택 그리고 공공의료 서비스와 같은 정부 지출을 감안하건 감안하지 않건, 미국의 1인당 평균 소득이 7만 5000달러라는 사실은 변하지 않는다. 물론 그 방식은 사회보장Social Security 혜택처럼 현금으로 주어질 수도 있고 공공의료 혜택처럼 직·간접적으로 주어질 수도 있으며 경찰관이나 군인 등 공공 영역 종사자들에게 급여의 형태로 지급될 수도 있지만, 아무튼 정부가 세금으로 얼마를 가져가건 그 돈은 궁극적으로 피와 살을 지닌 개인들에게 돌아갈 것이기 때문이다. 실로 다행스럽게도 정부는 그 어떤 소득의 발생도 가로막지 않는다. 같은 맥락에서 볼 때 그 어떤 소득도 발생시키지 못하지만 말이다.

1만 8500달러: 미국 노동계급의 평균 소득

대다수 미국인의 소득은 7만 5000달러가 되지 않는다. 일부 미국인만이 그보다 더 많이 번다. 전체 인구를 네 개의 집단으로 나눠 보면 소득 분배에 대해 좀더 세부적으로 따져보기가 쉽다. 전체 소득 분배 중 하위 50퍼센트를 차지하는 노동계급, 그 위의 40퍼센트를 점하는 중산층, 그 위의 9퍼센트를 차지하는 상위 중산층, 마지막으로 상위 1퍼센트의 부유층이 그것이다. 물론 이 집단들이 일괄적으로 유사하다고 할 수는 없지만, 이렇게 단순하게 구분해 보는 것만으로도 불평등의 심각한 현황이 모습을 드러낸다.

노동계급부터 살펴보자. 1억 2200만 명의 성인들이 소득 피라미드의 아래쪽 절반을 차지하고 있다. 2019년 현재 노동계급의 평균 소득은 세전 1만 8500달러(약 2220만 원, 1달러당 1200원으로 계산-옮긴이)다. 그렇다. 독자 여러분은 숫자를 잘못 읽지 않았다. 미국 성인 중 절반은 매년 1만 8500달러를 벌어 그걸로 먹고살고 있는 것이다. 여기서 잠시 독서를 멈추고 독자 여러분의 연봉 앞자리 숫자가 어떻게 되는지 생각해 보자. 소득 공제 등을 하기 전 액수로 말이다. 독자들 중 상당수는 자신들이 동료 미국인들의 절반보다 더 많이 벌고 있으며, 자신과 노동계급 사이의 큰 격차를 곧 깨달을 수 있으리라고 생각한다. 1억 2200만 명의 성인들은 노동시장 안에서 매년 1만 8500달러의 소득을 올리고 있는데, 그 액수는 전체 인구가 벌어들이는 평균 소득인 7만 5000달러의 4분의 1 정도에 지나지 않는다. 가능한 한 최대한의 소득을 추정했을 때 나온 액수가 이것이다. 가장 광범위하게 소득을 측정할 수 있는 방법인 국민소득을 얻어낸 후, 그것을 전체 성인 인구로 나누었으니, 계산에 넣지 못한 소득은 있을 수 없다. 가령 급여세의 형태로 노동자가 정부에 직접 제공하는 달러뿐 아니라, 사용자 측에서 민간 의료보험 회사에 노동자를 위해 가입해 주는 의료보험 같은 부가급여까지, 그 1만 8500달러 안에 모두 포함되어 있는 것이다.

소득 피라미드를 좀더 올라가 보면 세금과 정부 이전 지출government transfer을 제외하고 매년 7만 5000달러가량을 버는 40퍼센트, 이른바 "중산층"이 있다. 공교롭게도 이들의 평균 소득은 인구 전체의 평균 소득과도 같다. 그런 면에서 볼 때 약 1억 명의 성인이 포함되어 있는 이 집단은 그야말로 미국을 대표하는 집단으로 여겨진다. 미국의 중산층이 무너지고 있다는 종말론적인 이야기를 우리는 질리도록 듣고 있지만 현실은 그보다 좀더 미묘한 측면이 있다. 평균 소득 7만 5000달러를 올리는 미국 중산층은 여전히 지구에서 가장 경제적으로 번창하는 집단 중 하나이기 때문이다. 게다가 1980년 이래 중산층의 소득은 매년 1.1퍼센트씩 늘어나고 있었다. 물론 대단한 증가는 아니지만 결코 무시할 만한 수치도 아닌 것이다. 1.1퍼센트씩 성장하면 70년마다 소득이 두 배가 된다. 손자 세대가 할아버지 세대에 비해 두 배의 소득을 올리게 되는 것이다. 미국 경제에 대해 충격적인 진실을 말해야 할 때다. 미국의 중산층은 사라지고 있지 않다. 다만 노동계급의 소득이 형편없이 줄어들고 있을 뿐이다.

중산층보다 더 많은 소득을 올리는 사람들의 사정은 어떨까? 소득 피라미드의 상층부를 바라볼 때는 최상위 1퍼센트를 제외한 상위 10퍼센트에 속하는 상위 중산층과 최상위 1퍼센트인 부유층을 구분하는 것이 중요하다. 왜냐하면 이 두 집단은 완전히 다른 세상을 살고 있기 때문이다. 2200만여 명의 성인으로 구성된 상위 중산층은 연민의 눈으로 바라볼 필요가 전혀 없는 집단이다. 그들은 평균적으로 22만 달러를 벌어들이며 널찍한 교외의 주택에 살고 자녀를 값비싼 사립학교에 보내며, 재정이 튼튼한 연금 혜택을 받고 좋은 건강보험에 가입해 있다. 고생과는 거리가 멀다. 하지만 집단 대 집단으로 구분해 볼 때 상위 중산층은 240만 명의 가장 부유한 미국인들로 구성된 최상의 1퍼센트와는 그리 공통점이 많지 않다. 최상위층은 평균적으로 매년 150만 달러의 소득을 올리고 있는 것이다.

상위 1퍼센트가 얻는 것과 하위 50퍼센트가 잃는 것

"우리는 99퍼센트다"라는 구호가 떠오르면서, 가장 부유한 이들과 그 나머지 사이의 간극이 크게 벌어져 있다는 주장이 널리 알려졌고 이제는 그저 친숙하게만 들린다. 하지만 저 말은 다시 한 번 곱씹어 볼 가치가 있다. 오늘날 미국 경제에 대한 근본적인 진실을 반영하고 있기 때문이다. 지난 수십여 년 동안 최상위층에 있는 자들의 소득은 하늘 높은 줄 모르고 치솟아오른 반면 나머지는 그렇지 못했다. 일각에서는, 말하자면 상위 20퍼센트에 해당하는 성공적이고 수입이 좋은 전문직들 또한 미국 전체의 경제 사정과 따로 놀고 있다고 주장하기도 한다.[2] 그러나 실제로 데이터를 살펴보면 미국 사회에서 가장 핵심적인 구분선은 피라미드의 좀더 높은 곳에 그어져 있음을 확인할 수 있다. 상위 1퍼센트와 나머지의 차이

그들은 왜 나보다 덜 내는가

가 대단히 크기 때문이다.

미국 경제의 현황을 알고 싶다면 머릿속에 이런 상황을 떠올려보는 것이 가장 빠르고 정확할 것이다. 세금과 정부 이전 지출을 논외로 했을 때, 1980년 상위 1퍼센트는 미국의 국민소득 중 10퍼센트보다 조금 더 벌었고 하위 50퍼센트는 20퍼센트가량을 벌고 있었다. 오늘날은 그 수치가 거의 정반대가 됐다. 상위 1퍼센트는 국민소득 중 20퍼센트 이상을 벌어들이고 있으며 노동계급의 소득은 12퍼센트에 가까스로 도달하는 수준이다. 다른 식으로 말하자면, 상위 1퍼센트는 전체 노동계급이 벌어들이는 소득의 두 배 가까이 벌어들이고 있는데, 인구통계적으로 보자면 노동계급의 인구는 상위 1퍼센트에 비해 50배나 더 많다. 240만 명이 차지하는 파이의 크기는 1억 명 이상의 미국인들이 겪어야 했던 경제적 손실과 거의 유사한 규모로 늘어난 것이다.

미국은 선진국 중에서도 부의 분배 문제에서 유별난 나라다. 실로 급진적인 변화를 겪고 있기 때문이다. 부의 분배가 불평등하게 이루어지고 있고 그 정도가 심해지는 것은 물론 전 세계적으로 벌어지는 일이지만, 지난 40여 년 동안 소득 집중 현상이 발생한 속도는 나라에 따라 분명한 차이가 있다. 일단 미국과 서유럽을 비교해 보자. 1980년만 해도 상위 1퍼센트가 국민소득에서 차지하는 비중은 대서양의 동쪽과 서쪽에서 거의 비슷하게 10퍼센트 정도였다. 하지만 그 후의 세월을 거치며 불평등의 동역학은 매우 다른 방식으로 작동했다. 서유럽의 경우 상위 1퍼센트가 차지하는 소득 비중은 2퍼센트포인트 늘어났고, 오늘날은 12퍼센트

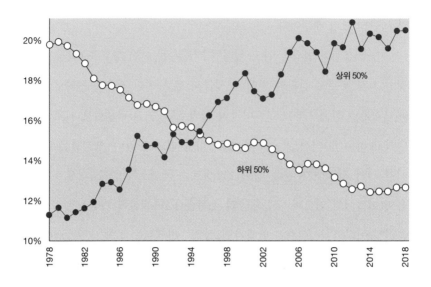

[1-1] **미국 소득 불평등의 심화: 1978~2018** (국민소득 중 상위 1퍼센트와 하위 50퍼센트가 차지하는 비중)

이 그래프는 1978년 이후 하위 50퍼센트의 성인과 상위 1퍼센트의 성인의 세전 소득을 비교한 것이다. 개인을 단위로 잡았으므로 결혼한 부부의 경우 두 사람의 소득을 합쳐 반으로 나누었다. 상위 1퍼센트의 소득 비중은 1980년에 10퍼센트대였지만 오늘날은 20퍼센트대에 달한다는 것을 알 수 있다. 반대로 하위 50퍼센트의 소득 비중은 1980년에 20퍼센트대였으나 오늘날은 12퍼센트 정도로 줄어들어 있다. 자세한 내용은 taxjusticenow.org를 참고할 것.

정도다. 반면 미국은 10퍼센트포인트 상승했다. 하위 50퍼센트가 차지하는 소득의 비중도 24퍼센트에서 2퍼센트포인트 줄어들어 22퍼센트가 되었을 뿐이다.[3] 좀더 시야를 넓혀 보더라도, 소득 수준이 높은 민주주의 국가 가운데 미국처럼 불평등이 크게 증가한 나라는 찾아볼 수가 없다.

세금은 모든 사람이 낸다

이제 우리는 미국에서 소득이 어떤 식으로 분배되고 있는지 잘 알게 되었다. 세금에 대해서도 알아보도록 하자. 2019년 현재, 미국에 거주하고 있는 이들이 내고 있는 다양한 세금은 국민소득의 28퍼센트를 약간 넘는 수준이다. 여기에는 지방세, 주세, 연방세가 모두 포함된다. 이는 평균적으로 성인 한 사람당 2만 달러가량을 내고 있다는 말과 같다. 물론 어떤 이는 2만 달러보다 더 낼 것이고 다른 사람들은 덜 내고 있을 것이다. 하지만 한 푼도 안 내는 사람은 없다. 인구의 47퍼센트는 공공 재정에 기여하는 바가 없으며, 2012년 대통령선거에 후보로 나왔던 밋 롬니가 일갈했듯 "받기만 하는 자들"이라고 흔히들 생각하고 있지만 말도 안 되는 소리다. 미국이라는 나라에는 다양한 단위의 정부가 존재하고 있으며 그러한 정부들은 나라 전체 자원의 3분의 1가량을 끌어모은다. 모든 성인들은 그 과정에 참여하고 있다. 롬니는 오직 연방소득세만을 지적하고 있었지만, 이 책을 쓴 우리는 "누가 세금을 내고 있는가?"라는 질문을 던지면서 그 외의 모든 세금을 염두에 두고 있다. 대부분의 선진국과 마찬가지로 미국의 세금 역시 네 가지의 큰 부류로 나누어진다. 개인의 소득에 대한 세금, 임금에 대한 세금, 자본에 대한 세금, 소비에 대한 세금이 그것이다. 이 세금 분류에는 각각 흥미진진한 역사적 배경이 깔려 있으며 나름의 중요한 경제적 기능을 수행한다.

연방 개인소득세federal individual income tax는 1913년에 신설되었다. 미국에서 가장 유명하고 가장 액수가 큰 이 세금은 국가의 전체 예산 가운데 3분의 1을 충당한다(정부 예산이 국민소득의 28퍼센트 정도이니 국민소득의 9퍼센트가 연방소득세인 셈이다). 연방소득세는 본디 모든 종류의 소득으로부터 세금을 걷도록 되어 있다. 그 소득이 노동에서 나오는 임금이건, 자본을 소유하면서 발생하는 이자나 배당금 혹은 기타 자본소득이건 가리지 않는다. 하지만 연방소득세의 과세 대상이 되는 소득 항목을 종합해 보면 국민소득의 총합보다 적은 액수가 나온다. 조세 회피로 인해 차액이 발생하고 있는 것이다. 그래서 통계학자들은 미국인들의 진정한 소득을 추산하고자 할 때, 국세청에서 시행하는 임의 세무조사 자료를 참고하여, 조세 징수원의 눈을 피해 벌어들인 소득까지 합쳐 국민소득을 구성하고 있다. 하지만 그것이 과세 대상이 되는 소득 항목이 국민소득보다 낮은 진정한 이유는 아니다. 진짜 이유는 다수의 소득 항목, 특히 자산소득이 합법적으로 면세이기 때문이다.

은퇴자금 계좌retirement accounts를 통해 벌어들인 배당금이나 이자 소득? 면세다. 기업의 이익유보금undistributed corporate profits? 면세다. 사용자를 통해 지불되는 건강보험료health insurance premiums? 면세다. 주택 보유자가 내부거래를 통해 자신에게 임대료를 지불한다면? 마찬가지로 면세다. 오늘날 그 모든 공제 대상을 제외하고 나면 개인소득세의 대상은 전체 미국 국민소득의 63퍼센트밖에 남지 않는다. 그 외의 국민소득 중 많은 것들이 합법적으로 납세의 의무에서 벗어나 있다. 정치인들은 대체로 좌우를 막론하고 과세 대상을 넓게 잡는 것이 낫다는 데 의견을 같이하는 편이다. 세금을 걷을 수 있는 범위는 가능한 한 크게 잡는 것이 좋다고 보고 있다. 하지만 지난 수십여 년 동안 개인소득세의 과세 범위는 점점 줄어들어만 갔다. 1980년에는 국민소득의 71퍼센트가 소득세 대상이었다. "과세 대상 확대"를 외치는 목소리는 여전하지만, 미국이라는 나라는 점점 더 파이의 작은 부분에만 세금을 물리고 있는 것이다.

그렇게 확정된 과세 대상 소득에 대해 2019년 현재, 0달러에서 1만 2200달러의 소득까지는 0퍼센트의 소득세율이 적용되며, 51만 300달러(결혼한 부부의 경우 61만 2350달러) 이상의 소득에는 37퍼센트의 소득세율이 적용된다. 연방소득세는 이런 식으로 부과되기에 누진세라고 할 수 있다. 누진세에 반대되는 개념은 역진세이다. 납세자가 많이 벌면 많이 벌수록 그의 소득에서 세금으로 나가야 하는 돈의 비중이 낮아지는 세금을 뜻한다(그리고 그 사이에는 비례세flat tax가 있다. 소득이 얼마가 됐건 모든 사람이 같은 세율의 세금을 내는 것이다). 여전히 소득세는 누진적이지만 역사적으로 보면 그 누진적 성격은 현저히 줄어든 상태다. 1913년 연방소득세가 신설되었을 때, 최상위 소득구간(2019년 기준으로는 연간 51만 300달러를 넘어서 벌어들인 소득에 적용되는 세율 구간)은 평균 57퍼센트였다. 오늘날 최상위 소득구간의 소득세인 37퍼센트보다 20퍼센트포인트 더 높았던 것이다.

연방소득세를 제외하고 보더라도, 일곱 개 주(알래스카, 플로리다, 네바다, 사우스다코타, 텍사스, 워싱턴, 와이오밍)를 제외한 모든 주에는 주소득세가 존재한다. 대부분의 주들은 과세 가능한 소득이 무엇인지 정의할 때 연방정부의 기준을 그대로 따라간다. 그 위에서 각 주별로 나름의 세율을 정하는 것이다. 가령 캘리포니아의 경우 최상위 소득구간의 세율이 13퍼센트에 이른다. (뉴욕을 비롯한) 몇몇 도시는 해당 도시만의 소득세를 따로 가지고 있기도 하다. 이런 것들을 모두 합쳐놓고 보면 주소득세와 지방소득세는 전체 국민소득의 2.5퍼센트가량을 차지하게 되고, 그렇게 합산된 개인소득세액은 미국 국민소득의 11.5퍼센트를 이룬다. 이미 우리가 살펴보았듯이 개인소득세의 대상이 되는 소득은 국민소득의 63퍼센트이므로, 미국 전체의 평균 개인소득세율은 (11.5퍼센트를 63퍼센트로 나눈 값인) 18퍼센트보다 조금 높은 수준이 되는 것이다.

세수의 원천 가운데 두번째로 큰 것은 급여에 부과되는 사회보장세 Social Security payroll tax로, 국민소득의 8퍼센트를 차지한다. 이는 근로소득에 부과되는 세금으로 임금소득자에게 월급이 들어오자마자 곧장 12.4퍼센트의 세율로 빠져나간다. 2019년 현재 사회보장세액의 상한은 연간 13만 2900달러로 책정되어 있다. 대략 상위 5퍼센트 정도의 소득을 올리는 사람이 내야 할 세액이 그 정도인 것이다. 그보다 더 많이 버는 사람이라 해도 얼마를 벌건 13만 2900달러 이상을 내지는 않는데, 그렇기에 사회보장세는 매우 역진적인 세금이라고 볼 수 있다. 정부에서 고령층을 위해 제공하는 보험 프로그램인 메디케어를 운영하기 위한 세금 역시 별도로 존재한다. 모든 종류의 소득에 대해 2.9퍼센트가 붙는다. 이와 같이 급여에 따라붙는 세금은 50여 년 전 처음 도입될 때만 해도 작은 규모였지만, 오늘날은 연방소득세에 이어 두번째로 큰 세금이 되었다. 바로 이런 변화가 미국의 조세 체계가 지니던 누진적 성격이 뒤흔들리게 된 이유 중 큰 부분을 차지하는데, 그에 대해서는 이후에 더 살펴보기로 하자.

그들은 왜 나보다 덜 내는가

소비세consumption tax는 세수 원천 중 세번째로 크다. 주정부와 지방정부가 매출세sales tax를 징수하기도 하고, 연방정부나 그 이하 단위 정부들이 가솔린·디젤·술·담배 등에 내국소비세excises tax를 부과하기도 하기 때문이다. 오토바이 운전면허를 발급받거나 천연자원을 채취할 때 붙는 면허세도 같은 범주에 속한다. 수입된 재화에 대한 매출세라고 볼 수 있는 관세도 마찬가지다. 이 모든 것을 합쳐 보면 한 사람의 성인은 평균적으로 3500달러의 소비세를 내고 있다. 평균적으로 사람들은 소비하는 데 쓰는 예산의 약 6퍼센트를 세금으로 내고 있다고 보면 될 것이다. 그 중 매출세가 절반 정도를 차지하고 내국소비세와 면허세가 나머지 절반을 이룬다. 트럼프 정권이 들어서면서 크게 치솟긴 했지만 총액을 따지고 보면 수입 관세는 여전히 미미한 수준이다. 2019년 현재 수입 관세는 전체 소비세 중 10분의 1 정도에 지나지 않는다.*

세수원 중 마지막으로 살펴보게 될 것, 그리고 가장 작은 것이 바로 자본세capital tax라고 할 수 있다. 이 책에서 말하는 자본세는 법인소득세, 주거용 상업용 재산을 망라한 재산세, 그리고 상속세estate tax를 포괄하는 개념이다. 법인소득세는 기업이 내는 이익에 세금을 물리는 것이니 수입

---

* 관세는 2019년 750억 달러에 도달할 전망으로, 2017년 380억 달러에서 두 배 늘었다 (US Department of Commerce Bureau of Economic Analysis, National Income and Product Accounts of the United States, Table 3.2, 2019-Q1). 한편 모든 정부 차원에서 부과되는 전체 소비세는 8000만 달러 이상이다(ibid., Table 3.5, 2017, 재산세를 제외한 생산과 수입에 부과되는 모든 세금).

의 발생에 대한 세금이라 할 수 있다. 재산세의 경우는 매년 지불하는 것이고 상속세나 증여세gift tax는 사망이나 증여가 이루어진 시점에 내는 것이라는 차이가 있긴 하지만, 이런 세금들은 어느 경우건 자산에 대한 세금이라 하겠다. 이러한 자본세를 합쳐 보면 국민소득의 4퍼센트를 조금 넘는다. 자본수익의 총량은 미국의 국민소득 중 30퍼센트이므로, 자본세는 자본수익에 대해 평균적으로 약 13퍼센트(4퍼센트를 30퍼센트로 나눈 값)의 세율을 부과하는 셈이다.

오직 사람만이 세금을 낸다

무슨 항목으로 어떻게 분류되건, 모든 세금은 사람이 내는 것이다. 만약 "대기업"이나 "로봇"이 우리 대신 세금을 내줄 수 있다면 얼마나 좋을까마는, 애석하게도 그건 불가능한 일이다. 마치 모든 국민소득이 궁극적으로는 피와 살을 지닌 개인의 것으로 귀결되듯이, 모든 세금은 궁극적으로 살아 있는 진짜 사람들이 부담하고 있는 것이다. 예를 들어 보자. 기업에서 배당하지 않은 이익은 주주들의 소득이 된다. 미배당이익이란 곧 저축하여 기업을 위해 재투자된 돈이니 말이다. 마찬가지로 법인세corporate tax는 주주들이 내는 세금이라고 볼 수 있다. 기업은 법인세를 내면서 이익이 줄어들고, 그 결과 주주들에게 배당할 돈이건 재투자할 돈이건 기업을 소유한 주주들의 몫이 줄어드는 셈이기 때문이다.

　오직 사람만이 세금을 내는 것이 사실이긴 해도, 어떤 사람들은 이

그들은 왜 나보다 덜 내는가

곳이 아닌 다른 어딘가에 살고 있을 수도 있다. 그렇다면 그 다른 나라에서 세금을 내게 하거나, 적어도 그렇게 하게끔 하기 위해 노력은 해 봐야 할 것 같다. 그러나 현실은 그렇지 않다. 작은 산유국들처럼 매우 특별한 소수의 경우를 제외하고 나면 그 어떤 나라도 외국인들로 하여금 세수의 큰 부분을 충당하도록 하는 데 성공하지 못하고 있는 것이다. 미국의 경우를 살펴보자. 미국의 재산세와 법인세 중 일부는 외국인이 내고 있다. 로스앤젤레스에 부동산을 소유하고 있는 중국인 거주자는 캘리포니아 주에 재산세를 내고 있을 테니 말이다. 마찬가지로 미국 기업 주식의 20 퍼센트 정도는 외국인들이 소유하고 있기 때문에,[4] 미국의 법인소득세의 일정 부분은 외국인 주주들이 내고 있다고 볼 수 있다. 하지만 미국인이 아닌 사람들이 미국의 세수에서 차지하는 비중은 전부 합쳐도 국민소득의 1퍼센트 정도로 매우 작은 편이다. 이와 같은 현상은 양방향으로 작동한다. 미국인은 런던과 스페인에서 외국 기업의 주식이나 부동산을 보유할 수 있고, 그 경우 미국인은 외국인이 미국에 세금을 내는 것처럼 외국에 법인세와 재산세를 내게 될 것이다. 최종적으로 계산해 보면 미국 정부는 국민소득의 28퍼센트를 세금으로 걷고 있고, 미국인들은 자신들의 소득 중 28퍼센트를 세금으로 내고 있다.

세금의 부담이 개인별로 어떻게 달라지고 있는지, 말하자면 어떤 사회적 집단이 무슨 세금을 얼마나 내고 있는지 알아보려면, 약간은 탐정처럼 이 문제에 파고들어야 한다. 1970년대와 1980년대에 걸쳐 브루킹스 연구소Brookings Institution의 조지프 페크먼Joseph Pechman은 미국 내에서 조세 부담이 어떻게 분배되고 있는지 탐구하는 선구적인 연구를 진행했지만, 이상하게도 그의 뒤를 이어 같은 작업을 수행한 사람은 없었다. 그래서 해당 주제의 연구는 1985년에 끝나고 말았는데, 당시만 해도 불평등은 오늘날보다 훨씬 덜했을뿐더러 조세 체계의 구조 역시 상당히 달랐다.*

누가 무슨 세금을 얼마나 내는지 알아보는 일을 어렵게 만드는 가장 중요한 원인은 따로 있다. 물론 궁극적으로는 사람이 세금을 내는 것이 맞지만, 법에 규정된 바에 따라 납세 의무를 지고 국세청에 세금을 내는 주체가 꼭 사람인 것만은 아니기 때문이다. 가령 사용자는 연방급여세의 절반을 내고 피용자가 나머지 절반을 낸다. 하지만 이런 구분은 무의미하다. 결국 모든 급여세는 노동자가 벌어들이는 노동소득에 대한 세금이기 때문이다. 그 세금을 두 조각으로 나누어서 하나는 사용자가 내고 나머지 하나는 피용자가 내는 것은 법적인 허구일 뿐 경제적으로는 의미가 없다. 일반적인 원칙을 따져보자면 급여세와 같은 노동에 대한 세금은 노동자가 내는 것이고, 법인세나 재산세 등 자본에 대한 세금은 자산의 보유에 관여하고 있는 소유주가 내는 것이며, 소비세는 소비자가 내는 세금이다.

---

* 연방기관(연방의회 예산국, 재무부, 조세 합동위원회)과 싱크탱크(가령 조세정책센터)는 연방소득세의 소득분위별 배분에 대해 통계를 작성하고 있으나 주세와 지방세는 다루지 않고 있다. 가령 US Congressional Budget Office(2018)를 참고. 세금 및 조세 정책 연구소ITEP는 최근 연도까지 주세와 지방세가 어떻게 분위별로 배분되어 왔는지 추산한 연구를 내놓아 왔다(The Institute on Taxation and Economic Policy, 2018). Piketty, Saez, and Zucman(2018)은 모든 세금에 대한 연구이며 그 내용은 이 책의 이번 장에서 다룬다.

그들은 왜 나보다 덜 내는가

이 사실을 깨닫고 나면 누가 어떤 세금을 내고 있는지 구분하는 것은 개념적으로 볼 때 간단한 작업이 된다. 물론 실제로는 수많은 정보를 모으고 분류하는 과정이 필요하지만 말이다.

정부가 세금을 걷을 때, 그 돈을 누가 내고 있는가? 이것은 경제학자들이 흔히 "조세의 귀착tax incidence"이라 부르는, 특정 세금이 오르거나 내리면 내일의 경제가 어떻게 반응할지 여부를 따지는 것과 혼동하기 쉽지만, 다른 문제다. 예컨대 법인세를 인하한다면 어떤 일이 벌어질까? 원칙만 놓고 보면 많은 결과가 발생할 수 있을 것이다. 기업은 이윤을 더 배당하거나 자사주를 분배하는 식으로 주주들의 소득을 높일 수 있고, 피용자들의 임금을 인상해 줄 수도 있으며, 판매하는 상품의 가격을 낮출 수도 있고, 생산시설을 늘리거나 연구개발에 그 돈을 투자할 수도 있을 테니 말이다.

조세의 귀착 문제는 이 책의 뒷부분에서 가능한 조세 개혁의 방안을 논의할 때 다시 살펴보기로 하자. 아무튼 이 점은 매우 중요하고 혼동해서는 안 된다. 현존하는 세금을 누가 내고 있는지 파악하는 것은 그러한 세금에 변화가 벌어졌을 때 세상이 어떻게 달라질지 따져보는 것과 다른 문제라는 것 말이다. 내일 법인세가 인하된다면 기업들은 어떤 행동을 하겠지만, 그 행동이 뭐가 됐건 오늘 법인세를 내고 있는 사람은 주주들이며 주주 외에는 그 누구도 아니라는 점을 분명히 해 두자.[5]

미국의 조세 체계는 누진적인가

이제 핵심적인 질문에 대한 답을 시도해 볼 차례다. 국민소득을 이루는 모든 종류의 소득에 대한 모든 세금을 놓고 따져볼 때, 부자들은 가난한 이들보다 미국의 재정에 실로 더 큰 기여를 하고 있을까?

이 질문에 대답하기 위해 우리는 트럼프 대통령의 조세 개혁 다음해인 2018년을 기준으로, 소득 분배에 따른 실효세율을 계산해 보았다. 우리는 전체 인구를 15개의 집단으로 나누었다. 세전 소득 기준으로 가장 낮은 소득을 올리는 2400만 명이 하위 10퍼센트이고, 그 위로 10퍼센트씩 올라가면서, 최상위 10퍼센트에서는 그 집단을 좀더 작은 단위로 나누어 꼭대기에는 미국에서 가장 부유한 400명만 남겨 두었다(이렇게 피라미드의 꼭대기를 좁히는 것이 필수적인 까닭은, 수적으로는 매우 적지만 이 사람들이 전체 소득 중 큰 부분을 차지하고 있으며 따라서 전체 세수 중에서도 큰 부분을 차지해야 마땅하기 때문이다). 우리는 각 그룹이 낸 세금을 계산하고 그 결과를 개별 그룹의 세전 소득으로 나누었다.* 이렇게 놓고 볼 때, 모든 집단이 벌어들인 소득과 그에 따른 세금을 종합해 보면 평균적으로 28퍼센트가

---

* 소득분위의 가장 낮은 곳에 있는 사람들은 노동·자본·연금 소득 등을 올리지 않고, 오직 정부 이전 지출만으로 살아간다. 그러한 정부 이전 지출 중에서 소비세를 내게 된다. 이는 세전 소득 중 큰 부분에 높은 세율이 매겨지는 결과를 낳는다. 우리는 이 문제를 피하기 위해 우리의 연구 대상을 연방 최저임금의 절반(연간 7250달러) 이상을 세전 소득으로 버는 사람들로 한정시켰다. 그 인구 집단의 평균 세율은 거시경제 세율과 거의 동일하다.

그들은 왜 나보다 덜 내는가

나온다. 2018년 미국의 거시경제적 소득세율은 28퍼센트인 것이다. 여기서 흥미로운 질문을 던져 보자. 소득 분배에 따라 실질 세율은 과연 어떻게 달라질까? 가령 슈퍼리치들은 최저임금을 버는 노동자들보다 더 많은 세금을 낼 능력이 있으니, 그만큼 국가 재정을 더 많이 부담하고 있을까?

간단히 말하자면 답은 "아니오"이다. 현재 소득집단 각각은 소득의 25~30퍼센트가량을 세금으로 내서 재원 마련에 기여하고 있지만, 슈퍼리치들은 예외적으로 고작 20퍼센트 정도만을 내고 있다. 미국의 조세 체계는 거대한 비례세flat tax인데, 예외적으로 최고 소득 계층에게는 역진세가 적용되는 것이다. 미국이 유럽처럼 세금을 많이 걷는 나라는 아니어도 적어도 누진세를 적용하고 있는 나라라고 보는 사람들이 있지만, 그들은 틀렸다.

좀 더 구체적으로 살펴보자. 매년 평균 1만 8500달러를 벌고 소득 하위 50퍼센트를 차지하는 노동계급은 그들의 소득 중 25퍼센트가량을 세금으로 내고 있다. 중산층으로 올라오면 소득세율은 조금씩 높아져, 상위 10퍼센트에 해당하는 상위 중산층에 도달할 때쯤이면 28퍼센트에 이른다. 그런데 최종적으로 미국에서 가장 부유한 400명에 도달하면 소득세율은 23퍼센트로 떨어진다. 물론 집단으로건 개인으로건 그 사람들의 사정이 모두 똑같다고 볼 수는 없겠지만, 트럼프 일가, 저커버그와 그 가족, 워런 버핏 집안 사람들이 저 높은 세계에 속할 텐데, 그들은 평범한 교사나 비서 같은 이들보다 낮은 세율로 소득세를 내고 있는 것이다. 많

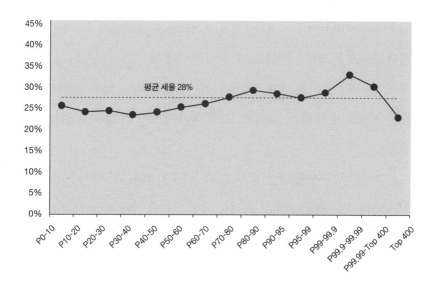

[1-2] 미국의 조세 체계: 역진적인 비례세 구조 (소득집단에 따른 평균 세율, 2018년 기준)

이 그래프는 2018년 소득집단에 따른 평균 세율, 즉 세전 소득에 대한 세금의 비율을 나타낸 것으로 연방세, 주세, 지방세가 모두 포함되어 있다. 세로축의 P0-10은 소득 하위 10퍼센트를 뜻하며, P10-20은 그 다음 10퍼센트를 뜻한다. 모든 세금을 합쳐 놓고 보면 미국의 조세 체계는 모든 소득구간에 대해 같은 세율을 적용하는 거대한 비례세 구조를 이루고 있지만, 아주 높은 소득구간에 접어들면 소득세율이 낮아진다. 세부사항은 taxjusticenow.org에서 확인 가능하다.

은 사람들이 누진적이라고 생각하는 미국의 조세 체계는 어떻게 실제로는 이토록 역진적일 수 있을까?

왜 가난한 사람들이 더 내는가

소득 사다리의 가장 낮은 칸에서 논의를 시작해 보자. 가장 가난한 미국인들이 무거운 세금을 짊어지게 하는 원흉은 크게 두 가지라고 할 수 있다.

급여에 붙는 온갖 세금이 첫째 원인이다. 최하위 10퍼센트라 해도, 아무리 적은 돈을 받고 있어도, 노동을 통해 받는 급여에는 즉각 15.3퍼센트의 세금이 매겨진다. 12.4퍼센트는 사회보장세로, 2.9퍼센트는 메디케어 재정을 위한 세금으로 나간다. 게다가 최저임금은 허물어진 지 오래다. 연방에서 정한 최저임금에 따라 일하는 전일제 근로자는 2019년 현재 1년에 1만 5000달러를 가까스로 벌게 되는데, 이는 성인들이 버는 국민소득 평균의 5분의 1에 지나지 않는다. 1950년에는 마찬가지로 최저임금을 받는 노동자가 받는 급여가 국민소득 평균의 절반 수준을 상회하고 있었다.* 세전 소득이 이렇게 극적으로 줄어든 가운데, 최저임금을 받는 노동자들의 급여에 따라붙는 세금마저 상승했다. 1950년에는 소득의 3퍼센트 정도가 세금이었지만 지금은 15퍼센트 이상을 세금으로 내야 한다.

다른 나라들은 정반대의 길을 걸었다. 최저임금을 높이는 가운데 가장 낮은 소득을 올리는 이들이 내야 할 세금은 줄여 주고 있었던 것이다. 프랑스의 경우 최저임금은 물가상승률보다 빨리 올라 2019년 현재 10유로, 미화 11.5달러(1유로당 7.25달러로 계산)에 이르렀다. 프랑스는 보편적인 건강보험을 포함한 대대적인 복지 정책을 시행하는 복지국가로, 노동자들의 급여세는 복지국가를 유지하는 주요 자금줄이다. 하지만 그 와

---

* 1950년 최저임금은 시간당 0.75달러 혹은 전일제 근로자의 경우 1년에 1500달러였다(50주×40시간×0.75달러). 1950년의 1인당 국민소득은 2660달러였다.

중에도 최저임금을 받는 노동자들의 급여에 붙는 세금은 대폭 줄어들었다. 1990년대에는 50퍼센트가 넘었지만 지금은 20퍼센트 이하인 것이다.[6]

미국의 노동계급이 내는 높은 세율의 세금은 소비세인데, 그것은 가난한 미국인들이 높은 세금을 내는 두번째 이유이자 가장 큰 원인이라고 할 수 있다. 미국에는 부가가치세가 없지만 매출세sales tax와 내국소비세excise tax가 급속도로 증가하고 있으며 결국 부가가치세처럼 물가상승을 유도하고 있다. 게다가 일반적인 부가가치세와 달리 미국에서 적용되는 매출세와 내국소비세 등은 대부분의 서비스에 대해서는 부과되지 않는데, 재화가 아닌 서비스의 소비가 전체 국내 소비에서 차지하는 비중이 매우 높다는 점을 감안해 보면 이는 또다른 문제를 낳는다고 볼 수 있다. 주로 재화를 소비하는 가난한 이들의 소비에는 세금이 붙는 반면, 상대적으로 부유하고 여유 있는 이들이 소비하는 서비스는 면세 항목이 된다는 뜻이기 때문이다. 미국은 부가가치세가 없는 나라가 아니라, 가난한 사람들만 부가가치세를 내는 나라다.

오페라 관람을 즐기는가? 매출세를 낼 필요가 없다. 컨트리클럽 회원권을 가지고 있는가? 매출세는 붙지 않는다. 변호사를 고용하고 싶은가? 매출세는 신경쓰지 않아도 된다. 하지만 운전하고, 옷을 사고, 가전제품을 구입하는 등의 모든 일에는 매출세가 따라붙는다. 물론 대부분의 주에서는 식료품에 붙는 매출세를 인하하고 있으며, 가난한 사람들의 경우 전체 소비액 중 15퍼센트를 식료품 구입에 쓴다는 것은 언급해 둘 필요가 있겠다. 하지만 이런 너그러운 조세 정책은 연료·술·담배에 붙는 극히 역진적인 내국소비세를 감안할 때 빛을 잃는다. 매출세와 달리 내국소비세는 판매되는 대상의 가격에 비례하여 책정되는 세금이 아니다. 와인몇 리터 혹은 맥주 몇 캔처럼 해당 상품이 팔린 양에 따라 내게 되어 있는 세금이다. 그러므로 고급 와인과 수제 맥주 등 상대적으로 비싼 고급상품에도 평범한 상품과 같은 세금이 붙게 되어 있는 것이다.

매출세와 내국소비세에 대해 확보할 수 있는 최선의 자료를 통해 추산해 보면, 미국에서 이 세금들은 극히 역진적으로 작동하고 있음이 드러난다. 소득 하위 10퍼센트는 소득의 10퍼센트 이상을 매출세와 내국소비세로 내고 있는 반면 상위 10퍼센트는 고작 1~2퍼센트 정도만을 해당 명목으로 납세하고 있다.[7] 이와 같은 역진적 흐름이 발생하는 가장 큰원인은 가난한 이들은 대부분의 소득을 소비해 버리는 반면 부자들은 소득 중 큰 부분을 저축한다는 데 있다(슈퍼리치들의 경우 한 해에 수십억 달러를소비해 버리는 건 사실상 불가능하기 때문에 소득의 대부분을 저축하고 투자하게 된다). 그러나 서비스에 세금이 붙지 않는다는 것 또한 중요한 원인으로 작동한다. 유럽식의 부가가치세를 비판하는 보수적인 논객들은 그런 세금이 미국에 도입될 경우 정부가 통제받지 않는 자금을 손에 넣어 미국을"사회주의" 국가로 바꿔 버릴 거라고 떠벌이곤 한다. 하지만 부가가치세가 그런 이들을 불쾌하게 하는 이유는 따로 있고 그건 잘 알려져 있지 않다. 현재 시행중인 난삽한 소비세 대신 부가가치세를 시행하게 되면 부자들의 지갑에도 충격이 올 것이기 때문이다.

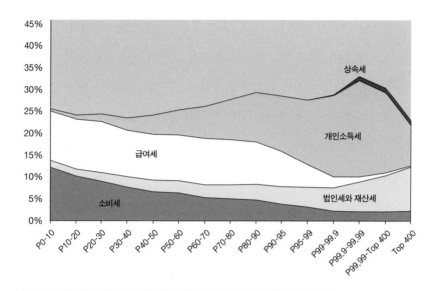

[1-3] 미국의 비례세: 세금의 유형에 따른 구성 (소득집단에 따른 평균 세율, 2018년)

이 그래프는 2018년 현재 각 소득집단에 따른 평균 세율과 세금의 구성 요소를 보여주고 있다. 여기에는 연방세, 주세, 지방세가 모두 포함되어 있다. 세율은 세전 소득과 비교하여 산출되었다. 역진적인 소비세와 급여세로 인해 노동계급은 거의 중산층이나 부유층과 비슷한 세 부담을 지고 있다. 슈퍼리치들은 그들의 소득 중 대부분이 과세 대상이 아니기 때문에 다른 집단에 비해 세금을 덜 내는 편이다. 보다 자세한 내용은 taxjusticenow.org를 참고할 것.

소비세는 연방세가 아닌 지방세에 불과하지만 그럼에도 가난한 이들은 어떤 식으로건 그 세금을 피할 수 없다. 이 주에서 저 주로 옮겨다닌다 한들 그들이 짊어지게 될 조세 부담이 줄어들지 않기 때문이다. 어떤 주는 다른 주에 비해 소비세가 낮고 식료품에 대한 세율을 크게 인하해 주기도 한다. 하지만 그런 것을 모두 합쳐 놓고 보더라도 소비세는 극히 역진적인 조세 체계인 것이다. 연방 이하 단위의 세금들은 대체로 역

그들은 왜 나보다 덜 내는가

진적으로 작동하는데 소비세가 그 근간을 이루고 있다. 누진적인 세금을 도입할 때는 연방 단위에서 도입하는 것이 훨씬 쉽다. 연방기구들은 더 많은 정보와 자원을 가지고 있기에 누진적 조세 원칙을 실천하기에 용이하기도 하거니와, 주 단위에서 누진세를 도입하면 부자들이 경계를 넘어 다른 주로 넘어가게 마련이지만 국경을 넘어 세금을 피하는 것은 그보다 더 어렵기 때문이기도 하다. 조세 부담이 어떻게 분배되는지 여부를 따져 물을 때 대부분의 논객들은 주세와 지방세를 무시하는 경향이 있다. 그런 식으로 바라보면 이 문제를 잘못 이해할 수밖에 없다.

왜 부자들은 세금을 덜 내는가

애초에 누진세가 도입되었던 것은 핵심적인 목적이 있었기 때문이었다. 역진적 성격을 지니는 소비세의 영향을 완화함으로써 과세에 대한 사회적 저항을 줄이는 것이었다. 다음 장에서 살펴보겠지만 미국에서 1913년 처음으로 연방소득세가 제정되었을 때 동원된 논리도 그랬다. 당시로서는 오직 관세만이 연방정부의 재원이었으므로, 관세가 끼치는 역진적인 영향을 줄여야 한다는 이유로 연방소득세를 정당화했다. 도금 시대를 거치며 확연히 늘어난 불평등을 억눌러야 한다는 것이 두번째 정당화 논리였다.

불행히도 오늘날의 소득세는 그러한 목적 달성에 대체로 실패하고 있다. 핵심적인 이유는 크게 세 가지이다.

억만장자들이 그들의 소득에 대해 낮은 세율을 부담하는 첫번째 이유는 그들의 소득 대부분이 개인소득세의 과세 대상이 아니라는 데 있다. 이것은 가장 핵심적인 이유이기도 하다. 앞서 살펴본 것처럼 소득세의 과세 대상으로 간주되는 소득은 국민소득 중 오직 63퍼센트에 지나지 않는다. 법적으로 면세 항목인 수많은 유형의 소득이 존재하기 때문이다. 이와 같은 면세 조치로 인해 혜택을 보는 납세자는 상당한 규모에 이르지만, 특히 진짜 부자들에게는 훨씬 더 큰 혜택이 돌아간다. 슈퍼리치들 중 많은 이들은 사실상 거의 모든 소득이 면세 항목이기 때문이다. 한번 따져보도록 하자. 마크 저커버그의 실질적인 경제적 소득은 어느 정도일까? 그는 페이스북 주식의 20퍼센트를 가지고 있는데, 페이스북은 2018년 200억 달러의 이익을 냈다. 그러니 그가 그 해에 벌어들인 소득은 200억 달러의 20퍼센트인 40억 달러라고 볼 수 있다. 하지만 페이스북은 배당을 전혀 하지 않았기 때문에 그 40억 달러 중 단 한 푼도 소득세 과세 대상이 되지 못했다. 다른 억만장자들과 마찬가지로 저커버그의 실질적 개인소득세율은 현재 0퍼센트에 근접해 있으며, 그가 자신의 주식을 팔지 않는 한 계속 0퍼센트에 가깝게 남아 있을 것이다.

저커버그가 내는 세금 가운데 규모가 큰 것은 페이스북의 법인세뿐이다. 그런데 이 지점에서 두번째 문제가 발생한다. 법인세는 거의 형해화되어 버렸기 때문이다. 페이스북은 납세의 의무를 충실히 이행한 적이 거의 없다. 자신들이 내는 이익을 케이먼제도의 법인으로 돌려놓은 덕분에 페이스북은 오래도록 법인세를 내고 있지 않았다. 이 문제에 대해서

그들은 왜 나보다 덜 내는가

는 4장에서 좀더 자세히 살펴볼 텐데, 이런 식으로 세금을 내지 않는 다국적기업이 페이스북만 있는 것은 결코 아니다. 조세 회피가 횡행하는 와중에 2018년 현재 미국의 법인세율은 35퍼센트에서 21퍼센트로 뚝 떨어졌다. 그 결과 무슨 일이 벌어졌겠는가? 2018년의 연방법인세 예산은 2017년에 비해 거의 절반 가까이 곤두박질치고 말았다.* 이와 같이 일이 전개된 과정에 대해서는 이후 길게 살펴보기로 하고, 여기서는 이런 현상이 뜻하는 바를 직설적으로 짚어두고 넘어갈 필요가 있겠다. 기업의 주식을 보유하는 것에서 소득을 얻는 대부분의 슈퍼리치들에게, 법인세가 낮아지는 것은 그들이 실질적으로 내는 세금을 면제해 주는 것과 다를 바 없다는 것을 말이다.

부자들이 낮은 세율을 누릴 수 있게 된 세번째 이유는 연방소득세 자체가 최근에 변했기 때문이다. 20여 년이 채 되지 않은 최근에 걸쳐 연방소득세는 노동과 자본에 골고루 부과되는 종합세comprehensive tax에서 벗어나 근로소득보다 자본소득에 더 우호적인 성격을 지니는 세금으로 탈바꿈했다. 2003년 이후 주식 배당금에 부과되는 연방소득세에는 20퍼센트의 상한 세율이 적용되었다. 가령 마이크로소프트가 배당을 한다면, 빌 게이츠 같은 주주들은 배당 이익에 대해 아무리 액수가 커도 20퍼센트의 소득세만 내도록 바뀌었다는 뜻이다. 2018년부터 의사, 변호

---

* 연방법인세 수입은 국민계정에서 2017년 2850억 달러, 2018년 1580억 달러를 기록하고 있다(US Bureau of Census, 2019, Table 3.2).

사, 컨설턴트, 벤처 투자자 등이 올리는 사업소득business income에는 20퍼센트의 공제 혜택이 주어지게 되었고, 근로소득의 경우 최상위 구간의 소득세율이 37퍼센트인 데 반해 사업소득의 경우에는 최상위 구간 세율이 29.6퍼센트에 불과하다. 이는 트럼프가 주도한 조세 개혁의 핵심 요소 중 하나로, 가장 큰 논란거리이기도 하다(사실 극소수의 예외를 제외하면 모든 경제학자들이 반대하고 있다). 자영업자, 예컨대 성공적으로 혼자 일하는 컨설턴트의 경우 이 공제 혜택에 제한이 있다. 반면 많은 이를 고용하고 있거나 큰 자본을 보유하고 있는 사업자가 낸 사업소득은 무제한의 공제 혜택을 누린다. 쉽게 떠올릴 수 있는 예를 들자면, (마치 트럼프처럼) 뉴욕시에 마천루를 여러 채 가지고 있는 임대사업자가 가장 큰 혜택을 얻게 되는 것이다.*

그 어떤 면제, 공제, 세율 할인, 기타 혜택도 전혀 받지 못하는 단 하나의 소득 항목이 있으니, 그것이 바로 임금이다. 소득 사다리 중 어디에 위치해 있건, 임금소득자는 자산으로부터 창출되는 소득의 원천을 가진 사람에 비해 더 많은 세금을 낼 수밖에 없는 것이다. 일반적으로 말하자면, 동일한 액수의 소득을 올리는 사람들은 그들의 소득원이 법적으로(그

---

* 기업 소유자들은 토지·불변자산·재고 등의 자산의 구입 가격을 감가상각 없이 계산하여 2.5퍼센트까지 공제받을 수 있다(공제 한계는 소득의 20퍼센트까지다). 그들이 가진 자산의 가치와 그들이 기업을 통해 버는 소득의 비율인 자본회수율이 12.5퍼센트(2.5퍼센트/20퍼센트) 이하인 한, 그들은 무한정 공제를 받을 수 있다.

그들은 왜 나보다 덜 내는가

리고 대체로 자의적으로) 어떻게 분류되고 있느냐에 따라 다른 세금고지서를 받게 된다고 할 수 있다. 같은 소득을 올리는 사람은 같은 세금을 내야하는 것이 조세 정의의 핵심 원리라고 한다면, 지난 20여 년 사이에 조세 체계는 그 원리로부터 멀어지는 방향으로 변화해 왔다. 그런 원칙은 이제 옛말이 되어 버렸다.

미국의 조세 체계를 망가뜨린 폭발물의 구성 성분은 단순하다. 자본소득을, 다양한 층위에서, 면세 소득으로 만들어 버린 것이다. 그 과정이 단일하지는 않다. 어떤 자본소득에 대한 세금은 다른 것보다 빨리 사라지고 있으니 말이다. 기업의 이윤에 대한 세금이라 해도, 거대 다국적기업은 국내 기업에 비해 세금을 덜 낸다. 주식 배당금에 대한 세금은 이자소득에 대한 세금보다 낮다. 부자들은 그들이 가지고 있는 재산의 성격 덕분에 여러 측면에서 혜택을 보게 된다. 대부분의 경우 큰 기업의 주식을 가지고 있으며 그것으로부터 소득을 얻는 슈퍼리치들이 이 경쟁에서 압도적인 승자가 되는 것은 너무도 당연한 일이다.

민주주의는 언제나 금권정치에 승리했다

조세 체계가 거대한 비례세로 이루어져 있고 슈퍼리치들에게 유리하도록 짜여져 있다고 해서, 그게 진짜 문제라고 볼 수 있을까? 우리가 신경써야 할 이유가 대체 무엇인가? 이 질문에는 여러 각도에서 대답해 볼 수 있다.

가장 먼저 짚어두고 넘어가야 할 것은, 우리가 여기서 제시하는 수치들이 결코 과장된 게 아니라는 점이다. 오히려 그 반대다. 미국의 조세 체계가 최상위층에서 역진적으로 적용되고 있다고 이 책의 저자들은 추산하고 있는데, 이것은 상당히 보수적으로 낸 결론이다. 부자들이 손에 쥐고 있는 기업일수록 세금을 덜 내는 것이 가능하며 실제로도 그런 식으로 일이 진행되고 있을 테지만, 우리는 모든 기업들이 동일한 실효세율을 적용받고 있다고 가정했다. 부자들이 가지고 있는 기업일수록 이익 중 큰 부분을 해외의 조세 도피처로 이전하고 있다는 점을 떠올려 보자. 이 책에서는 억만장자들이 내는 세금을 실제보다 높게 잡고 있다고 보아야 한다.

미국이 흔히 생각하는 것과는 달리 누진세를 제대로 적용하지 않는 민주국가라는 점은 분명하지만, 미국만이 그런 것은 아니라는 점 또한 확실히 해둘 필요가 있다. 이후 5장에서 그 이유를 설명하겠지만, 국가간 조세 체계를 엄격하게 비교하는 것은 어려운 일이다. 하지만 최선을 다해 증거를 모아 보자면 미국은 그래도 나쁘지 않은 편에 속한다. 가령 프랑스의 경우 미국보다도 누진세가 덜 적용되고 있는 것이다.[8]

미국의 조세 체계가 누진적이지 않기 때문에 발생하는 문제는 크게 세 가지라고 볼 수 있다.

첫째, 기본적인 예산 확보 차원에서 그렇다. 소득 사다리의 가장 높은 곳에 있는 이들의 경우만 놓고 보더라도, 그들이 내야 할 세금이 역진적일 경우 발생하는 세수의 결손은 실로 막대해진다. 소득 상위 0.001퍼센트에 해당하는 이들은 현재 그들의 소득 가운데 25퍼센트를 세금으

그들은 왜 나보다 덜 내는가

로 내고 있다. 다른 모든 조건이 동일하다면, 그 세율을 두 배로 높여 50 퍼센트로 만들었을 때 매년 1000억 달러를 더 걷을 수 있다. 이는 급여 세율을 낮추는 방식으로 미국의 노동계급 성인 전체의 세후 소득을 매년 800달러씩 높여 줄 수 있을 만큼 큰 돈이다. 미국에서는 최상위층에 극도로 심각한 소득 집중이 발생하고 있으며, 따라서 슈퍼리치에 대한 과세는 정부 전체의 재정에 큰 영향을 미칠 수밖에 없는 것이다.

둘째, 아주 단순하게 생각해 보자. 공정함의 문제다. 부자들이 세금을 내지 않으면 부자가 아닌 사람들이 그 구멍을 메워야 한다. 시장은 모든 사람에게 각자에 맞는 몫을 제공할 뿐이라고 주장하는 사람들은 늘 있고, 그런 주장을 하는 것 자체야 가능한 일이다. 그런 이들은 1960~70년대에 부자들이 부당한 대우를 받고 있었고, 공간의 제약이 사라진 채 세계가 하나의 시장이 된 지금에서야 그들이 온당한 대접을 받고 있다고 말할 것이다. 시장근본주의라고도 할 수 있는 그런 이념에 우리는 동의하지 않지만 어쨌건 그 또한 하나의 세계관이라고 볼 수 있다. 하지만 억만 장자들이 우리보다 세금을 덜 내야 한다고, 그들이 부자가 되면 될수록 세금을 점점 덜 내야 한다고, 그런 현상이 정당하다고 주장할 수가 있을까? 이토록 명백하게 뒤틀린 상황을 대체 어떤 논리로 정당화할 수 있다는 말인가?

그러나 미국의 현행 조세 체제를 반대해야 할 가장 근본적인 이유는 따로 있다. 불평등의 악순환이 꼬리를 물고 이어지는 것을 막아야 하기 때문이다. 이미 살펴본 바와 같이 상위 1퍼센트가 차지하는 소득 비중은

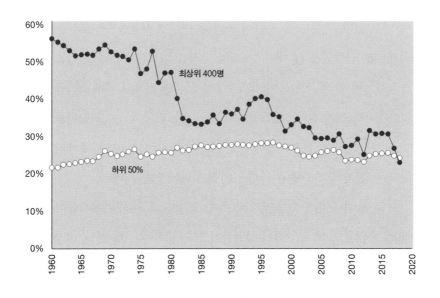

[1-4] 노동계급보다 낮은 억만장자들의 세율(하위 50퍼센트와 최상위 400명의 평균 세율 비교)

이 그래프는 세전 소득 기준으로 하위 50퍼센트의 성인들이 부담하는 평균 세율과 가장 높은 소득을 올리는 400명이 부담하는 평균 세율을 1960년부터 시계열적으로 나타낸 것이다. 1980년대 전까지 최상위 소득자들은 하위 50퍼센트에 비해 훨씬 높은 세율을 부담하고 있었다. 2018년에는 처음으로 하위 50퍼센트의 세율이 최상위 400명의 세율보다 높아진다. 더 자세한 정보는 taxjusticenow.org를 참고할 것.

풍선처럼 부풀어올랐고, 동시에 노동계급의 몫은 줄어들었다. 게다가 그런 상황을 통제하려고 하기는커녕, 오히려 조세 체계가 그런 경향에 힘을 보태 주고 있었다. 부자들은 한때 세금을 많이 냈지만 지금은 덜 내고 있다. 가난한 이들은 상대적으로 덜 냈었지만 이제는 더 많은 짐을 짊어지고 있다. 2018년, 가장 부유한 400명의 미국인은 노동계급 전체보다 낮은 세율을 적용받았는데, 이런 일은 지난 100년간 벌어진 적이 없었다.

　　　　　　　　　　　　　　　　　　　그들은 왜 나보다 덜 내는가

금권정치에 지배당하는 조세 체계라고 할 수 있겠다. 최상위 소득구간에 대한 세율이 20퍼센트 정도에 지나지 않으니, 부자들은 거의 아무런 제약 없이 부를 축적해 나갈 수 있다. 부자들은 돈뿐 아니라 권력도 쉽게 긁어모은다. 정책 결정에 관여하여 자신들의 이익에 부합하도록 정부를 움직이는 것이다.

금권정치의 덫에 빠질 위험은 늘 존재하지만, 그것을 떨쳐내는 일이 불가능하지는 않다. 우리는 소수의 슈퍼리치가 나라 전체의 부에서 큰 부분을 차지하는 것이 얼토당토않다고 생각해야 한다. 미국의 제도가 소수의 이익집단에게 포섭당할 만큼 약하지 않다는 믿음을 가져야 한다. 보스턴에서 로스앤젤레스까지 민주주의는 언제나 금권정치를 이겼고 앞으로도 그러할 것이라는 확신이 필요하다. 실제로도 그랬다. 민주주의가 금권정치를 이겨낸 역사가 있다. 민주주의는 남부를 지배하던 노예농장주들의 금권정치와 맞서 승리를 거두었다. 민주주의는 도금 시대의 산업자본가들이 금권정치의 첫 발을 뗄 무렵 그들에게 패배를 안겨 주었다.

한 번은 전쟁을 통해, 그 다음에는 세금 혁명을 통해, 민주주의는 승리를 거두었던 것이다.

부자들에게 거리낌없이
세금을 거두던 시절

미국에서 세금의 역사는 직선적인 흐름과 거리가 멀다. 극적인 반전, 급격한 이념적 정치적 변화, 새롭게 틀을 짜는 혁신과 극단적인 퇴행으로 가득찬 그 이야기를 지금부터 살펴보도록 하자.

1930년부터 1980년까지 미국 내 소득 최상위 구간의 소득세율은 평균 78퍼센트였다. 특히 1951년부터 1963년까지는 이 최상위 구간의 소득세율이 91퍼센트에 달했다.* 또한 20세기 중반에 걸쳐 가장 부유한 미국인들을 대상으로 막대한 상속 유산에 거의 압류에 가까운 세금을 부과해서, 1941년부터 1976년까지는 80퍼센트에 육박하기도 했다.

---

*   소득세 최고 한계 세율은 1952년과 1953년 92퍼센트에 달했다.

이와 같은 역사적 사실을 두고 일각에서는 부자들에게 높은 세율을 부과하는 정책이 사실은 제대로 성공한 적이 없었다는 비판을 내놓기도 한다. 실제로는 부자들 가운데 그 높은 세율을 온전히 감당하는 사람이 거의 없었고 탈세할 수 있는 구멍이 도처에 널려 있었다는 것이다. 그러한 관점에서 보자면 미국은 부자들에게 높은 세금을 물리는 것처럼 보였던 적은 있지만 진정 그런 식으로 작동했던 적은 없는 나라일 것이다.

그렇다면 미국의 슈퍼리치들이 자신들의 소득 중 많은 부분을 내놓아 공공 재정에 크게 기여했던 시절이란 실제로는 존재하지 않았던 것일까? 그런 일이 벌어졌었다 한들 그건 세계대전이라는 맥락 속에서만 가능했던 것일까? 혹은 전쟁이라는 특수 상황을 넘어서까지 누진세의 원칙을 이어나가는 것이, 정의와 불평등 사이의 선택이라는 주제를 놓고 벌이는 오늘날의 세금 관련 논쟁에 여전히 참고할 만한 부분이 있다고 할 수 있을까? 이와 같은 질문들에 대답하려면 우리는 다양한 인구집단에 부과되는 누진세율이 진화해 온 과정을 장기간에 걸쳐 철저하게 살펴볼 필요가 있을 것이다. 앞 장에서 동원된 계산법을 한 세기가 넘는 기간에 걸쳐 적용함으로써 우리는 과거 미국의 조세 체계가 얼마나 누진적이었는지 확인하게 될 것이다. 또한 우리는 미국이 세계사에 길이 남을 누진적 재정 정책의 선진국으로서 다른 나라에 모범을 제시했다는 점 또한 확인할 예정이다.

물론 세금 문제에 "미국적인 방식" 같은 것은 있을 수가 없다. "프랑스적인 세금" "영국적인 조세 정책" 같은 게 없는 것과 마찬가지다. 특정한

그들은 왜 나보다 덜 내는가

국가가 걸어온 궤적, 정책적 실험, 제도적인 보완과 해법, 그리고 개혁의 후퇴 등이 있을 뿐이다. 다른 나라의 경우와 마찬가지로 미국 재정 정책의 역사는 불평등의 동역학, 사유재산에 대한 관념의 변화, 민주주의의 발전과 밀접한 연관을 맺고 있다. 그러한 역사에 대한 이해는 우리로 하여금 오늘날 이루어낼 수 있는 변화의 조건에 대해 전망할 수 있게 해 준다.

부유세의 기원은 17세기부터

뉴햄프셔에서 펜실베이니아까지, 북아메리카 식민지에 도착한 개척자들이 신대륙에 발을 딛자마자 시작한 일이 있다. 그들은 공공의 재원을 마련하기 위한 방안을 놓고 고심했던 것이다. 17세기에 이미 그들은 당대로서는 믿기 어려우리만치 현대적인 조세 체계를 개발해냈다. 그 핵심 내용이란? 부유세였다. 이미 영국에서도 부동산과 토지에 세금을 물리고 있었지만 개척자들의 조세 체계는 그 정도가 아니었다. 주식, 채권, 대출 상품과 같은 금융자산부터 가축, 생산 설비와 재고, 선박, 보석에 이르기까지 다른 모든 자산들도 과세 대상이었다.

매사추세츠 식민지가 모든 유형의 자산에 세금을 부과한 역사는 적어도 1640년까지 거슬러 올라갈 수 있다.* 비록 계산 방식은 시대에 따

---

* 식민지 시기 남겨진 재산세의 기록은 독립 이전 미국의 불평등 통계를 작성하고자 했던 학자들에 의해 활용되었다. 북아메리카 식민지의 불평등 수준은 같은 시대의 영국

라 그리고 주에 따라 달라졌지만 기본적인 원칙은 유지되었다. 과세 대상이 되는 개별적인 자산의 시장가치에 따라 세액을 산출하는 것이다. 시장가치를 계산해내는 일이 수월하게 이루어질 수 없는 경우의 세액은, 지역에 따라 선출된 세액사정인이 책정하거나 해당 재산을 통해 벌어들이는 수입에 특정한 계수를 곱하는 식으로 결정되었다. 가령 임대를 통해 매년 15파운드의 소득을 올릴 수 있게 해 주는 주택이 있다면, 그 집의 가치는 (6년간 벌어들일 수 있는 소득에 해당하는) 90파운드로 책정될 수 있고, 따라서 그에 해당하는 세금을 내게 되는 것이다. 1700년 당시 매사추세츠 사람들은 이렇게 세금을 내고 있었다.

물론 오늘날의 기준에서 볼 때 식민지의 조세 체계는 완벽함과 거리가 멀었고 공정하다고 볼 수도 없었다. 부유세가 있었지만 심각한 한계를 안고 있었던 것이다. 세율은 낮았고 누진적이지도 않았다. 부유세는 가난한 자들에게 불공정하리만치 큰 짐을 지우는 다른 세금, 가령 수입 관세나 개인별로 붙는 비례세인 인두세 따위와 병존하는 것이었다. 가령 뉴욕 같은 몇몇 식민지는 공공 지출 재원을 마련하기 위해 부동산에 세금을 매기기보다는 역진적인 소비세에 더욱 의존하는 모습을 보였다.

하지만 북아메리카 식민지의 조세 체계는 전반적으로 볼 때 당시로서는 이례적일 만큼 누진적이었다. 게다가 유럽에 존재하는 그 어떤 조세 체계보다 발전된 것이었으며 민주적이기도 했다. 당시 구대륙에서 가장

보다 현저히 낮았다(Lindert, 2000).

그들은 왜 나보다 덜 내는가

인구가 많았던 나라 프랑스를 살펴보자. 매사추세츠 식민지가 부자에게 과세를 하기 위해 진지한 노력을 기울이고 있을 때, 프랑스의 왕은 부자들을 달래고 민중을 억누르느라 여념이 없었다. 프랑스에도 소득세taille가 있었지만, 프랑스의 소득세는 귀족, 성직자, 판사, 교수, 의사, 파리 같은 대도시 거주자, 그리고 당연하게도 '세금 농사꾼fermiers généraux'으로 통하던 조세징수원들은 과세 대상으로 삼지 않는 것으로 유명했다. 프랑스 사회에서 가장 곤궁한 계층은 그 악명 높은 가벨gabelle, 즉 소금세에 짓눌려 허덕일 수밖에 없었다. 세금이 붙는 대상은 점점 더 늘어만 갔다. 도시로 식품, 음료, 건축 자재 등이 반입될 때마다 입시세入市稅: entrées, octrois를 내야 했는데, 냉장고가 없던 당시로서는 모든 사람들이 식품과 함께 소금을 구입할 수밖에 없었다. 이런 소비세가 구대륙 조세 체계의 근간을 이루고 있었으니 뉴잉글랜드 식민지의 재산세에 비하면 훨씬 덜 누진적인 것은 당연한 일이었다.[1]

신대륙의 두 얼굴

식민지 중에서도 북부 주의 조세 체계는 남부 주 가운데 그 어느 곳과 비교해 보더라도 훨씬 누진적이었다. 남부 주 가운데 가장 큰 버지니아의 경우, 남북전쟁이 발발할 무렵 인두세를 비롯한 무수한 세금에 재정을 의존하고 있는 상황이었다. 매사추세츠가 모든 형태의 재산에 대해 가치를 책정하는 복잡한 체계를 갖추어 가는 동안, 버지니아는 그 어떤 재산에 대해서도 가치를 판가름하기 위한 노력을 기울이지 않고 있었다. 그렇다면 재정은 어디서 충당했을까? 담배, 소, 말, 바퀴가 몇 개나에 따라 구분된 마차, 당구대 따위에 세금을 매기고 있었고, 물론 인두세도 있었다.[2] 세금만 놓고 보면, 18세기 전반에 걸쳐 토머스 제퍼슨의 고향인 버지니아는 루이 16세의 프랑스보다 훨씬 더 낙후된 곳 같았다. 소득세는 존재하지도 않았다. 재산세의 대상은 토지로 한정되어 있었다.

북부에서와 마찬가지로 남부의 다양한 주에서도 다양한 조세 정책이 실행되고 있었지만, 전반적으로 남부의 세금은 북부에 비해 훨씬 역진적이었다. 역사학자 로빈 아인혼Robin Einhorn은 그의 역작이라 할 수 있는 《미국의 세금, 미국의 노예American Taxation, American Slavery》에서 이와 같은 제도적 퇴행과 노예제도 사이에 깊은 연관이 있음을 보여주었다. 남부의 노예 소유자들은 노예를 가지고 있지 못했던 다수의 사람들이 조세 제도를 이용해 "특정 제도"를 약화시키고 결국 없애 버릴 것이라는 공포에 사로잡혀 있었던 것이다. 노예 소유자들이 특히 두려워한 것은 부유세였다. 한때 남부 주 전체 인구 가운데 40퍼센트가 재산에 해당하는 자, 즉 노예였으므로 부유세는 노예농장주들에게 실존적 위협으로 여겨졌다. 부유세 등의 도입을 막기 위한 그들의 싸움은 지칠 줄을 몰랐다. 그들은 두 세기에 걸쳐 조세 제도를 유지하고 공적 기관을 낙후된 상태로 묶어두기 위해 온 힘을 기울였다. 그 방법은, 민주주의를 짓누르는 것이었다.

17세기와 18세기 버지니아는 선거로 뽑힌 지방정부가 아니라 자치권을 휘두르는 지역 토호들에 의해 다스려지는 곳이었다. 공직은 종신재

임권을 지닌 농장주들이 차지하고 있었고, 그들이 나이를 먹으면 농장주의 자식이 대를 이어 물려받았다. 카운티 법정의 판사는 기존 판사들의 추천을 통해 선출되기 마련이었다. 버지니아의 농장주들은 스스로 조세징수관 역할을 맡거나, 그러지 않을 경우 누가 됐건 조세징수관 노릇을 하는 이에게 뇌물을 주었다. 결국 재산세가 도입되었는데 토지의 가치를 평가하는 권한은 토지 소유주들이 스스로 갖고 있었다. 그들이 토지에 이상하리만치 낮은 가치를 부여한 것은 그러므로 전혀 놀랄 일이 아닐 것이다. 버지니아의 유권자들이 그들의 주지사를 스스로 선출할 수 있게 된 것은 1851년의 일이었다.

"미국인들은 세금을 싫어해! DNA에 새겨져 있다구!" 세금 반대 운동을 펼치는 사람들이 하는 말이다. 아마 들어 본 적이 있을 것이다. 이런 주장에는 반복적으로 동원되는 뻔한 소리들이 뒤따라온다. 가령 미국을 탄생시킨 핵심적인 정치적 사건 중 하나인 1773년 보스턴 차 사건부터가 납세 거부 운동이었다거나, 미국인들은 유럽 사람들과 달리 개인이 자신의 삶에 책임을 지는 것이 옳고 누구나 노력하면 사회의 가장 높은 곳까지 올라갈 수 있다고 믿는 유동적인 사회에 살고 있다거나, 미국에서는 가난한 이들이라 해도 자신을 그저 한시적으로 곤란한 사정에 놓인 백만장자로 여기고 있다*거나 하는 식의 이야기들 말이다. 이런 논리에 따르자면

---

*   캐나다 작가 로널드 라이트는 이 말의 출처가 존 스타인백이라고 하고 있으나 (Wright, 2004), 흔히 떠돌던 유행어로 보인다.

미국은 세금을 싫어하는 나라다. 복지를 줄이기 위해 세금을 걷지 않는 "짐승 굶기기"만이 진정으로 미국인에게 와닿는 조세 정책인 것이다.

아인혼의 책에서 배운 교훈을 적용해 보자면, 이런 식의 세금 반대 수사법의 시발점은 매사추세츠주 보스턴이 아니다. 버지니아주 리치먼드로 시선을 돌려야 한다. 자유를 희구하는 평범한 사람들이 아니라, 막대한 부를 지니고 있으면서도 그것이 사라질까 두려워 싸우려 드는 노예 소유주들을 바라볼 필요가 있다. 정부의 영향력을 줄여야 한다는 사고방식을 품고 그것을 퍼뜨린 자들 중에서도, 노예 소유주들의 영향력은 미국 역사 전체를 관통하며 다양한 방식으로 표출되어 왔다고 볼 수도 있겠다. 그들은 사적 소유의 절대적 우위를 주장했다. 심지어 그 소유물 중에 인간이 포함될 경우에도 말이다. 그들은 소득세와 부유세가 조세징수관으로 하여금 "이단심문관"처럼 사생활의 영역을 "침략"하게 한다고 분개하며 항의했다. "다수의 폭정"이 소수의 부유한 시민들에 대한 "약탈"을 가능케 할 날이 다가오고 있다며 격노하기도 했다. 미국에 퍼져 있는 세금에 대한 반대 정서는 다양한 원천을 가지고 있겠지만, 지난 수세기에 걸쳐 이토록 완벽하게 세금 반대 운동의 서사를 구축해 온 이들은 남부 노예농장주들 외에는 찾아보기 어렵다.

세금과 민주 정부를 반대해 온 이 오랜 역사는, 남북전쟁이 터지자 남부동맹의 전쟁 수행에 심각한 차질을 빚고 말았다. 남부동맹에 속하는 주들은 재정적으로 관세에 대한 의존도가 높았는데, 링컨의 연방군이 남부 주의 항구를 봉쇄해 버리자 수입원이 막히고 경제적으로 주저앉게 된 것이다. 남부동맹은 수입과 부를 파악하여 세금을 매긴 경험이 부족했고, 그래서 재정을 확보하기 위해 다른 세원을 찾기가 어려웠다. 결국 연방과의 전쟁 비용 마련을 위해서는 빚에 의존할 수밖에 없었다. 남부동맹은 더 많은 채권을 발행했고 인플레이션은 하늘 높은 줄 모르고 치솟았다.

반면 연방 측은 직접세를 부과해 온 전통을 지니고 있었으므로 전쟁 비용도 같은 방식으로 마련할 수 있었다. 1862년 세입법Revenue Act of 1862을 통해 미국 국세청이 창설되었다. 같은 해 최초의 연방소득세가 도입되었고, 600달러 이상의 소득에 대해서는 3퍼센트, 5000달러 이상의 소득에 대해서는 5퍼센트 이상의 세율이 부과되었다.* 이 600달러의 소득 구간이란 당시 미국 평균 소득의 네 배에 해당하는 것으로, 오늘날의 기준으로 보자면 연 25만 달러 정도라고 할 수 있다.** 비록 세율이 높지는

---

* 최초의 연방소득세는 800달러 이상의 소득을 올리는 이들에게 3퍼센트의 소득세를 부과한 1861년 세입법이지만 집행할 수 있는 방법론이 미비했고 따라서 실행되지 못했다. 법은 폐지되었고 1862년 세입법이 그 자리를 대신하게 되었다.

** 1860년 미 대륙에는 약 3100만 명이 거주하고 있었다(US Bureau of the Census, 1949, series B2). 당시 미국의 국민소득은 현재 가치로 환산했을 때 50억 달러 정도이며(《미국 역사 통계》는 1859년의 전체 "사적 영역 생산 수입"을 41억 달러라고 series A154에서 적고 있는데, 이는 다소 낮게 평가된 것이며 소량이나마 정부의 경제적 생산을 더하여 보정될 수 있을 것이다), 따라서 1860년의 1인당 평균 소득은 150달러 내외가 되는데, 이는 노예 신분에서 벗어날 수 있는 최저 금액인 600달러의 4분의 1에 해당한다. 1860년부터 1864년까지 물가지수는 약 75퍼센트 상승하였으므로(Atack and Passell, 1994, p. 367, Table 13.5), 1인당 평균 소득은 1864년 250달러에 달했을 것이다.

않았지만 최초의 소득세는 누진세였던 것이다. 1864년 개정된 세입법은 600달러 이상의 소득에 대한 소득세율을 5퍼센트로, 5000달러 이상에 대해서는 7.5퍼센트로, 1만 달러 이상에 대해서는 10퍼센트로 높였다. 당시의 1만 달러는 현재 기준으로 300만 달러에 해당한다. 법은 소득세 납부 내역을 공시해야 한다고 규정하고 있었고, 그래서 《뉴욕타임스》는 1865년에 뉴욕 부유층들의 소득을 파악해 1면에 실을 수 있었다. 윌리엄 B. 애스터William B. Astor는 130만 달러의 소득을 신고했는데 이는 당시 평균 소득의 5200배로, 오늘날의 기준으로 보면 4억 달러에 해당했다. 코닐리어스 밴더빌트Cornelius Vanderbilt는 57만 6551달러의 소득을 신고했고 이는 현재 가치로 1억 7000만 달러 정도다. 이렇게 쭉 이어졌다.[3] 연방 또한 부채를 통해 전쟁 비용을 조달했고 따라서 인플레이션은 피할 수 없었지만, 남부에 비하면 사정이 훨씬 나았다.*

소득세가 위헌이었을 때

1865년 노예제가 폐지되고 나니 부유한 산업가들이 노예 소유주들의 수사법을 동원하기 시작했다. 남북전쟁 기간에 도입된 소득세에 대항하기

---

* 1860년에서 1864년 사이에, 남부에서는 물가지수가 40배나 치솟은(Lerner, 1955) 반면, 북부에서는 75퍼센트 상승(Atack and Passell, 1994, p. 367, Table 13.5.)에 머물렀다.

그들은 왜 나보다 덜 내는가

위해서였다. 그들은 남부의 과두 귀족들이 갈고닦은 논증을 쓰레기통에서 꺼내 손을 보더니 '사유재산에 대한 사악한 침해'에 맞서기 위한 도구로 쓰기 시작했다. 1871년 뉴욕에서 반소득세협회Anti-Income Tax Association가 결성되었다. 그 명단을 보면 윌리엄 B. 애스터, 새뮤얼 슬론Samuel Sloan, 존 피어폰트 모건 시니어John Pierpont Morgan Sr.를 비롯해, 당대의 거부들이 줄줄이 포함되어 있다.[4] 이 단체의 노력은 성과를 거두었다. 소득세율은 전쟁이 끝난 후 한 차례 인하된 상황이었지만, 그나마도 1872년에 폐지되고 말았다. 남북전쟁 이후 경제 재건의 시대를 지나 도금 시대가 이어지는 동안 개혁 세력이 수많은 노력을 기울이고 있었기에, 1913년까지 소득세는 죽었지만 천당도 지옥도 가지 못하는 상황이었다.

19세기 후반에 걸쳐 누진적 조세 체계를 재도입하려는 시도가 이어졌고, 거기에는 두 가지 근거가 있었다. 첫째는 연방 조세 체계가 노골적으로 불공정하다는 것이었다. 1817년부터 남북전쟁이 발발하기 전까지, 하원이 연방 재원을 위해 부과하던 세금은 오직 단 하나, 수입 상품에 대한 연방관세뿐이었다. 1861년에 도입된 것은 누진적인 소득세만이 아니었다. 남북전쟁을 이유로 사치품, 술, 당구대, 놀이용 카드뿐 아니라, 법인, 신문 광고, 법률 문서, 제조업 생산품, 기타 등등 거의 모든 것이 과세 대상이 되고 말았던 것이다. 이렇듯 관세와 달리 국내에서 소비되는 재화를 대상으로 하는 세금을 내국세internal tax라 하는데, 이와 같은 내국세 중 일부는 연방이 남부동맹을 굴복시키고 난 후 폐지되었지만 일부는 존속했다. 1880년 내국세 수입은 연방정부의 조세 수입 중 3분의 1가량을 차지했고, 수입 관세가 나머지 3분의 2에 해당했다.[5] 내국세건 관세건 둘 다 가난한 이들의 어깨에 큰 짐이 되고 있었던 것이 사실이다. 도금 시대의 부호들은 연방소득세를 폐지하는 데 성공한 후로 연방에 거의 세금을 내지 않고 있었다. 사실상 연방정부의 거의 모든 재원이 소비자로부터 나오고 있었던 셈이다.

조세 개혁의 목소리가 눈덩이처럼 커질 수 있었던 두번째 이유는 불평등이 엄청난 속도로 심화되고 있었기 때문이었다. 이는 실로 전례 없는 현상이었다. 산업화, 도시화, 독점기업의 출현이 가속화되면서 부가 점점 더 특정인들에게 쏠리고 있다는 것을 더는 못 본 척할 수가 없게 되고 있었다. 경제학자들은 불평등이 얼마나 심각해지고 있는지 양적 지표를 제시하고자 했다. 1893년 농림부의 통계학자인 조지 K. 홈스George K. Holmes 는 1890년 인구통계조사와 당시 백만장자 가문들의 명단을 통해, 10퍼센트의 가구가 전체 국부의 71퍼센트 이상을 소유하고 있다는 사실을 확인했다.[6] 다른 이들이 발견한 내용도 비슷했다.[7] 남북전쟁 이전까지만 해도 상위 10퍼센트가 전체 국부의 60퍼센트 이하를 소유하고 있었으니 불평등이 큰 폭으로 증가한 것이 분명했다. 물론 19세기였던 만큼 부의 집중을 추산한 방법과 결과에는 오차가 있을 수 있다.[8] 연방소득세나 부유세가 없었으므로 불평등을 확인하기 위한 원자료 자체부터 분명한 한계를 안고 있었다. 불평등이 늘어나면서 사회 상류층의 소비 또한 늘어났다. 그들 스스로는 부정하고 있었지만 말이다. 경제학자들은 사실을 똑바로 반영하지 않았고 그들의 통계에는 허점이 있었다. 하지만 주의를 기울여 세상을 바라보는 사람이라면 누구나 알 수 있었듯, 불평등이 극단적으로 심각해지고 있다는 점에는 이론의 여지가 없었다.

누진세 도입 논의에 점점 더 힘이 붙고 있었다. 컬럼비아대학 교수 에드윈 셀리그먼Edwin Seligman으로 대표되는 경제학자들은 "현행 조세 체계를 더욱 정의로운 방향으로 이끌기 위해" 꼭 필요한 단계라며 소득세의 도입이 왜 필요한지 설명했다.[9] 1873년, 그리고 1893년에 금융시장이 패닉에 빠졌던 것처럼 경제적인 위기를 겪고 나면 누진적인 소득세를 도입하자는 법안이 하원에 발의되곤 했다. 이러한 법안은 대체로 남부에 사는 백인들과 북동부와 서부에 사는 빈곤층 혹은 중산층 백인 유권자들을 지지 기반으로 삼는 민주당과 진보 진영에서 나온 것이었다. 그들은 남북전쟁이 끝나자 형성된 북부 산업가와 남부 엘리트의 새로운 동맹에 맞서고 있었던 것이다. 먹고살기에 부족함이 없는 이들은 소득세를 "서부의 선동가들"을 만족시키기 위한 "이단 심문"이자 "계급주의적 법안"으로 간주했다. 소득세는 사생활을 침해할 것이었다. 어쩌면 더 나쁜 것일 수도 있었다. 뉴욕주 상원의원 데이비드 힐에 따르면, 소득세는 "유럽 교수들"이 도입한 "비미국적인" 세금이었으니 말이다.[10]

아무튼 1894년 소득세 법안이 통과되었다. 4000달러, 당시 성인들의 평균 소득의 열두 배에 해당하며 오늘날의 가치로는 90만 달러에 이르는 소득 이상에 대해서 2퍼센트의 소득세를 부과하는 것이 그 내용이었다. 연방소득세가 헌법에 부합하느냐를 놓고 논쟁이 뒤를 이었다. 미국 헌법에 따르면 직접세는 각 주에 살고 있는 이들의 인구에 비례하여 주별로 할당되어야 했다. 예컨대 미국 인구의 10퍼센트가 뉴욕주에 살고 있다면, 설령 19세기 말의 경제 상황을 볼 때 대략 미국 전체의 소득 가운데 3분의 1이 뉴욕에서 발생하고 있으며 연 4000달러 이상의 소득을 올림으로써 소득세 납부 대상이 되는 이들의 대다수가 뉴욕에 살고 있다고 해도, 전체 세액 중 뉴욕주에서 걷히는 돈은 10퍼센트여야 하는 것이다. 1862년 소득세뿐 아니라 1894년 소득세 또한 주별 할당은 규정하지 않았다. 그런 식으로 법을 만들면 말이 안 되기 때문이었다. 주별 할당을 도입하면 (뉴욕처럼) 부자들이 과대대표되는 주는 세금을 지나치게 적게 내게 되고, 그것은 누진적 소득세를 도입하는 목적 자체를 부정하는 결과를 낳을 것이었다.

헌법에는, 직접세의 주별 할당이 규정되어 있긴 했지만 대체 무엇이 "직접세"인지에 대해 정의되어 있지는 않았다. 필라델피아 헌법회의Phila-delphia Convention가 열리던 중, 1787년 8월 20일에 있었던 유명한 장면에서, 매사추세츠의 대표 루퍼스 킹Rufus King은 질문을 던졌다. "직접세의 정확한 의미가 대체 무엇입니까?" 아무도 대답하지 않았다. 연방소득세는 직접세인가? 아니면 직접세라는 용어는 오직 인두세 및 토지에 부과되는 세금만을 뜻하는 것일까? 1895년 연방대법원은 이 사안을 심리했다. 폴락 대 농업신용대부회사Pollock v. Farmers' Loan and Trust Company 사건을 통해 연방대법원은 연방소득세가 "직접세"라고 결정했던 것이다. 따라서 연방소득세는 주별 인구에 비례하여 할당되어야 했다. 이 결정에 따라 1894년 소득세는 위헌일 수밖에 없었고, 폐기될 운명에 처했다. 이후 도금 시대가 끝나기 전까지 연방정부의 모든 예산은 관세와 담배 및 주류에 붙는 세금에서 충당되었다.

그리고 누진세가 태어났다

폴락 판결이 내려진 탓에 그 후로는 누진적인 소득세를 만들려면 헌법을 개정하는 수밖에 없었다. 미국 전체 주 가운데 4분의 3이 이 헌법 조항에 반기를 들었고, 1909년 하원과 상원 모두 투표를 거쳐 3분의 2 이상의 동의를 얻었다. 헌법을 수정하기 위한 두 개의 관문을 넘은 셈이다. 그리하여 1913년에 폴락 판결이라는 벽을 넘어설 수 있게 되었다. 수정헌법 16조는 다음과 같다. "연방의회는 모든 소득원에서 생기는 소득에 대해서 국세 조사나 인구 수 산정에 관계없이 소득세를 부과하고 징수할 권한을 가지며, 이 세금에 대한 수입을 주 정부에 배당하지 않는다." 연방소득세 또한 같은 해에 부활했다.

　미국이 누진세라는 영역을 홀로 개척했던 것은 아니다. 누진세라는 정책이 급부상한 것은 19세기 말부터 20세기 초까지 전 세계적인 현상에 가까웠다. 첫번째 주자는 독일, 스웨덴, 일본으로 이들 국가는 1870년대부터 1880년대 사이에 전쟁 비용 마련을 위해 다른 비상수단과 더불어 누진적인 소득세를 도입했다. 영국도 재빨리 그 대열에 합류했다. 미국이 가져온 혁신이라면 소득세의 누진율을 신속하게 높였다는 데 있었다. 1913년 미국 최상위 소득구간의 세율은 7퍼센트였지만 1917년 초에는 67퍼센트에 달했다. 그때까지 지구상의 그 어떤 국가도 부유층에게 그토록 무거운 세금을 물려 본 적이 없었다.

이토록 누진율이 가파르게 상승한 원인은 여러 곳에서 찾아볼 수 있다.[11] 남북전쟁 기간 동안 전쟁을 통해 부당하게 수익을 올린 사례를 경험한 미국에는, 1차 세계대전이 벌어지는 동안에는 그런 일이 있어서는 안 된다는 열망이 사회적으로 들끓고 있었다. "가짜 귀족shoddy aristocracy" 들이 다시 등장하는 것을 막으려면 전쟁이 벌어지는 기간 동안 발생한 초과이윤에 대해서는 높은 세율을 물려야 한다는 것이었다. 처음에는 군수산업에 대해서만 높은 누진율이 적용되었지만, 1917년 4월 미국 스스로가 전쟁에 뛰어들게 되자 모든 분야의 기업으로 적용 대상이 확대되었다. 기업이 건물·공장·설비 등 모든 유형자본tangible capital의 8퍼센트를 초과하는 이윤을 내는 일은 정상적인 일로 받아들여지지 않았다. 1918년에 이르면 그런 정상적이지 않은 이윤에 최대 80퍼센트까지의 누진세가 따라붙었다.

물론 전쟁의 역할을 무시할 수는 없지만, 미국에서 세금의 누진율이 크게 뛰어오른 것을 오직 전쟁의 맥락에서만 이해하는 것은 올바르지 않은 일이다. 전쟁에 관여되어 있던 국가 중 전쟁을 통해 이득을 보는 행위를 조장하는 나라는 한 곳도 없었다. 각각의 국가들은 자국의 산업에서 초과되는 이윤에 대해 높은 세금을 매겼다. 하지만 그 어떤 나라도 미국처럼 최고 구간 소득에 극단적으로 높은 세율을 적용하거나 하지는 않았다(영국의 경우만 다소 근접했을 뿐이다). 미국의 누진세율이 급격히 상승

그들은 왜 나보다 덜 내는가

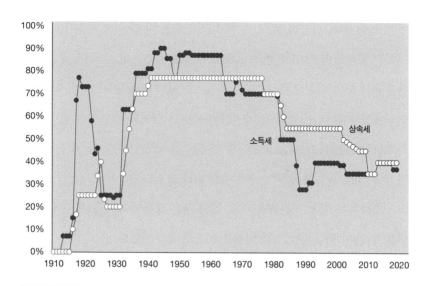

[2-1] 한때 90퍼센트가 넘었던 소득세 최고 한계 세율(법정 최고 한계 세율)

이 그래프는 1913년 이후 연방소득세와 연방상속세에 적용된 최고 한계 세율을 나타낸 것이다.
1930년대부터 1970년대까지 미국의 소득세와 상속세의 최고 한계 세율은 각각 70퍼센트에 달했
고, 이는 서구권 국가 중 가장 높은 수준이었다(유사한 세율을 적용한 국가는 영국뿐이었다). 자세한 내용은
taxjusticenow.org를 참고할 것.

한 것은 전쟁이라는 예외적인 상황이 낳은 현상이라고만 볼 수 없었다.
1880년대와 1890년대에 대두한 지적·정치적 변화의 산물이기도 했던
것이다. 민주당은 남부에서 인종분리 정책을 야만적으로 옹호하는 정당
이 되었지만, 동시에 공화당의 금융 엘리트에 대항하고자 하는 북부와 서
부의 저소득 백인들을 규합하는 정당으로 탈바꿈하면서, 평등주의적 경
제 정책을 추진하는 창구가 되었다. 불평등이 늘어가고 산업화로 인해 인
구가 집중되면서 더욱 정의로운 경제 정책을 요구하는 방향의 사회적 이

동이 늘어났다. 간단히 말해, 당시 미국인들은 유럽을 부자들이 과두통치하는 불평등한 땅이자 반면교사로 여기고 있었는데, 미국이 유럽처럼 불평등한 곳이 되는 것을 눈 뜨고 봐 줄 수 없다고 생각하는 이들이 전체 인구에서 점점 더 큰 비중을 차지하게 되었던 것이다.* 1919년 전미경제학회American Economic Association의 연설에서 경제학자 어빙 피셔는 이러한 관점에 기반하여 "부의 비민주적 집중"이라고 질타했다.[12]

그리하여 미국은 전쟁을 겪고 있지 않은 상황에서도 20세기 역사에 남을 두 개의 핵심적인 재정 혁신을 이룩해내게 되었다.

그 혁신 중 첫째는 높은 누진율을 가진 재산세를 도입한 것이었다. 앞서 살펴본 바와 같이 20세기 초 미국은 이미 재산에 세금을 매겨 온 오랜 역사를 가진 나라였다. 하지만 기존의 재산세에는 중대한 결함이 있었다. 누진율이 적용되지 않았던 것이다. 각자의 자산 규모와 무관하게 모든 부동산 소유자는 같은 세율을 적용받았다. 재산세에도 누진율을 적용하기 위한 시도는 19세기 내내 지속되어 왔다. 하지만 모든 주가 합심하여 "균일성 조항uniformity clause"을 통해 실물자산이건 금융자산이건, 그 소유주의 재산 규모가 어떻게 되건, 모든 자산에 동일한 세율이 적용되도록 규정한 관계로 그러한 노력은 벽에 막혀 왔다.[13] 1916년 연방정부는 다

---

* 현재 가능한 방법으로 추산해 보면, 1차 세계대전 발발 전 유럽의 상위 10퍼센트는 전체 부의 90퍼센트를 소유하고 있었다. 미국은 상위 10퍼센트가 75퍼센트를 소유하고 있었다(Piketty, 2014; Piketty and Zucman, 2015).

그들은 왜 나보다 덜 내는가

른 나라와는 무관하게 재산에 대해서도 누진세를 적용하기 시작했다. 연방재산세에서 상속세를 누진세로 규정한 것이다. 1916년의 기준에서는 재산 규모에 따라 최대 10퍼센트까지 세율이 매겨졌다. 1차 세계대전을 앞두고 서서히 늘어난 상속세율은 1920년대 초에 이르면 20퍼센트로 유지되었다.

이 안정적인 세율은 1931~35년에 급격한 변화를 이루었다. 최상위 구간에 부과되는 상속세 최고 세율이 20퍼센트에서 70퍼센트로 늘어난 것이다. 1935~81년 사이에 이 상속세 최고 세율은 70퍼센트에서 80퍼센트 선을 오갔다. 20세기를 통틀어 그 어떤 유럽 국가에서도 직계가족 간에 이루어진 상속에 50퍼센트 이상의 세율을 매긴 적은 없었다. 유일한 예외가 있긴 하다. 1946~48년에 연합군이 점령하고 있던 독일의 경우 상속세 최고 세율이 60퍼센트였다. 그런데 그 상속세는 누가 정했을까? 다름아닌 미국인들이었다.[14]

미국의 두번째 세금 혁신은 거기서 한 걸음 더 나아간 것이었다. 소득세의 목적은 조세 재정을 확충하는 데 있었다. 적어도 소득세가 처음 만들어질 때부터 1930년대까지는 그랬다. 소득세란 부자들이 낼 능력이 되는 만큼 공공 재정에 기여하도록 만드는 세금이었다. 그런데 프랭클린 델러노 루스벨트 대통령은 소득세에 새로운 목적을 덧붙였다. 그 누구도 특정 액수 이상의 돈을 벌 수 없게 만들겠다는 것이었다. 한마디로 초과 소득을 압류하는 것이었다. 1936년 그는 소득세의 최고 한계 세율을 79퍼센트까지 높였다. 1940년에는 81퍼센트가 되었고, 2차 세계대전 기간 동안에는 100퍼센트에 육박했다.

루스벨트 대통령의 생각은 1942년 4월 27일의 의회 연설에 잘 드러나 있다. "매우 낮은 소득과 매우 높은 소득 사이의 격차는 반드시 완화되어야 할 것입니다. 하여 본인은 이 엄청난 국가적 위기의 시기 속에서, 모든 초과소득은 전쟁의 승리를 위해 투입되어야 하며, 미국 시민이라면 그 누구라 할지라도 모든 세금을 내고 난 후에는 연 2만 5000달러 이상을 벌 수 없어야 한다고 생각하는 바입니다." 세후 2만 5000달러, 오늘날로 따지면 100만 달러 이상의 소득을 벌었을 때 적용될 100퍼센트의 세율은 급여뿐 아니라 비과세 유가증권tax exempt securities으로부터 나오는 이자까지 모든 종류의 소득원에 해당되는 것이었다. 의회는 100퍼센트의 세율은 다소 지나치다고 보았고 그리하여 최고 한계 세율은 94퍼센트로 결정되었다. 또한 의회는 전체 평균 세율에도 제한을 설정했기 때문에 실질적인 차원에서 보자면 소득의 90퍼센트 이상이 세금으로 납부되는 일은 없었다.

그보다 70년 전으로 돌아가 보자. 남북전쟁 전사자는 62만 명에 달했고, 이는 두 번의 세계대전과 한국전쟁, 베트남전쟁, 이라크전쟁, 아프가니스탄전쟁을 모두 합친 전사자만큼이나 큰 피해였다. 그런데 당시 부유층에 대한 세금 논쟁은 세율을 0퍼센트로 할지 10퍼센트로 할지 수준에서 오가고 있었다. 이제 상황이 달라졌다. 부유층이 부담할 세율이 90퍼센트가 좋을지 100퍼센트여야 합당할지를 놓고 고민하게 된 것이다. 누진세율의 급격한 인상은 전쟁의 필요 때문이라기보다 20세기 초반에

그들은 왜 나보다 덜 내는가

발생한 정치적 변화로부터 더 크게 영향받은 것이라고 우리는 추정해 볼 수 있을 것이다. 1944년부터 1981년까지 최고 소득구간의 세율은 평균 81퍼센트에 달해 있었다.

사실상 압류에 가까운 이 최고 소득구간 세율은 극도의 고소득을 올리는 이들에게 해당되는 것이었고, 오늘날의 가치로 보자면 수백만 달러 이상의 소득에 적용되었다. 가령 1944년 최고 소득구간 세율은 94퍼센트였고 이는 20만 달러 이상의 소득에 대해 적용되었는데, 이는 당시 평균 국민소득의 92배에 해당하는 액수로 현재 가치를 적용하면 600만 달러에 해당한다. 오늘날 가치로 120만 달러 이상에 해당하는 소득에 대해서는 72~94퍼센트의 소득세율이 적용되었다. 하지만 그보다 낮은 소득 수준에 대한 세율은 오늘날의 기준에서 보더라도 상식적인 선에 머물러 있었다. 현재 가치로 100만 달러 내외의 소득에 대해서는 25~50퍼센트의 한계 세율이 적용되었던 것이다.

남북전쟁 이후 누진세에 반대하는 이들은 부자들만을 염두에 두고 세율을 높이면 중산층이 오히려 피해를 본다고 주장하는 전략을 펼쳤고 그것은 퍽 효과적으로 통했다. 하지만 슈퍼리치를 제외하면 그 누구도 미국에서 도입한 재산 압류에 가까운 최고 세율 구간에 해당하지 않는다. 상위 중산층으로서는 절대 그 구간에 끼어들 수가 없는 것이다.

루스벨트 대통령이 의회 연설에서 분명하게 밝힌 바와 같이, 미국이 최고 소득구간에 대해 재산 압류에 버금가는 세율을 책정했던 것은 불평등을 줄이기 위한 것이지 재정을 확보하기 위한 게 아니었다. 그런데 누군가 100만 달러 이상을 벌면 버는 돈보다 국세청에 바치는 돈이 더 많아진다고 해 보자. 그렇다면 대체 돈을 뭐 하러 버는 것일까? 100만 달러 이상의 연봉 계약은 이루어지지도 않을 게 아닌가. 매년 100만 달러 이상의 자본소득을 낼 수 있을 만한 부를 축적할 사람도 없을 테고 말이다. 부자들은 그 소득구간에 도달하면 저축을 멈추고 소비해 버릴 수도 있다. 그 임계점에 도달하는 순간 부호들은 자산을 자녀들에게 상속하거나 자선단체를 설립할 가능성이 크다. 이렇듯 루스벨트 정책의 목적은 분명했다. '세전' 소득의 불평등을 줄이는 것이었다. 이와 같이 미국은 거의 반세기에 걸쳐 그 어떤 민주주의 국가에서도 해내지 못한 소득세의 최고 한계 세율을 민주적이고 합법적인 방식으로 유지하고 있었다.

최상위 소득세율을 늘리면 불평등은 줄어든다

엄청난 소득은 대부분의 경우 사회 전체가 지불한 비용 덕분에 형성될 수 있다. 이런 사고방식이 퍼져 있던 덕분에 루스벨트 대통령 시기에 도입된 엄청난 최상위 구간 소득세율이 계속 유지될 수 있었다. 전쟁 시기에는 국민들이 전쟁에 나선 동안 무기 상인들이 돈을 버는 만큼 부자들이 사회의 희생으로 돈을 번다는 생각에 틀림이 없었다. 독점적 지위를 통해, 천연자원을 차지하고 있는 덕분에, 권력의 불균형으로 인해, 소비자의 무지나 정치적인 친분 덕분에, 그 밖에 다른 제로섬게임의 결과로 벌어들인 것이라면, 설령 전쟁이 끝났다 해도 소득세 최상위 구간의 소득

그들은 왜 나보다 덜 내는가

이 사회의 희생으로 인한 것이라는 사실에는 변함이 없을 것이다(우리는 다음 장에서 세금을 회피하는 산업들의 일면을 살펴보게 될 것이다). 이런 상황에서 최고 소득구간에 압류에 가까운 세율을 매기는 것은 경제라는 파이의 크기를 줄이는 결과를 낳지 않는다. 줄어드는 것은 부자들이 차지하는 파이의 크기일 뿐이며, 부자들을 제외한 사회 전체가 얻는 소득이 그와 비례하여 늘어나게 되는 것이다.[15]

물론 이런 관점이 지니는 장점과 단점에 대해서는 논쟁이 가능하다. 오늘날 최고 소득구간에 대해 90퍼센트의 소득세율을 매기는 정책을 되살리는 것이 합리적일지 아닐지에 대해서도 논쟁해 볼 수 있을 것이며, 그 내용은 이후 8장에서 다룰 예정이다. 그런데 그와 같은 정책 제안에 대해 생각해 보려면 우리는 일단 아주 기본적인 질문을 하지 않을 수 없다. 루스벨트 대통령의 조세 정책은 제대로 작동했을까? 그런 조세 정책을 통해 세전 소득의 집중을 막아내는 효과를 정말 거두었단 말인가?

효과를 거두었다는 지표가 한 가지 있다. 1940년대에서 1970년대에 이르기까지 국세청에 소득신고를 할 때, 막대한 소득을 신고하는 납세자의 수가 극히 줄어들었던 것이다. 세무당국에 신고한 소득, 즉 과세소득fiscal income의 불평등이 대폭 감소했다. 전후 수십 년 동안 최상위 0.01퍼센트가 벌어들이는 과세소득의 비중은 극히 작아졌고 이는 역사적으로 전례가 없는 일이었다. 1913년 소득세가 생긴 후 1933년 루스벨트 대통령이 취임할 때까지 최상위 0.01퍼센트는 매년 평균적으로 전체 과세소득의 2.6퍼센트를 벌어들이고 있었다. 그러나 1950년부터 1980년까지 그 수치는 평균 0.6퍼센트로 떨어졌다.[*] 세금과 관련된 데이터를 보면 루스벨트 대통령의 정책이 목표를 달성하지 못했다고 볼 수 있는 근거는 어디에도 없다.

하지만 우리가 세무 자료에 현혹되어 있는 것은 아닐까? 부자들은 국세청의 눈을 피해 부를 감출 수 있을 만한 방법을 찾아내고야 말 테니 우리가 속고 있으리라 생각하는 것도 무리는 아니다. 어쩌면 부자들은 합법과 불법을 오가며 최고 소득구간 세율을 피하고 있던 것일지도 모른다. 이런 사고방식을 극단적으로 밀어붙이면 미국의 불평등이 줄어든 적은 단 한 번도 없다고 상상하는 것 또한 가능해진다. 적어도 세무 자료를 통해 해석할 수 있는 만큼 불평등이 줄어든 적은 없다고 말이다. 최상위 구간의 과세소득이 급격하게 줄어든 것은 그저 조세 회피로 인해 발생한 착시 현상에 불과한 것은 아닐까?

이런 주장을 거들떠보지도 않는 것은 현명한 일이 아닐 것이다. 일단 말만 놓고 보면 곧장 와닿는 면이 있기도 하다. 최상위 구간 소득세율이 높아진다면 부유층은 소득을 숨기기 위한 방안을 모색할 테니 말이다. 부자들이 소득을 감추는 데 성공하고 있는 한 실질적으로 불평등은 그다지 줄어들지 않을 것이다. 사회가 얼마나 불평등한가, 그것은 중요한 경제적

---

[*]   Kuznets(1953)는 개인소득세 통계를 이용해 상위 소득자들이 차지하는 비중을 알아 내는 선구적 작업을 수행했다. Piketty and Saez(2003)에서 오늘날 재정적으로 상위 에 있는 자들의 소득 비중을 확인할 수 있다. 여기서 0.01퍼센트의 소득 비중을 논할 때에는 자본소득을 배제했다.

그들은 왜 나보다 덜 내는가

현상이다. 이런 중요한 경제적 현상은 쉽게 드러나지 않는 법이다. 끈기를 가지고 과학적으로 조사해야 한다. 하지만 세상의 그 어떤 과학도 대번에 단정적인 결론을 내지는 못한다. 불평등을 측정하기 위한 최선의 방법은, 가령 기업을 통해 벌었지만 개인으로 이전되지 않은 소득이나 면세 채권tax-exempt bonds에서 벌어들인 이자 수익 등 국세청에 신고할 필요가 없는 모든 유형의 소득을 추적하는 것이다. 다른 식으로 말하자면 전체 국민소득을 파악한 후 그것을 각 집단에 할당해 보아야 하는 것이다. 이는 우리가 앞 장에서 최근의 소득에 대해 행했던 작업과도 같다.

이러한 작업을 통해 큰 그림을 그려 보고 난 후, 우리는 과세소득 자료가 함의하는 바가 대체로 옳다는 것을 확인할 수 있었다. 1930년대부터 1970년대까지 국민소득의 불평등은 실제로 줄어들었다. 이 시기는 최상위 소득구간에 거의 압류와 다를 바 없는 세율이 책정되었던 시기와 일치한다. 종합적으로 보면 과세소득 자료만 놓고 볼 때만큼 엄청나게 소득 불평등이 줄어들지는 않았다. 2차 세계대전 이후 기업들이 이윤을 유보한 채로 남아 있는 비율이 1960년대에는 전체 국민소득의 6퍼센트에 달할 정도로 높아진 것이 주된 이유라고 할 수 있다. 기업이 이윤을 배당하지 않으니 그 이익이 주주들의 개인소득으로 잡히지 않고, 따라서 보는 이는 불평등이 얼마나 큰지에 대해 잘못 판단하게 되는 것이다. 자신들이 내야 할 개인소득세율이 91퍼센트까지 올라가는 상황이 되면 몇몇 부유한 주주들은 기업이 그 돈을 재투자하도록 했다. 그렇게 함으로써 배당을 하고 과세소득을 늘려 개인소득세를 내는 일을 피했던 것이다.

그러나 유보된 이익과 그 외 모든 형태의 비과세소득을 감안하더라도 소득의 집중 현상은 1930년대부터 1970년대까지 극적으로 줄어들었다.[16] 대공황 직전 미국의 상위 0.01퍼센트는 전체 세전 국민소득 중 4퍼센트 이상을 차지하고 있었지만 1975년에 이르면 그 비중이 1.3퍼센트로 줄어들었다. 이는 지금까지 기록된 사상 최저치라고 할 수 있다. 물론 기업의 이익 중 일부는 기업에 그대로 남아서 과세 대상이 되지 못했지만 그걸 다 합쳐도 사람들이 생각하는 것처럼 큰 액수가 나오는 것은 아니다. 1960년대에 사내유보금은 전체 국민소득의 6퍼센트를 차지하고 있었으니 적지 않은 비중이라고 볼 수 있겠지만, 장기적인 관점에서 보자면 납득하기 어려운 수준은 아니다. 가령 20세기 이후 국민소득의 5퍼센트 정도는 언제나 사내유보금으로 남아 있었기 때문이다. 배당소득에 붙는 세율이 높을 때에도 사내유보금이 엄청나게 치솟지 않은 이유는 여러 가지 측면에서 따져볼 수 있다. 일단 기업이 배당을 하기 시작하면 그 방향을 바꾸는 건 쉽지 않다. 심지어 회사가 부도나기 직전에 도달하더라도 배당을 철회하고 사내유보금을 높이는 것은 만만치 않은 일이다. 제너럴일렉트릭, 뒤퐁, 엑손 등을 비롯한 거대기업들은 2차 세계대전 이후 높은 배당금을 지급해 왔다. 주주들은 자신의 돈이 회사 안에 남아 있는 것보다는 현금으로 돌아오는 편을 선호한다. 기업의 경영진이 잘못된 투자를 하여 그 이익을 날려 버릴지도 모른다는 위험이 늘 상존해 있기 때문이다. 또한 배당되지 않은 이익이 쌓여 있으면 노동조합은 그것을 빌미로 임금 인상을 요구할 가능성이 높아진다. 노동조합이 강력했던

그들은 왜 나보다 덜 내는가

1950~60년대에는 특히 그랬다.

종합해 보자. 해리 트루먼과 드와이트 아이젠하워가 대통령이었던 1940년대 중반부터 1960년대 초까지, 부자들이 여전히 엄청난 부의 집중을 누리고 있었지만 조세 자료가 잘못되어 그것을 우리가 놓치고 있음을 시사하는 지표는 찾아볼 수가 없다. 사실 1950년대에 세상은 부자에게 유리하지 않은 방향으로 바뀌어 있었고 그건 당시 사람들이라면 누구나 알고 있는 사실이었다. 1955년 《포춘》지에 〈최고위층 임원은 어떻게 사는가〉라는 기사가 실렸다.[17] 읽다 보면 그 소박한 모습에 눈물이 날 지경이다. "성공적인 미국의 임원들은 아침 일찍, 7시 무렵 일어나 아침식사를 든든하게 한 후 기차나 자동차를 타고 사무실로 달려간다. … 그는 기업의 의사결정을 좌우하는 직책임에도 불구하고 그보다 낮은 소득구간에 속하는 이와 별반 다를 바 없는 경제 수준에서 살아가고 있는 것이다." 어쩌다가 이렇게 됐을까? "지난 25년 동안 경영자들의 삶의 방식은 눈에 띄게 달라졌다. 1930년의 평범한 기업인은 다방면에서 경제적 폭풍을 맞아야 했지만 소득세를 두들겨맞을 일은 없었다. 경영인은 다른 부류의 사람들이 엄두조차 낼 수 없는 값비싼 것들로 자신의 삶을 장식할 수 있었던 것이다. … 오늘날 경영인은 일곱 개의 방에 욕실은 두세 개 정도 있는, 그다지 놀라울 것도 없고 상대적으로 작은 집에 살고 있다." 게다가 더 나쁜 현실도 있다. "누진세의 파도로 인해 거대한 요트가 모두 침몰해 버렸다. 1930년에는 프레드 피셔, 월터 브리그스, 알프레드 P. 슬론이 71미터짜리 배를 타고 바다를 누볐다. J. P. 모건은 104미터에 달하는 요트를 건조했다. 이제는 23미터만 돼도 큰 요트라고 여겨질 지경이다."

아이젠하워 시절 부자들의 평균 세율 55퍼센트

부자들은 소득이 묶이기만 한 게 아니었다. 그 줄어든 소득에 더 높은 세율이 부과되고 있었던 것이다.

그래프 [2-2]는 최상위 0.1퍼센트 소득구간에 속하는 이들이 내고 있던 실효세율을 나타낸 것이다. 여기에는 지방정부, 주정부, 연방정부를 망라한 모든 세금이 포함되어 있다. 앞서 살펴보았듯이 현재 미국의 조세 체계는 대체로 거대한 비례세를 이룬다. 대부분의 부자들은 중산층과 비슷한 세금을 내고 있으며, 사실상 최상위층으로 가면 갈수록 덜 내고 있는 것이다. 50여 년 전만 해도 사정은 퍽 달랐다. 노동계급과 중산층 미국인들은 오늘날보다 세금을 덜 내고 있었다. 급여세가 낮았기 때문이다. 반면 부자들은 더 많은 세금을 내고 있었다. 1930년대부터 1970년대까지 40여 년 동안 부자들은 소득의 50퍼센트 이상을 세금으로 내고 있었고, 이는 소득 하위 1분위 사람들이 내는 세율보다 세 배가량 높은 것이었다. 최상위 0.1퍼센트의 세율은 1950년대 초 평균 60퍼센트가량이었고 아이젠하워의 두 차례 임기를 거치면서 55퍼센트 정도에 머물렀다. 전반적으로 이 기간 동안 미국의 조세 체계는 누가 봐도 누진적이었다.

이토록 높은 실효세율을 어떻게 달성할 수 있었던 것일까?

첫째, 조세 회피에 대한 감시를 소홀히 하지 않았다. 다음 장에서 우

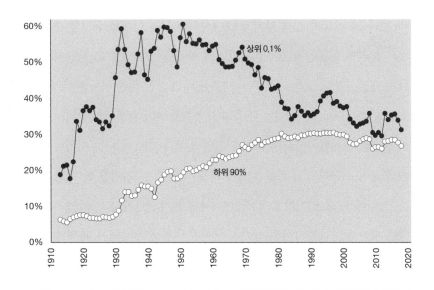

[2-2] 아이젠하워 시대 부자들의 평균 세율은 55퍼센트(평균 세율: 상위 0.1퍼센트 대 하위 90퍼센트)

이 그래프는 소득 하위 90퍼센트의 평균 세율과 상위 0.1퍼센트의 평균 세율을 1913년부터 대조한 것이다. 세전 소득에 대한 세금의 비율을 나타낸 것으로 연방세, 주세, 지방세가 모두 포함되어 있다. 역사적으로 미국은 상위 0.1퍼센트가 하위 90퍼센트보다 많은 세금을 내는 누진적 조세 체계를 유지해 왔다. 최근에는 하위 90퍼센트가 상위 0.1퍼센트와 거의 비슷한 세금을 내고 있다. 자세한 사항은 taxjusticenow.org를 참고할 것.

리는 지난 100여 년에 걸친 조세 회피 수단의 변화에 대해 알아보게 될 것이다. 하지만 이 지점에서 확실히 해 두고 넘어가야 할 것이 있다. 개인이나 기업이 조세를 회피할 수 있는지 여부는 많은 부분에서 정부의 선택에 따라 달라진다는 것이다. 2차 세계대전 후 수십여 년 동안 정책 결정자들은 조세 회피와 탈세에 맞서 싸우기로 했다. 그 방법에 대해서는 곧 살펴보기로 하자.

그러나 미국의 조세 체계가 대단히 누진적인 형태를 유지할 수 있었던 근본적인 이유는 따로 있다. 기업의 이익에 대해서도 세금을 크게 물렸기 때문이었다. 모든 자본주의 사회에서 가장 부유한 이들은 대부분의 소득을 주식으로, 즉 기업을 소유하는 것으로부터 창출한다. 기업이야말로 진정한 경제적·사회적 힘의 원천인 것이다. 기업이 내는 이익에 가파른 세율이 적용되면 부유한 이들은 공공 재정에 큰 기여를 할 수밖에 없다. 기업이 배당에 제한을 걸더라도 사정은 마찬가지다. 기업의 이익에 대한 법인세는 재투자나 배당이 이루어지기 전에 부과되기 때문이다. 실질적으로 법인세는 부자들에게 적용되는 최저한세minimum tax라고 볼 수 있다.

1951년부터 1978년까지 기업의 이익에 대한 법정 세율은 48퍼센트에서 52퍼센트 선을 오갔다. 최상위 구간 개인소득세와 달리 법인세는 모든 이익에 대해 같은 세율이 적용된다. 법인세는 누군가가 불로소득으로 초과이익을 누리는 것을 억누르기 위해 구간별로 나누어진 세금이 아니다. 법인세는 국가의 예산 확보를 위해 만들어진 비례세인 것이다. 법인세는 실제로 예산 확보에 큰 역할을 해 왔다. 1950년대와 1960년대 초까지 기업은 이익을 내면 약 50퍼센트 내외의 실효세율을 부담해야 했다. 미국에서 기업이 내는 이익은 얼마가 됐건 절반 정도가 정부의 몫으로 돌아갔던 것이다.

그래프 [2-3]을 통해 확인할 수 있다시피, 20세기 중반 슈퍼리치들이 공공 재정에 크게 기여했던 것은 그들의 개인소득세가 아니라 그들이

그들은 왜 나보다 덜 내는가

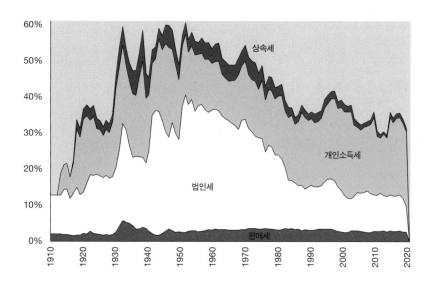

[2-3] 법인세가 부유층에게 미치는 중요한 영향(최상위 0.1퍼센트의 평균 세율)

이 그래프는 1910년 이후 소득 최상위 0.1퍼센트가 부담하는 평균 세율과 세목 구성을 나타낸 것이다. 연방세, 주세, 지방세가 모두 포함되어 있다. 법인세에는 기업 명의의 재산세가 포함되어 있다(주거용 부동산의 재산세는 판매세로 합산했다). 1930년대부터 1970년대 중반까지 최상위 0.1퍼센트가 내는 세금이 늘어났던 가장 중요한 원인은 법인소득세가 매우 큰 비중을 차지했기 때문이다. 이후로는 그 수치가 낮아진다. 자세한 내용은 taxjusticenow.org를 참고할 것.

가진 법인의 소득세가 높았기 때문이었다. 한계 세율이 90퍼센트에 달하는 최상위 소득구간에 속하는 사람은 극소수에 불과하며, 그 세금 자체가 그렇게 만들어진 것이기도 하다. 하지만 기업이 이윤을 내면 주주들은 모두 그 이익에 대해 50퍼센트가량의 실효세율을 부담하지 않을 수 없다. 2차 세계대전 이후 수십 년 간 기업의 소유권은 (퇴직연금 등이 기업의 주식을 사들여 지분을 늘려 나가기 전에는) 여전히 극히 소수에게 집중되어 있었고 기업들은 높은 이윤을 창출하고 있었기 때문에, 기업을 가진 이들은 많은 돈을 벌 수 있었다. 기업이 이익의 절반을 곧장 국세청에 내던 시절이었다. 그렇게 세금을 내고 난 후 많은 기업들은 주주들에게 배당을 실시했고, 그 배당에는 최대 90퍼센트의 세율이 적용될 수 있었던 것이다.

실로 부자들에게 거리낌없이 세금을 거둬들이는 그런 나라가 아니었던가?

애국적인 일로 둔갑한
조세 회피

워싱턴DC의 날씨는 훌륭했다. 미국의 수도 워싱턴DC에서 가장 쾌적한, 여름처럼 뜨거운 초가을 날씨 속에 푸른 하늘이 깨질듯이 투명했다. 노랗고 빨갛게 물든 잎사귀 너머로 펜실베이니아 가에 세워진 하얀 대리석 탑이 빛을 반사하고 있었다. 백악관의 남쪽 잔디밭에는 손에 만년필을 든 로널드 레이건 대통령이 작은 나무 테이블에 앉아 있었다. 공화당과 민주당 양쪽에서 나온 24명의 상·하원 의원에게 둘러싸인 그는 더없이 행복한 모습이었다.

레이건 대통령은 조세 제도를 개편해 세율을 크게 인하하는 것을 그의 두 번째 임기의 핵심 국내 과제로 삼고 있었다. 1986년 10월 22일, 세금개혁법Tax Reform Act에 막 서명을 앞둔 그로서는 행복하지 않을 수가 없었던 것이다. 그 법이 시행될 1988년 1월 1일부로, 최상위 소득구간에 압류나 다를 바 없는 높은 세율을 적용해 왔던 나라 미국은, 발전된 산업 국가 중 최상위 소득구간에 가장 낮은 세율을 적용하는 나라로 탈바꿈하게 될 것이었다. 최상위 구간 소득세율이 28퍼센트로 뚝 떨어진 것이다. 석 달 동안에 걸친 난상토론 끝에 그와 같은 세법 개정안은 97대 3으로 가결되었다. 민주당의 테드 케네디, 앨 고어, 존 케리, 조 바이든 모두 열과 성을 다해 "동의"에 한 표를 던졌다.

그 법안이 국민적으로 특별히 인기가 있는 것은 아니었지만,* 미국의 정치적·지적 엘리트 사이에서 선풍적인 인기를 끌었다는 사실은 아무리 강조해도 과장이 아닐 지경이다. 그들에게 레이건의 세법 개정은 이성의 승리, 달리 말해 특수계층의 이익을 넘어 보편적 선이 승리한다는 것을 뜻했으며, 성장과 번영의 새로운 시대가 밝아 온다는 의미로 받아들여지기까지 했다. 이제는 레이건 시대의 세법 개정이 불평등을 폭증시킨 핵심적 원인 중 하나라는 점이 널리 받아들여지고 있음에도 불구하고,[1] 그 과정에 참여한 이들은 오늘날까지도 그것을 일종의 빛나는 성과물로 여기고 있는 듯하다. 품속에 은밀히 공화당 당원증을 갖고 있는 것처럼 보이는 경제학자들은 마치 자신들이 전문가로서 띤 임무라도 되는 양 레

---

* 1986년 말 ABC와 갤럽이 수행한 네 차례의 여론조사에 따르면 1986년 세금개혁법의 지지도는 22퍼센트에서 가장 높게 나왔을 때에도 40퍼센트에 머물렀고 응답자들 중 다수는 의견 없음을 택했다. 네 번의 여론조사에서 찬성:반대:의견없음의 비율은 각각 22:15:63, 22:15:63, 38:36:26, 40:34:26였다(Kertcher, 2017).

그들은 왜 나보다 덜 내는가

이건 세법 개정의 미덕을 홍보하고 다녔다.*[2]

수십 년에 걸쳐 최상위 소득구간에 90퍼센트의 세율을 매겨 왔던 나라가 1980년대 중반이 되자 28퍼센트를 적정 세율이라고 여기게 되었는데, 이런 일이 과연 어떻게 가능했던 것일까? 세법 개정 6년 전에 레이건이 승리를 거둔 것은 정치와 이념 양쪽에서 벌어진 극적인 변화에 힘입은 것이었다. 실로 기념비적이라 할 수 있는 세법 퇴행에는 그러한 변화가 반영되어 있었다. 공화당은 남북전쟁 이전의 남부에서 사용하던 조세 반대 레토릭을 부활시키고 현대화하여 미국의 고소득층을 결집시키고 남부의 백인들과 묶어 지지층을 만들어냈다. 몽펠르랭 소사이어티**에서 1947년 제시된 작은 정부라는 개념이, 배리 골드워터가 1964년 대선 운동을 펼치면서 받아들인 이래 보수주의 단체의 조직들에 의해 1970년대에 걸쳐 발전했으며 결국에는 사상계의 주류로 퍼져 나가 정치적 영향력을 행사하게 되었던 것이다.[3] 작은 정부라는 이념 하에서 정부의 주된 역할은 소유권을 옹호하는 것이며 성장의 핵심 동력은 민간 영역의 이윤 극대화에서 나오기에, 세율을 최소화하는 것은 그들의 프로그

---

* 심지어 조지프 페크먼이나 리처드 머스그레이브처럼 누진적 과세에 호의적인 학자도 1986년의 세제 개혁에 대해 넓은 의미에서 찬성했거나, 그것이 피할 수 없는 일이라고 여긴 듯하다(Pechman, 1987; Musgrave, 1987).

** [옮긴이주] 경제학자 프리드리히 하이에크의 주도로 스위스 몽펠르랭에서 결성된 경제학자·철학자·역사학자들의 모임. 밀턴 프리드먼, 조지 스티글러, 제임스 뷰캐넌, 로널드 코스, 버넌 스미스, 게리 베커, 모리스 알레 등이 회원이었으며, 케인스주의에 반대하여 작은 정부와 감세를 주요 논지로 삼았다.

램 중 일부로 따라오게 되어 있었다. 이러한 세계관에 따르면 "사회라는 것은 존재하지 않으며, 오직 개인인 남성과 여성만 있을 뿐"[4]이다.* 원자화된 개인에게는 세금이란 무의미한 지출에 지나지 않는다. 혹은 합법화된 도둑질이나 다를 바 없다.

실로 그랬다. 백악관 잔디밭에 앉아, 법안에 사인하기 위해 손에 펜을 쥔 채, 레이건은 그간의 조세 체계가 "비미국적"이었다고 못을 박았다. "현행 세법의 가파른 누진율은 개인의 경제적 활기의 심장을 옥죄고 있었습니다." 반면 새로운 세법은 "지금껏 미국 의회가 만들어낸 일자리 창출 프로그램 중 최고의 것이 될 것"이었다.

하지만 레이건의 조세 개혁안에 저런 소리만 담겨 있었더라면 민주당이 지배하던 하원을 통과하는 것은 거의 불가능했을 것이다. 공화당이 상원을 지배하는 다수 의석을 차지하는 결과를 이룰 수 있었을지는 차치하고서라도 말이다. 이러한 승리의 이면에는 또다른 요소가 자리잡고 있었다. 레이건과 레이건의 조세 개혁안을 지지한 민주당원들은 모두, 의회에는 다른 선택지가 없다고 입을 모으고 있었다. 그들에게 소득세는 끔찍한 난장판이며 사람을 괴롭히는 폭거와도 같았다. 당시 상황을 놓고 볼 때 정부가 해야 할 일은 세율을 대폭 낮추면서, 발생할 수 있는 세수 손실

---

* [옮긴이주] 1979년부터 영국의 총리직을 역임한 마거릿 대처의 유명한 어록 중 하나를 인용한 것이다. 신자유주의 혹은 신보수주의의 세계관을 극명하게 나타내는 문구로 알려져 있다.

그들은 왜 나보다 덜 내는가

을 막기 위해 탈세의 구멍들을 죄다 틀어막는 것뿐이었다.

1986년 세법 개정 과정은 누진세가 어떻게 종말을 맞이하게 되는지 잘 보여주고 있다. 누진세의 죽음은 민주적인 과정으로 이루어지지 않는다. 유권자의 의지에 따라 행해진 일이라고 볼 수 없다. 누진세에 가해졌던 가장 크고 심각한 치명타의 과정을 살펴보면 우리는 같은 패턴이 반복되고 있다는 사실을 알 수 있다. 우선 조세 회피가 급증한다. 그러고 나면 정부는 부자들에게 세금을 물리는 것이 사실상 불가능해졌다고 우는 소리를 해대면서 부자들이 내야 할 세율을 낮춘다. 애초에 조세 회피가 어떻게 늘어나게 된 것일까? 왜 정부는 그런 행동을 막지 않을까? 이 악순환을 이해하는 것은 세금의 역사를 이해하고 조세 정의를 실현하는 데 핵심적이다.

문명 사회가 치러야 할 대가

경제학자들은 세상을 단순화시켜서 바라보는 경향이 있다. 그들에게 조세 행정이란 이런 것이다. 세무조사를 자주 하겠다고 겁을 주고, 조세회피자들에게 처벌을 가하며, 탈세할 구멍이 없는 조세 체계를 만들어서 모든 사람들이 세금을 내지 않을 수 없게끔 하면 그만인 것이다. 물론 방금 말한 것들은 모두 중요하고 꼭 필요한 일이기도 하다. 발각될 확률이 높고 걸렸을 때 치러야 할 대가가 심각하다면 탈세자의 수는 줄어들 수밖에 없을 테니 말이다. 만약 조세 체계가 특정 집단의 이익을 위해 쪼개지

고 비비 꼬이게 된다면 그만큼 탈세도 만연할 수밖에 없다.[5]

하지만 현실세계에서 세무란 단순한 법 규정과 근면한 세무관의 노동만으로 이루어져 있는 것이 아니다. 세금은 사회적 신뢰 체계 위에서 작동하기 때문이다. 우리는 자원을 한데 모음으로써 개별적으로 행동할 때보다 더 큰 혜택을 볼 수 있다고 생각한다. 즉 집합적 행위에 대한 믿음을 가지고 있는 것인데, 정부의 역할은 이러한 집합적 행위가 가능한 여건을 제공하는 것으로, 그 결과 민주주의 자체에도 혜택이 돌아가게 되는 것이다. 집합적 행위에 대한 긍정적 믿음이 힘을 얻고 있을 때에는 엄청나게 누진적인 조세 체계라 하더라도 제대로 작동할 수 있다. 반면 이 믿음이 좌초해 버리고 나면 탈세자들의 힘은 고삐 풀린 망아지처럼 날뛰고 법을 뜯어고치게 된다. 세상에서 가장 섬세한 법 집행 기구와 최고의 세법으로도 그들을 제압할 수 없게 되는 것이다.

사람들은 집합적 행위에 대한 믿음을 품기도 하고 포기하기도 한다. 그 믿음의 변화를 통해 뉴딜 정책과 함께 도입되었던, 인류 역사상 가장 누진적이었던 조세 체제의 존속에 대해서도 살펴볼 수 있는 것이다. 앞서 살펴보았듯이 뉴딜 시대의 조세 정책은 30여 년에 걸쳐 부유층에게 효과적으로 조세 부담을 지도록 하는 데 성공했다. 단지 종이 위의 수치로만 그랬던 게 아니라 실제 사실이 그랬다. 본디 뉴딜 시대의 세법은 소수의 사람들에게 80~90퍼센트의 최고 소득구간 소득세율을 납부하도록 했고, 그러한 정책은 1930년대부터 1970년대까지 유지되었다. 하지만 모든 세금을 다 놓고 볼 때 실효세율은 아무리 넉넉하게 잡아도 50퍼센트를 가까스로 웃도는 수준이었다. 세금을 내야 하는 쪽에서도 당하고만 있지는 않았던 것이다.

루스벨트 대통령은 1930년대에 조세 회피와 탈세를 통제하기 위한 전략을 개발해냈고 그 전략은 수십 년 동안 이어졌다. 세법의 정신을 지킬 수호자로서 국세청에 법적인 권한과 예산 등 필요한 것들을 제공했던 것이다. 하지만 어쩌면 더 중요한 건 따로 있었을지 모른다. 루스벨트는 왜 세금이 중요한지 사람들의 도덕관념에 호소하며, 조세회피자들을 비난하기 위해 따로 시간을 들여 설명했던 것이다. "홈스 판사는 말했습니다. '세금은 우리가 문명 사회를 유지하기 위해 지불하는 비용이다.'[이 문구는 현재 워싱턴DC에 소재한 미 국세청 본부 입구에 새겨져 있다] 그런데 너무 많은 사람들이 문명을 헐값에 사려고 하는 것 같군요." 1937년 6월 1일 의회에 보낸 메시지에서 루스벨트 대통령이 한 말이었다. 그는 조세회피자들을 단속하고 억누르는 것을 문명이 걸린 중대한 과업이라고 설명하고 있었던 것이다. 이러한 사회적 규범은 1970년대에 이르기까지 이어져 납세자들 사이에서는 불법인지 합법인지 애매한 조세 회피를 꺼리는 경향이 있었다. 대부분의 미국인들의 내면에는 탈세의 구멍을 허락하지 않는 국세청이 세워져 있었고, 법과 규제는 그런 내면이 표현되는 하나의 방법이었던 셈이다.

뉴딜 시대의 조세 정책이라고 완벽한 것은 아니었다. 가장 큰 탈세 구멍은 양도소득에 매겨지는 세금이 다른 형태의 소득에 비해 낮다는 것이었다. 그 문제는 1930년대부터 1986년까지 지속되었다. 양도소득은 가령 주식 같은 자산을 구입 가격보다 높은 값에 팔 때 생기는 소득이다. 어떤 자산으로건 양도소득을 얻을 수 있다. 그렇게 얻은 양도소득 역시 과세 대상에 포함되지만 미국의 경우 특별한 세율을 적용받는다. 소득세의 최고 한계 세율이 90퍼센트에 달했던 시점에도 양도소득에 대해서는 25퍼센트의 세율만이 적용되고 있었던 것이다.* 이러한 정책은 분명히 눈에 띄는 결점을 지니고 있었다. 부유층으로 하여금 배당이나 임금이 아닌 양도소득의 형태로 소득을 올릴 유인동기를 제공하는 꼴이니 말이다. 그것은 조세 회피의 기회를 열어 준다는 뜻이기도 하다.

2차 세계대전 이후 수십 년 동안 높게 유지된 소득세 최고 한계 세율을 보고 있노라면 조세 회피가 걷잡을 수 없이 늘어났을 것이라고 넘겨짚을 수도 있다. 물론 부자들로서는 세금을 피하기 위해 높은 세율이 적용되는 임금과 배당을 세율이 낮은 양도소득의 형태로 전환하고자 하는 유혹을 느끼지 않을 수 없었을 것이다.

하지만 데이터에 따르면 상황은 그렇게 돌아가지 않았다. 1986년 이래 양도소득이 국민소득에서 차지하는 비중은 매년 평균 4.1퍼센트 정도였다. 반면 1930년부터 1986년까지, 즉 양도소득과 일반적인 소득 간 최고 세율 격차가 훨씬 컸던, 따라서 최고 구간 소득을 올리는 부유층이

---

* 1922년에 자본수익에 대한 우선세율이 처음으로 도입된 후, 장기 자본수익에 대한 최대 세율은 40퍼센트를 넘긴 적이 없었다. 1942년부터 1964년까지 최대 세율은 25퍼센트였는데, 당시는 소득세에 대해 압류에 가까운 최고 한계 세율이 적용되었던 시점이다.

그들은 왜 나보다 덜 내는가

라면 양도소득의 형태로 소득을 이전하고픈 욕구를 크게 느꼈을 그 시기에, 양도소득이 국민소득에서 차지하는 비중은 매년 평균 2.2퍼센트에 지나지 않았다. 양도소득이 세금 문제에서 훨씬 유리함에도 불구하고 전후 수십 년 동안 양도소득은 작은 비중만을 차지하고 있었던 것이다. 그 시기를 살았던 부유한 납세자들 중 일부는 분명히 평범한 소득을 양도소득으로 신고했을 테지만, 그런 일이 대규모로 벌어지지는 않았다.

어째서일까? 정부가 가만히 보고 있지 않았기 때문이었다. 일반적인 소득을 양도소득처럼 보이게 만들 수 있는 방법은 그다지 많지 않다. 가장 흔히 쓰이는 방법은 주식 환매를 이용하는 것이다. 기업이 자사주를 매입한다고 해 보자. 그 경우 회사는 주주들의 호주머니로 현금을 넣어 주게 되는데, 그 결과만 놓고 본다면 배당을 하는 것과 다르지 않다. 하지만 배당과 환매는 세금 문제에서 큰 차이를 낳는다. 기업이 자사주를 매입하면 자신의 주식을 환매한 주주는 양도소득을 얻게 되기 때문이다. 1982년 이전까지만 해도 주식 환매는 불법이었다. 기업이 주주들에게 이익을 배분하는 방법은 배당을 통해야 하며, 그 배당금에는 누진적인 소득세율이 부과되어야 한다는 것이 사회적 규범이었고, 그 규범을 법으로 강제하고 있었던 것이다.*

---

*   이와 같은 사회적 규범을 도외시하고 있는 한, 경제학자들은 왜 기업이 배당을 지불하며, 기업이 영업이익에 대해 세금을 낸 후 다시 투자자가 소득세를 내야 하는데도 배당을 지불하는 신비로운 현상인 이른바 "배당 퍼즐dividend puzzle"에 대해서도 이해할 수 없을 것이다(예컨대 Black(1976) 참조).

과세 대상이 되지 않는 근로 혜택의 형태로 소득을 올리는 것 또한 부유층의 탈세 방법으로 꼽아 볼 수 있겠다. 가령 회사에서 제공하는 제트기라든가, 으리으리한 사무실, 호사스럽게 제공되는 식사, 케이프코드나 아스펜 같은 휴양지에서 열리는 기업 "세미나" 등을 떠올려 볼 수 있을 것이다. 이런 식으로 제공되는 특혜는 양도소득보다도 파악하기 어렵다. 하지만 현재 확인할 수 있는 한 1940년대와 1950년대, 1960년대에 활동했던 기업 경영자들의 생활을 다룬 자료들을 놓고 보면, 기업이 이런 식의 특전을 대대적으로 흔히 제공해 왔다는 주장을 뒷받침할 근거를 찾아볼 수는 없다. 경제학자 샬리스 홀Challis Hall이 2차 세계대전 직후 경영자들에게 제공되던 보상과 특전에 대해 분석한 결과, "경영자들이 지불해야 할 돈을 기업이 대신 내 주거나 그 외 다른 방식으로 제공되는 초과 수입의 양은 큰 기업의 경우 무시해도 좋을 만한 수준이었다."[6] 오늘날의 CEO들이 1960년대의 경영자들에 비해 훨씬 더 검소한 식사를 한다거나, 회사의 비용을 아끼기 위해 전세기 사용을 하지 않는다고 생각할 만한 근거는 어디에서도 찾아볼 수 없다. 1980년대 이전까지 회삿돈을 펑펑 써서 경영자들에게 보상하는 행위는 한마디로 사회적으로 용납될 수 없는 행태로 여겨졌던 것이다.*

---

*   1955년 《포춘》지에 실린 긴 기사는 당시 기업 경영진의 삶을 보여준다(Ducan-Norton, 1955). 기업에서 제공하는 특전에 대해 언급되는 부분은 다음 내용이 유일하다. "뉴욕으로 돌아오는 길에 회사 대표는 빈 자리에 자신의 가족과 친구를 태울 수 있고, 이는 흔한 관행이다. 돌아오는 길에 캐나다를 경유하여 잠깐 낚시를 하기도 한다."

잊을 만하면 새로운 조세 회피 기법이 등장했지만 나오는 족족 금지 당했다. 1935년 국세청은 소득세의 최고 한계 세율을 79퍼센트까지 올 렸는데, 이는 전에 없이 높은 수치였다. 이러한 세율이 적용되기 시작하 자 부유층은 자신들의 부담을 줄이기 위한 방법을 찾아나섰다. 1937년 의회 연설에서 루스벨트는 당시 재무부 장관이었던 헨리 모건도 주니어 Henry Morgenthau Jr.가 보낸 편지를 낭독했다. 당시 새롭게 개발된 여덟 개 의 탈세 기법을 나열하고 그것을 즉시 금지하겠노라고 발표했던 것이다. 그중 첫번째로 꼽힌 내용은 다음과 같다. "바하마, 파나마, 뉴펀들랜드, 그 밖에 세율이 낮고 기업에 대한 법적 규제가 느슨한 해외에 개인용 지주 회사를 설립함으로써 조세 회피의 수단으로 삼는 행위." 1936년 수십여 명의 부유한 미국인들은 자신들이 보유한 주식과 채권자산을 이전하기 위해 해외에 페이퍼컴퍼니를 설립했다. 이 페이퍼컴퍼니들은 피와 살을 지닌 인간으로서 미국에 살고 있는 주인들을 대신해 배당을 받고 이자를 챙기며 미국에 세금은 내지 않을 터였다. 정부는 신속하게 법을 개정하여 이러한 행태를 불법으로 규정했다.[7] 1937년부터 미국인이 운영하는 해 외 지주회사에서 올린 소득은 즉시 미국 정부에 의해 과세 대상으로 간 주되기 시작했다. 해외에 지주회사를 보유하는 것은 아무런 의미 없는 행

이는 오늘날 제공되는 기업의 특전과 엄청난 대조를 이룬다고 할 수 있다. 가령 자동 차회사 르노는 2014년 (60만 유로 이상의 비용을 지불하고) 베르사유궁전을 빌려 연 회를 열었는데, 이는 (공식적으로는 르노와 닛산의 전략적 제휴 15주년을 기념하기 위한 것이었지만) 당시 CEO였던 카를로스 곤의 예순 살 생일을 축하하는 행사였다.

동이 되어 버리고 말았다.

비슷한 맥락에서 1960년대에는 부유한 미국인들 사이에서 자신들이 좌지우지하는 자선재단에 거액을 기부함으로써 세금 공제를 받는 식으로 법을 악용하는 방식이 유행하기 시작했다. 그러한 기부금은 "자선" 목적으로 활용되지 않았다. 그들이 만든 재단은 재단 창업자와 그의 가족이나 친구들에게 거액을 수여하거나 정치적인 목적이 있는 선물을 제공하는 일 따위를 했기 때문이다. 1969년 세법이 개정되면서 이러한 악의적인 내부거래는 즉시 불가능해졌다. 그 전후의 두 해를 비교해 보면, 1968년에 비해 1970년에는 새로 생긴 개인재단의 수가 80퍼센트가량 감소했다. 1969년 세법 개정 이후 부자들의 "자선" 기부금 역시 30퍼센트가량 줄어들었다.[8]

탈세의 폭증

루스벨트 대통령의 전략은 쭉 성공적이었다. 그 뒤를 이은 정권들이 뉴딜 시절의 신념 체계를 이어받고 있는 한 그랬다. 그 믿음에 변화가 생긴 것은 1980년대 초의 일이었다. "정부는 우리가 가진 문제의 해법이 아니다. 정부가 바로 문제다." 1981년 레이건이 취임연설을 통해 남긴 이 유명한 말을 떠올려 보자. 어떤 사람들이 납세를 회피하려 든다 해도 그 사람들은 비난받을 짓을 한 게 아니다. "비미국적으로" 높은 세율이 문제라는 것이다. 이와 같은 새로운 이념이 1980년대 초 미국을 휩쓸고 지나가면

그들은 왜 나보다 덜 내는가

서 졸지에 조세 회피는 애국적인 일로 둔갑해 버리고 말았다. 자유주의자들은 "세금은 도둑질"이라는 신조를 되살려냈고, 따라서 탈세는 도덕적인 일이 되어 버렸다. 레이건이 1981년 백악관에 입성한 것은 탈세 산업이 정부의 승인을 받은 셈이었다. 세금을 내지 않기 위한 광란의 파티가 막 시작될 참이었다.

사실 "광란"이라는 말로는 그때 벌어진 일의 전모를 다 담아낼 수가 없다. 탈세 산업이 우후죽순처럼 폭증했으니 말이다. 금융업자, 홍보가, 상담사들이 질풍처럼 몰려들어 시장을 형성했다. 어떤 이들은 직원들에게 매주 하나씩 새로운 탈세 아이디어를 제출하라고 지시하기도 했다.[9] 그들은 창의력을 발휘해 실로 혁신적인 탈세 기법을 개발해냈다. 국세청이 어떤 눈부신 탈세 경로를 막아 버리면 다른 구멍이 연이어 뚫렸다. 탈세 회사들은 《월스트리트 저널》이나 다른 주류 매체의 금융란에 마치 치약처럼 일상적인 상품이라도 되는 양 광고를 냈다. 시장경제의 마법이 그 최대한의 진가를 발휘하고 있었다. 경쟁이 치열해지면서 탈세 상품의 가격이 낮아지고 있었던 것이다. 시장경제에서 유통되는 다른 모든 상품과 마찬가지로, 탈세업자들의 창의적 발명은 생산자와 소비자 모두를 풍요롭게 했다. 금융업자·홍보가·상담사들은 수수료를 챙겼고, 탈세하는 이들은 아주 최소한의 세금만 냈다. 경제학자들의 시각에서 보자면 아주 큰 잉여가치가 생산된 것이다. 하지만 여기에는 아주 사소한 문제가 있었다. 그 잉여가치라는 것은 결국 한 푼 한 푼이, 탈세에 참여한 이들을 제외한 사회 전체의 손실로 이루어졌다는 사실 말이다.

레이건 시대를 상징하는 탈세 상품은 흔히 '합법적 탈세tax shelter'로 잘 알려져 있다. MP3에 아이팟이 있다면 조세 회피에는 합법적 탈세가 있다고 말할 수도 있겠다. 그 작동 방식을 살펴보자. 납세자는 어떤 종류의 수입을 올리건 일단 비용을 뺀 후 소득을 신고하여 세금을 낸다. 탈세업자들은 그 점에 착안해 고객들에게 투자 명목의 허위 손실을 만들어 주는 것을 셀링포인트로 삼기 시작했던 것이다. 탈세업자들은 통상적인 기업이 아니라 파트너십의 형태를 띠었으며 따라서 법인세의 대상이 되지 않았다. 이렇게 형성된 파트너십 속에서 이익은 투자자(즉 파트너)에게 할당되어 파트너의 소득에 포함되거나, 손실이 난 경우에는 차감되었다. 결국 개인소득세의 항목으로 전환된 것이다. 그렇다면 이렇게 손실이 발생하는 파트너십, 혹은 합법적 탈세처에 투자한 사람은 파트너십에서 난 손실을 근거로 개인소득세를 덜 내겠다고 주장하는 것이 가능해진다. 가령 높은 보수를 받는 근로자가 있는데, 그가 10퍼센트의 지분으로 가입한 파트너십에서 100만 달러의 손실을 신고했다고 해 보자. 그 경우 그는 개인소득에서 10만 달러의 손실이 발생했다고 신고할 수 있으며, 그에 따라 개인소득세를 대폭 깎을 수 있다. 이자나 배당소득으로 살아가는 부유한 개인의 경우에도 같은 수법을 이용할 수 있을 것이다.

이런 파트너십 중 일부는 어떤 경제적 활동도 하지 않는 페이퍼컴퍼니의 형태를 띠기도 했다. 그저 소유자들이 세금신고를 할 때 손실을 기록할 수 있게 해 주는 것만을 존재의 이유로 삼고 있는 그런 회사들이다. 실제로 이익을 낼 수 있는 정상적인 업종에 속하지만 세금신고를 할 때는 손실이 발생했다고 주장할 수 있도록 만들어진 회사들도 있었다. 그런 일이 가능했던 이유는 세법상 연료·휘발유·부동산 분야의 경우 자본 잠식을 방만하게 인정하고 있기 때문이었다. 레이건 정부가 들어선 후 처음 진행한 1981년 경제회복세금법Economic Recovery Tax Act of 1981은 법 개정 이전과 비교할 때 훨씬 빠른 속도로 자본잠식이 벌어진다고 간주했으며, 그 내용을 활용한 합법적 탈세의 활용도를 크게 높여 주었다.

레이건이 백악관에 입성하기 몇 년 전부터 이미 합법적 탈세 사업은 세상에 등장해 있었지만, 진정으로 꽃을 피우기 시작한 것은 1980년대 초에 들어서면서부터였다. 숫자를 통해 확인해 보자. 1978년, 소득 상위 1퍼센트가 개인소득세를 신고할 때 파트너십으로 인해 본 손실이라고 신고한 금액은 전체 세전 소득의 4퍼센트 정도에 해당했다. 그 비중은 서서히 늘어나더니, 1986년에는 세전 소득의 12퍼센트에 달할 정도로 갑자기 폭증해 버렸다. 이는 미국에서 소득세를 걷기 시작한 이래 최고치를 기록한 것이기도 하다. 1982년부터 1986년까지 합법적 탈세처에 투자한 이들이 보고한 허위 손실은 미국 전역에서 진짜 파트너십에 의해 벌어들인 전체 수익을 초과하는 수준이었다.[10] 세금신고를 통해 파악된 파트너십의 순수익, 즉 번 돈에서 쓴 돈을 뺀 액수는 마이너스였고 이것은 실로 전에 없던 현상이었다. 심지어 대공황 시절에도 이런 일은 벌어진 적이 없었다. 1982년에는 경기가 후퇴했지만 1983년부터 1986년까지는 경제가 회복되었고 빠른 성장을 기록했다. 하지만 합법적 탈세 수법이 전체 산업 영역에서 일정 수위를 넘어서면서, 부동산부터 정유업까지 그 많은 분야들이 손실을 내고 있는 것처럼 보이게 된 것이다. 그 기업을 소유한 이들의 개인소득세를 줄여 주기 위해 서류상 손실을 내고 있었으니 말이다.

그 결과 소득세 수입이 푹 주저앉아 버렸다. 1980년대 중반 개인과 법인을 포함한 연방소득세액이 국민소득에서 차지하는 비중은 현대 미국의 역사상 가장 심각한 경제적 위기였던 1949년 경기침체 이후 가장 낮은 수준에 도달하고 말았다. 한편 연방정부의 적자는 1982년부터 1986년까지 국민소득의 5퍼센트를 초과하는 정도에 이르렀고, 이는 2차 세계대전 이후 최고 수준이라 할 수 있었다.

이렇듯 탈세가 폭증하면서 1986년 세법 개정에 나선 레이건의 목소리에는 궁극적으로 더 큰 힘이 실리게 되었다. 그 시점에 이르러 적자가 턱없이 커진 탓에 민주당은 재정균형을 더 악화시키지 않을 세법 개정이라면 뭐가 됐건 찬성하자는 입장이 되어 버렸던 것이다. 레이건은 그 짐을 기꺼이 짊어졌다. 세율을 대폭 낮추는 대신, 합법적 탈세를 없애 버림으로써 예상 가능한 세수 손실을 충당하겠노라고 했다. 서류상 가상의 10만 달러 손실을 내서 실제로 발생한 10만 달러의 근로소득을 지워 버리는 그런 시대는 이제 과거의 일이 될 터였다. 사업상의 손실은 개인소득이 아닌 오직 사업상의 이득만을 상계할 수 있도록 규정을 바꾸기로 했다.* 1980년대 중반 합법적 탈세가 워낙 만연했던 탓에 이러한 탈세

---

*   더 나아가, 기업이 얻게 되는 수동적 활동(납세자가 기업의 일부를 소유하고 있지만

그들은 왜 나보다 덜 내는가

구멍을 막는 것만으로도 수십억 달러의 세수를 회복할 수 있을 것으로 여겨졌다. 그리고 실제로 그랬다. 새로운 법이 시행되고 나자 파트너십들이 내고 있던 서류상의 손실은 마치 마법처럼 사라져 버렸다. 소득 상위 1퍼센트가 신고한 파트너십으로 인한 손실은 세전 소득의 12퍼센트 정도를 차지하고 있었는데, 그 총액은 1989년이 되자 5퍼센트로 떨어졌고 1992년에는 3퍼센트까지 낮아졌다. 1990년대 초가 되니 이런 합법적 탈세는 사라져 버리고 말았다.

탈세냐 절세냐, 그 잘못된 프레임

인간의 욕망은 무한하다. 시장은 그 무한한 욕망을 충족시킬 수 있도록 발명된 기구 중 가장 강력한 것이다. 시장은 수십억 소비자의 변화하는 욕구에 맞도록 다양한 상품을 제공하는 가장 최적의 경로를 찾아내고야 만다. 하지만 시장에는 근본적인 결함이 내제되어 있는데, 그것은 시장이 공공선을 전혀 고려하지 않는다는 것이다. 시장은 우리에게 날로 더 성능이 좋아지는 핸드폰과 더 맛있어지는 아침식사용 시리얼을 제공할 수 있지만, 사회적 가치는 전혀 제공하지 못하거나 오히려 저해하는 결과를 낳

기업 활동으로 여겨지는 적극적 관리를 전혀 하지 않는 것)으로 인한 손실은 같은 수준의 수동적 활동으로 인한 수익에서 비롯한 세금만을 공제하도록 규정할 수도 있을 것이다. 더 자세한 논의는 Auerbach and Slemrod(1997)를 참고할 것.

기도 하는 것이다. 사회의 일부를 풍요롭게 하는 서비스가 다른 한편을, 혹은 사회를 하나의 큰 단위로 본다면 사회 전체를 가난하게 만들어 버릴 수도 있으니 말이다. 조세 회피 서비스 시장은 시장이 공공선을 저해하는 아주 대표적인 사례로 볼 수 있다. 조세 회피 서비스 시장은 단 한 푼의 가치도 생산해내지 못한다. 정부, 다시 말해 우리 모두의 재정을 희생양으로 삼아 부자들을 더욱 부자로 만들어 줄 뿐이다. 조세 회피가 창궐한 것은 조세 회피 서비스 시장에서 온갖 창의성을 발휘한 결과였다. 모든 사람들이 갑자기 세금에 대해 큰 반감을 품었던 탓이 아니었던 것이다.

세무 변호사나 세무상담 회사에서 제공하는 모든 서비스가 사회적 관점에서 볼 때 무의미하다는 뜻은 아니라는 것을 분명히 해 두고 싶다. 그중 일부는 개인이나 기업으로 하여금 세법에 대해 더 잘 이해할 수 있도록 해 주고, 불투명한 부분을 명확하게 밝혀 주며, 각자가 내야 할 세금 신고를 제대로 할 수 있게 하는 데 도움을 주고 있다. 이러한 서비스는 모두 합법적이다. 하지만 내야 할 세금을 안 내게 하는 것 외에 아무런 역할을 하지 않는 서비스 상품을 제공하는 것은 남의 집 자물쇠를 뜯고 들어가는 도구를 만들어 파는 것과 그다지 다르지 않은 일처럼 보인다. 적어도 1980년 이전까지 조세 회피 서비스업은 그런 취급을 받고 있었다. 잘 나가서는 안 되는 역겨운 사업으로 여겨지고 있었던 것이다. 그 어떤 시장도 허공에서 뚝 떨어지지는 않는다. 정부가 직접 손을 대거나 혹은 가혹한 규제를 가함으로써, 어떤 시장은 허용되고 어떤 시장은 허용될 수

그들은 왜 나보다 덜 내는가

없는지 선을 긋는 것이다. 조세 회피 시장이라는 것은 정부가 그것을 받아들여 주기로 결정했기 때문에 태어날 수 있었다.

이런 현실은 우리에게 흥미진진한 고민거리를 던져 준다. 첫째, 만약 탈세 산업이 순수한 도적질이라면, 어떻게 탈세업자들은 자신들의 비즈니스를 합법으로 만들어낼 수 있었을까?

조세 회피를 눈감아 주자는 취지의 화법의 역사는 미국에서 누진세가 도입된 초기까지 거슬러 올라간다. 1933년, 《뉴욕 타임스》는 미국 재계의 거물이었던 J. P. 모건이 1931년과 1932년에 한 푼도 소득세를 내지 않았다는 사실을 폭로했다. 그 금융 거물은 곧 상원 금융위원회Senate banking committee의 십자포화를 맞게 되었고, 민주당과 루스벨트 대통령이 조세 회피를 수치스러운 일로 몰아가고 있다는 사실에 점점 더 큰 불만을 느꼈다.[11] 모건의 입장에서 생각해 보자. 민주당과 루스벨트는 어떤 잘못을 저지르고 있는가? 절세와 탈세를 뒤섞고 있다는 게 문제다. 탈세는 법을 어기는 짓이고, 그게 나쁜 일이라는 데 모든 사람들이 동의할 수 있다. 하지만 절세는 다르다. 사람이 자신의 소득을 지키기 위해 세법에 존재하는 구멍을 이용할 뿐이니 말이다. 법의 허점을 이용할 뿐인 행동에 대해서까지 도덕적인 책임을 물을 수는 없다고 그는 주장했다. 법에 허점이 있고 정책 결정자들이 그걸 고쳐 놓지 않는다면, 잘못은 정부에게 있는 것이라고 그는 주장했다. 동시에 그런 허점을 이용할 만큼 똑똑한 사람들은 비난의 대상이 될 수 없었다. 모건이 자신은 절세를 해 왔을 뿐 탈세를 하지는 않았다고 주장한 것은 전혀 놀랄 일이 아닐 것이다.

오늘날의 조세 회피 산업도 결국 같은 논리로 자신들의 행동을 정당화하고 있다. 하지만 J. P. 모건이 주장할 때나 지금이나, 그 말은 옳지 않다. 왜일까? 전 세계 대부분의 국가와 마찬가지로 미국의 세법에는 일련의 금지 조항이 담겨 있다. 이는 흔히 실질과세의 원칙이라고 하는데, 그에 따르면 세 부담을 줄이기 위한 것 외에 다른 그 어떤 목적도 없는 금융 거래는 무엇이 됐건 불법이라는 것이다. 다들 알다시피 조세 회피업자들이 만들어내는 시장은 언제나 정부보다 한 발 앞서 나갈 수밖에 없다. 높은 보상을 받으며 일할 동기가 충분한 세무사와 컨설턴트들은 법을 우회하기 위한 모든 방법을 고안해낼 것이고, 따라서 그 수많은 탈세의 경로를 미리 차단하는 것은 불가능하니 말이다. 그렇기 때문에 실질과세의 원칙이 도입되어 조세 회피 외에 다른 목적을 갖지 않는 거래를 선제적으로 불법화하는 것이다. 세금신고를 하면서 공제를 받기 위해 서류상 손실을 내는 가짜 파트너십에 투자하는 것? 오직 세금을 피하기 위한 목적으로 버뮤다제도에 유령회사를 설립하는 것? 이런 행동들이 설령 법으로 완전히 금지된 것은 아니라 할지라도, 그러한 목적의 거래는 실질과세의 원칙을 깨뜨리는 것이다. 그러므로 결국, 불법이다.

물론 개별적인 납세자가 벌이는 특정한 거래들이 무슨 이유에서 벌어진 것인지 규명하는 일은 쉽지 않다. 순전히 탈세 목적으로 보이는 수법에 적법한 경제적 목적이 있는 것으로 밝혀지는 일 역시 없잖아 벌어지곤 한다. 특정한 경제 활동을 촉진하기 위해 정부가 조세 체계를 활용하는 경우도 벌어진다. 가령 미국에서는 지방정부가 발행한 채권을 매입하는 사람에게 그만큼 면세 혜택이 주어지기도 한다. 이런 식의 유인동기를 제공하는 것은 정책적으로 볼 때 대체로 나쁘다. 세액의 총액을 줄이는 결과를 낳을뿐더러 많은 경우에 특정한 이익단체의 압력이 작용한 탓이기 때문이다. 하지만 그렇게 만들어진 조건을 활용하는 것을 비난할 수는 없다. 이런 점에 대해서라면 J. P. 모건이 옳은 말을 했다고 볼 수 있다. 문제는 작은 열대 군도에 유령회사를 만드는 따위의 "완벽하게 합법적인" 탈세 기법 중 대다수가 결국에는 실질과세의 원칙을 깨뜨리고 있다는 것이다. 그 원칙을 위반하는 것은 법을 어기는 것과 같다.[12]

정치와 법 집행의 한계

여기서 우리는 두번째 근본적인 질문과 맞닥뜨리게 된다. 수십억 달러에 이르는 세수 손실을 일으키는 그 많은 거래들이 실제로는 불법인 게 사실이라고 해 보자. 그렇다면 왜 법원은 수수방관하고 있는 것일까? 정부가 실질과세의 원칙을 실현하는 것을 대체 누가 가로막고 있단 말인가?

이 수수께끼를 이해하려면 우리가 먼저 알아야 할 것이 있다. 세무행정 당국이라고 해서 모든 의심스러운 거래를 다 조사하는 것은 불가능하다는 사실 말이다. 일단 기본적인 정보 차원의 문제부터 시작해 보자. 새롭게 튀어나오는 수많은 탈세 수법을 배우는 데는 시간이 걸리고, 조세회피 산업은 국세청의 조사 능력 정도는 어렵지 않게 압도해 버릴 수 있다. 1980년 미 연방조세법원US Tax Court에는 5000여 건의 탈세 사건이 계류되어 있었다. 1982년이 되자 탈세의 광란이 몰아치면서 계류된 탈세 사건은 1만 5000여 건으로 세 배가량 늘어나 버렸다.[13] 법원으로서는 고작 몇 개월 사이에 이렇게 쏟아져 들어오는 각기 다른 수천여 건의 탈세 수법을 파악하고 그에 대해 판결을 내려야 했다. 불가능한 과업이었다.

가용자원의 문제도 있다. 가장 많은 세금을 내야 할 미국인들이 매년 자신들의 조세 최적화에 쓰는 돈을 모아 보면 수십억 달러에 이른다. 그들이 쓰는 돈은 매년 점점 더 커지고 있다. 반면 국세청이 동원할 수 있는 인적·재정적 자원은 그보다 작고, 그나마도 매년 줄어드는 추세다. 국세청은 의심스러운 탈세 기법을 발견하는 것을 넘어 조사하고 기소하고 궁극적으로는 불법적인 거래를 무효화해야 하지만, 그런 일은 점점 더 어려워지고 있다. 설령 수상한 냄새가 나는 탈세 전략이 발각된다 해도, 재정적으로 넉넉한 납세자는 스스로를 보호하기 위해 최고의 변호사를 선임할 수 있다. 그런 변호사 중에는 한때 법을 만들던 사람들까지 포함된다. 그렇게 수년에 걸쳐 법적 싸움을 끌어가며 법정에서 승리할 가능성을 극대화하는 것이다.

이 세상이 이상적인 곳이라면 국세청은 세무 설계업계의 자율적인 판단에 의존할 수 있을지도 모르겠다. 세무 변호사와 컨설턴트들이 높은 윤리적 원칙을 따르는 곳, 법의 정신에 힘을 보태 주는 것을 자신들의 직업적 의무로 받아들이는 그런 곳이라면 말이다. 그런 세상의 세무 변호사와 컨설턴트들이라면 실질과세의 원칙을 위반하는 탈세 기법으로 돈을 버는 일 따위는 단호하게 거부할 것이다. 하지만 문제는 그런 변호사와

그들은 왜 나보다 덜 내는가

컨설턴트를 고용하는 이들은 조세 회피를 원하는 고객과 중개업자이기에, 심각한 이해상충에 직면하게 된다는 데 있다.

1980년대 이후에 만들어진 공격적인 탈세 상품은 그 상품이 법적으로 합당하다는 것을 확인하는 법적 의견서가 첨부된 상태로 판매되고 있다는 것을 떠올려 보면 이 사안이 어떤 성격을 지니는지 쉽게 파악할 수 있을 것이다. 그 법적 의견서란 실제로는 가짜 보험으로 작동한다. 탈세 서비스를 구입한 사람이 국세청에 발각될 경우 의심스러운 수법을 동원했다는 이유로 받을 수 있는 불이익을 막아 주는 역할을 하는 것이다. 세무 변호사들은 올바른 법적 조언을 제공해야 할 직업윤리적인 지침(과 양심)을 따라야 한다. 하지만 기본적으로 절세 혹은 탈세란 회색지대에 속하며 대체로 흰색보다는 검은색이 짙게 깔려 있으니 그 윤리적 성격에 대한 판단은 주관적으로 정해질 수밖에 없으며, 변호사들에게 주어지는 금전적 보상은 충분히 높다. 따라서 가장 지저분한 탈세 수법도 그럴듯하게 포장해 주는 "올바른" 법적 조언을 제공하고픈 유혹은 대단히 클 수밖에 없는 것이다.

마지막으로 지적해야 할 것은 세금을 징수하고자 하는 정치적 의지가 부족했을 수도 있다는 것이다. 어쩌면 이것이 가장 중요한 문제일 수도 있다. 느리지만 확실하게 상속세의 숨통이 사실상 끊겼다는 점을 놓고 보면 그 점은 부정할 수 없는 듯하다. 1970년대 초까지 상속세와 증여세는 가계 총재산household net wealth의 0.20퍼센트 정도를 차지했지만 2010년 이후로는 고작 연간 0.03~0.04퍼센트 정도에 머물고 있다. 다섯 가지도 넘는 이유로 공제를 받고 나면 그 정도만 남는 것이다. 이러한 후퇴에는 최상위 소득구간의 세율이 (가령 1976년의 77퍼센트에서 오늘날의 40퍼센트 정도까지) 줄어들고 예외 항목이 늘어난 탓도 있지만, 가장 큰 원인은 세무 행정을 제대로 집행하지 않았다는 데서 찾아야 한다. 1975년, 국세청은 1974년 귀속 상속세 신고서 중 액수가 큰 2만 9000여 건 중 65퍼센트에 대해 세무조사를 실시했다. 2018년에는 2017년 귀속 상속세 신고서 중 액수가 큰 3만 4000여 건 중 오직 8.6퍼센트만이 세무조사의 대상이 되었다.[14] 국세청이 이렇듯 손을 놓아 버리는 모습을 보고 있노라면, 마치 미국에는 부유층이 거의 존재하지 않거나 부자가 죽어서 상속하는 일도 없는 게 아닐까 싶을 지경이다. 상속세 신고서에 적혀 있는 내용을 문자 그대로 믿는다면 오늘날 미국은 프랑스, 덴마크, 스웨덴만큼이나 부의 분배가 평등하게 이루어져 있는 나라다.* 《포브스》에서 선정한 가장 부유한 미국인 400명이 일시에 갑자기 죽는다면, 그들이 가지고 있는 진짜 재산 중 절반 정도밖에 반영하지 못한 재산이 신고될 것이다.[15]

무슨 일이 벌어진 것일까? 상속세 회피는 늘 있어 왔던 현상이다.[16] 하지만 정권이 대를 이어 넘어올수록 상속세 회피를 대하는 태도와 적극성이 달라져 왔다는 게 문제다. 1980년대부터 그 노력은 부정적인 방향

---

* 상속 승수 방법론estate multiplier method을 통해 사망시의 재산에 대해 연령·성별·재산 등의 변수에 따른 사망률에 역의 가중치를 부여하면 상속세 통계를 이용해 전체 인구 집단에서 부가 어떤 식으로 분배되어 있는지 따져보는 일이 가능해진다. 자세한 논의와 평가에 대해서는 Saez and Zucman(2016)를 참고.

그들은 왜 나보다 덜 내는가

으로, 즉 노력하지 않는 방향으로만 향해 왔다. 반대자들이 곧잘 "죽음세 death tax"라 폄하하곤 하는 상속세는, 연방세 중 유일하게 재산에 부과되는 세금이다. 상속세는 또한 모든 연방세 가운데 가장 누진적인 것이기도 하다. 상속세가 도입된 이후 인구의 90퍼센트 이상은 늘 적용 대상이 아니었으니 말이다.[17] 그런 이유로 상속세는 1980년대부터 쭉 미국 내에서 벌어진 이념 투쟁의 중요한 전장이 되어 왔다. 사유재산을 신성시하고 평등을 불편해하는 이들이 상속세를 공격해 온 것이다. 오늘날에는 소위 "자선" 재단이 우후죽순처럼 늘어나고, 자산 가치 절하가 남용되고 있으며, 온당하지 않은(그러면서 물론 기소되지 않는) 허위 신고가 차곡차곡 쌓이고 있다.[18] 이렇게 상속세 관리 사업이 번창하게 된 이유는, 이런 정치적 맥락을 도외시하는 한 이해할 수가 없는 것이다. 정치는 정책의 집행 우선순위에 영향을 미친다. 특히 경제적으로 일관성 있는 정책을 실시할 것인지 아니면 누군가가 받게 될 세금고지서를 줄여 주는 것 외에 다른 목적이 없는 금융 거래를 용납할 것인지 선택해야 하는 문제라면, 실로 정치가 관건인 것이다.

사람들이 흔히 생각하는 것과 달리, 세율을 낮춰 주는 대신 사람들이 조세에 순응하도록 유도한다 해서 세액이 늘어나는 일은 없으며 실제로는 정반대의 현상이 발생한다. 그 이유 또한 정책 집행의 의지와 관련이 있다. 1981년 레이건이 최상위 구간의 소득세율을 70퍼센트에서 50퍼센트로 낮췄을 때 조세 회피는 크게 증가했다. 1980년대 초반에 최상위 구간 상속세율이 1980년 70퍼센트에서 1984년 55퍼센트로 낮아졌던 것처럼 2000년에는 55퍼센트였던 것이 오늘날은 40퍼센트까지 내려감으로써 2000년대에도 대폭적인 세율 인하가 있었지만, 상속세 회피 역시 마찬가지로 꾸준히 늘어만 갔을 뿐이다. 최상위 구간 세율을 낮춰 주면 사람들이 조세에 순응할 것이라는 주장이 있었지만, 그런 소리는 현실 앞에 무력하게 짓밟힐 뿐이었다. 애초에 기본적으로 세율을 낮추도록 만든, 정치와 이념의 영역에서 벌어진 더욱 근본적인 변화로 인해 법이 제대로 집행되고 있지 않았기 때문이다.*

'부자가 하면 절세, 가난뱅이가 하면 탈세'… 그 반대 아닐까?

오늘날 탈세는 주로 누가 저지르고 있을까? 이 질문에 대답하기는 쉽지 않다. 불법과 지하경제라는 단어 자체에 명확하지 않은 허위라는 뜻이 포함되어 있으니, 그걸 파악하고 가늠하는 일은 간단치가 않은 것이다. 하지만 완전히 암중모색을 하는 수준은 아니다. 탈세의 규모가 어느 정도이며 얼마나 만연해 있는지 추산할 수 있을 만한 두 가지 핵심적인 자료가 있기 때문이다. 임의적으로 대상을 골라 시행하는 임의 세무감사random tax audit가 그 첫번째다. 허위 신고를 했을 가능성이 크다고 여겨지는 사람

---

* 탈세에 대한 학술적 연구를 종합해 보면, 한계 세율의 변화가 탈세에 미치는 영향은 작은 반면 탈세에 대한 단속과 규제가 미치는 영향은 매우 크다. 가령 Kleven et al.(2011) 등을 참고.

그들은 왜 나보다 덜 내는가

을 특정하여 진행하는 이행감사operational audits와 달리, 국세청은 매년 임의의 납세자를 골라 그들의 세금신고 내역을 확인하는데 이를 임의감사라고 한다. 임의감사의 목적은 탈세범을 잡아내는 게 아니다. 걷어야 할 세금과 실제로 걷힌 세금의 차이, 즉 택스갭tax gap을 파악하고 대략 누가 탈세하고 있을지 추정하는 것이 그 목적이다. 이러한 목적의 연구 프로그램이다 보니 납세자를 임의로 선택하여 감사를 벌이는 것이다.[19]

자영업자들이 소득을 신고하지 않는다거나, 사람들이 세액 공제를 남용한다거나, 그 외에 상대적으로 널리 활용되고 있는 단순한 형식의 탈세를 잡아낼 때, 임의감사는 실로 강력한 도구로서 제 기능을 해낸다. 하지만 임의감사에는 한 가지 중요한 한계가 있다. 엄청난 부자들이 벌이는 탈세는 그다지 잘 잡지 못하는 것이다. 해외 은행 계좌, 이국에 구입해 놓은 자산, 숨겨진 페이퍼컴퍼니, 그 밖에 섬세하게 짜여진 탈세를 잡아내는 것은 임의감사가 구성되고 진행되는 맥락을 놓고 볼 때 사실상 불가능한 일이다. 이런 종류의 탈세는 많은 경우 금융 거래를 잘 드러나지 않게 해 주는 국가를 배경으로 법적·금융적 중간 단계를 거치며 진행된다. 그런 식의 탈세를 잡아내려면 임의감사에 덧붙여 이렇듯 복잡한 탈세 유형을 파악할 수 있게 해 주는 다른 정보들이 필요한 것이다. 가령 2016년 파나마에 위치한 모색 폰세카Mossack Fonseca라는 회사에서 유출된 내부 문건, 즉 "파나마 페이퍼" 같은 직접적인 자료라든가, 정부에서 탈세자들을 상대로 처벌을 감면해 주는 대신 그들의 탈세 기법을 밝히라고 요구하여 정보를 얻는 조세 사면tax amnesty 같은 것이 대표적이다.

미국의 세무 변호사들 사이에서 통하는 유명한 농담이 있다. "부자가 하면 절세고 가난뱅이가 하면 탈세다." 납세자들 가운데 가장 서툴고 엉성한 자들만이 명백한 법 위반을 저지른다는 것이다. 반면 부자들은 세련되게 법적인 허점을 통해 자신들이 내야 할 세금을 줄여 나간다는 뜻이 담긴 농담이다. 그런데 우리가 임의감사 자료를 부자들의 탈세 유출 자료 및 조세 사면 내역 등과 함께 조합해 본 결과, 저 말은 전혀 사실무근에 가까우며 그런 생각을 뒷받침해 줄 증거는 찾기 어려웠다. 그래프 [3-1]에서 볼 수 있다시피 모든 단위 정부에 내는 모든 세금을 놓고 본다면 미국의 모든 사회 계층과 집단은 자신들이 내야 할 세금을 열심히 탈세하는 중이다. 하지만 부자들은 그 외의 사람들보다 더 많이 탈세하고 있는 것으로 보인다. 내야 하지만 납부하지 않은 세금의 비중은 노동계급부터 상위 중산층까지 모든 소득 분위별로 10퍼센트보다 조금 더 높은 수준에서 고르게 나타나지만, 슈퍼리치 구간에 진입하면 거의 25퍼센트에 달하고 있는 것이다.[20]

이런 상황을 어떻게 설명할 수 있을까? 첫째, 노동계급과 중산층은 탈세를 하려고 해도 그렇게 많이 할 수가 없다. 그들의 소득은 대부분이 임금과 연금, 국내 금융기관을 통해 얻는 투자수익으로 이루어져 있기 때문이다. 이런 수입원은 자동적으로 국세청에 신고되게 되어 있으므로 탈세란 불가능하다. 물론 소득 사다리의 가장 낮은 칸에서도 탈세는 벌어진다. 대부분의 경우 (가령 현금 거래를 하는 식으로) 소비세를 내지 않거나 (자영업을 하는 개인들이 저지르는 것처럼) 급여세를 내지 않는 식이다. 이 두 세

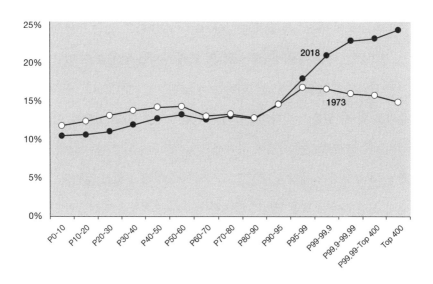

[3-1] 부유층 탈세의 심화(세전 소득구간별 미납 세금의 비율)

이 그래프는 1973년부터 2018년까지, 내야 하는데 내지 않은 세금이 차지하는 비중을 세전 소득구간별로 나타낸 것이다. 연방세, 주세, 지방세가 모두 포함되어 있다. 1973년 조세 회피는 거의 모든 소득집단에서 고르게 나타났다. 2018년이 되면 부자들은 20~25퍼센트의 세금을 내지 않음으로써, 10~12퍼센트 정도를 내지 않는 노동계급이나 중산층을 앞지르고 있다. 자세한 내용은 taxjusticenow.org를 참고할 것.

목은 노동계급에 속하는 미국인들이 주로 내고 있는 세목이기도 하다. 하지만 대부분의 미국인에게 탈세란 사용자나 은행 등 제3자들이 국세청에 신고하는 내역으로 인해 구조적으로 가로막혀 있다고 봐도 무방하다.[21] 반면 소득 사다리를 한 칸씩 올라가면 올라갈수록 소득 중 제3자가 국세청에 신고하는 액수의 비중은 줄어들고, 따라서 탈세의 여지가 넓어진다.

왜 소득이 커질수록 탈세가 많아지는지 설명할 수 있는 두번째 이유는, 부자들은 다른 이들과 달리 그들의 조세 부담을 덜어줄 수 있는 조세 회피 산업의 도움을 얻기 용이하다는 데 있다. 이것이 더 크고 중요한 이유라고 할 수 있을 것이다. 조세 회피 산업은 날이 가면 갈수록 점점 더 엘리트를 고객으로 한 사업이 되어가고 있다. 40여 년 전과 비교해 볼 때 훨씬 더 부유한 납세자를 대상으로 사업이 운영되고 있는 것이다. 1980년대 초로 돌아가 보면 합법적 탈세를 홍보하는 이들은 자신들이 고안해 낸 비즈니스 모델을 주요 일간지 광고면을 통해 홍보했다. 그렇게 하면 수십만여 명의 의사, 변호사, 정규직, 부유한 상속인 등을 고객으로 끌어올 수 있다는 장점이 있었다. 반면에 탈세업자들은 대단히 눈에 잘 띌 수밖에 없었고 국세청에 발각되어 폐업해야 할 위험을 언제나 짊어져야 했던 것도 사실이다. 이제 소위 세무 설계 사업은 글로벌 경제 엘리트만을 고객으로 삼는다. 그들만의 연회, 골프 토너먼트, 미술 전시 오프닝 등 초대받은 사람만 올 수 있는 행사장을 통해 고객을 모집한다. 불평등이 커지고 있기 때문에 거대한 자산 관리 은행뿐 아니라, 유령회사와 신탁 · 재단 등을 만들어 주는 로펌과 수탁업체 등은 불평등이 커지는 만큼 극도로 재산이 많은 소수의 고객을 유치하는 것만으로도 많은 수익을 올릴 수 있는 것이다.[22]

1973년 국세청이 최초로 임의감사 프로그램을 도입했을 때만 해도 탈세란 모든 소득 계층에 걸쳐 고르게 나타나는 현상이었다. 하지만 지금은 소득 사다리를 올라감에 따라 많아지는 경향을 보이는데, 그 이유란

바로 이런 것이다. 금융 산업에 대한 규제가 줄어들고 불평등이 늘어남에 따라, 탈세 산업 역시 전에 없을 정도로 막강해졌고, 동시에 슈퍼리치들을 상대로 점점 더 집중되어 갔다. 이러한 진화는 두 가지 추세가 맞물려 더욱 강화되었다. 첫째로, 앞서 우리가 상속세의 사례를 통해 살펴보았다시피, 조세 정의의 집행 의지에 변화가 생긴 것이다. 둘째로는 세계화의 영향을 들 수 있다. 세계화는 새로운 유형의 탈세의 문을 열어젖혔다. 다음 장에서 자세하게 살펴보게 되겠지만, 기업들은 해외의 조세 도피처에서 소득을 신고하면서 그들이 벌어들이는 돈을 비밀보장 지역secrecy juris-diction에 감춰놓기 시작했던 것이다.

세금의 대탈출: 국경을 넘어 탈세를 한다

오늘날 조세 회피의 중심에는 강력하고도 유연한 기술적 도구가 자리 잡고 있다. 역외 페이퍼컴퍼니가 바로 그것이다. 역외 페이퍼컴퍼니는 2016년 파나마 페이퍼가 드러나면서 유명해졌는데, 그 실상은 다용도 도구와도 같다. 상속세, 양도소득세, 일반적인 소득세, 부유세, 법인소득세, 국외에서 벌어들이는 이자소득과 배당, 로열티에 대한 원천징수까지 이 모든 세금을 회피하는 데 활용될 수 있기 때문이다. 국세청, 전 배우자, 자녀, 비즈니스 파트너, 채권자를 속이고 싶을 때에도 요긴하게 쓰일 수 있다. 내부 거래, 돈 세탁, 불법적인 업무 등에 보수를 지급하려 한다거나 선거운동에 몰래 뒷돈을 대고 싶을 때, 혹은 테러 조직에 자금줄을 제공

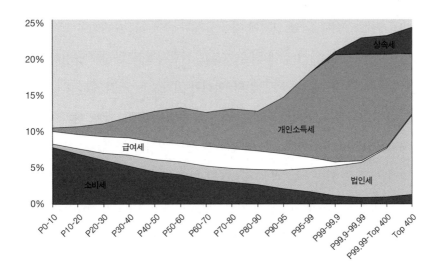

[3-2] "부자가 하면 절세, 가난뱅이가 하면 탈세" 그 반대 아닐까?(전체 세금 중 탈세 비율)

이 그래프는 2018년 납세자들이 내야 할 전체 세금 중 내지 않은 금액의 비율을 세전 소득구간에 따라 나타낸 것이다. 또한 세금의 유형에 따른 탈세 구성이 나타나 있다. 연방세, 주세, 지방세가 모두 포함되어 있다. 2018년, 부자들은 노동계급이나 중산층보다 더 많은 세금을 내지 않았는데, 이는 상속세의 집행이 약화되었고, 억만장자들이 공격적으로 법인세를 회피하고 있으며, 역외 조세 지역을 통해 개인소득세를 회피하고 있기 때문이다. 자세한 사항은 taxjusticenow.org를 참고할 것.

하고 싶을 때에도 쓸모가 없다고 할 수는 없을 것이다. 내가 이득을 보면 너는 손해를 보는 제로섬 경제의 상징으로서 역외 페이퍼컴퍼니를 따라 잡을 만한 것은 없다.

이 기법은 1980년대 이후 급격히 활용 건수가 늘어났다. 앞서 우리가 살펴보았다시피 1936년에도 몇몇 부유한 미국인들이 소득세를 내지 않기 위해 역외 유령회사를 활용하려 했다. 당시는 의회가 나서서 미국에서 세금을 내지 않는 해외 소득을 불법화하기 전이었다. 그러나 유령회사들이 탈세 산업의 시장에 제대로 발을 디딘 것은 고작 30여 년 전의 일일 뿐이다. 가령 파나마 페이퍼가 유출된 덕분에 충분한 자료를 확인할 수 있는 모색 폰세카의 경우를 생각해 보자. 1977년 창업한 이래 1986년까지 모색 폰세카는 매년 수백여 개 남짓한 유령회사를 설립했다. 1986년부터 1999년까지는 매년 1000개 정도의 유령회사를 만들었다. 2000년부터 2010년까지는 해마다 1만 개가 넘는 유령회사를 만들어냈다. 2008년 금융위기를 겪은 후에도 새롭게 설립되는 유령회사의 수는 매년 1만 개에 조금 덜 미치는 수준으로 떨어졌을 뿐이다. 2016년 내부 자료가 유출됐을 당시, 모색 폰세카는 21개의 역외 금융 중심지에 21만여 개의 유령회사를 설립한 상태였고, 그중 대부분은 영국령 버진아일랜드와 파나마에 소재해 있었다.[23] 전 세계에서 활동중인 유령회사가 전부 몇 개일지 신뢰할 수 있을 만한 자료는 존재하지 않지만, 수십만 개는 거뜬히 넘을 것이라고 예상할 수 있으며 아마 백만 단위를 넘어설 것이다. 미국에서 유령회사는 폴 매너포트Paul Manafort의 사기 행각 덕분에 새로운 악명을 떨치게 되었다.

2018년 8월 버지니아주 배심원단은 트럼프 대통령의 전 선거운동 책임자 폴 매너포트에게 유죄 평결을 내렸다. 그가 키프로스에 가지고 있는 계좌에 우크라이나 재벌이 입금한 수백만 달러에 대한 세금신고를 누락했다는 것이 원인이었다. 전 세계에서 탈세를 벌이는 이들이 사용하는 대다수의 역외 은행 계좌가 그렇듯이, 그가 가진 키프로스 계좌는 세금을 내지 않는 지역에 설립된 유령회사의 것으로 서류상 꾸며져 있었다. 왜 그런 식일까? 유령회사는 계좌와 소유주를 분리시켜 회계적 불투명성을 높임으로써 조세 관할 기구와 수사관, 규제 당국으로 하여금 누가 무엇을 가지고 있는지 알기 어렵게 하려는 목적을 갖고 있기 때문이다. 역사적으로 전통이 깊은 역외 부 관리의 중심지인 스위스의 경우, 외국인이 보유하고 있는 부의 60퍼센트 이상이 유령회사를 통해 관리되고 있으며, 그 유령회사는 대부분 영국령 버진아일랜드와 파나마에 소재하고 있다.[24]

탈세와 싸우는 방법: FACTA의 교훈

실로 오랜 세월 동안, 역외 탈세를 막겠다는 발상을 제시하는 이는, 말하자면 점잖은 회의적인 태도에 직면해야만 했다. 다른 모든 주권국가가 그렇듯이 스위스는 자신들의 법을 만들 권리가 있지 않은가? 스위스는 은행의 비밀을 엄격하게 유지하고 금융기관이 고객에 대한 정보를 가져가는 것을 가로막아야 할 동기가 충분한 나라인데, 대체 왜 스위스가 자신들의 법을 바꾸려 들겠는가?

그런데 그런 변화가 실제로 일어났다. 2010년, 의회에서 통과된 해외금융계좌신고법FACTA: Foreign Account Tax Compliance Act에 오바마 대통령이 서명하면서, 외국 은행은 자동적으로 미 국세청과 자료를 교환하게 된 것이다. 전 세계의 금융기관은 자신들의 고객 중에 누가 미국 시민인지 인지하고 그들이 보유하고 있는 계좌와 그리로 들어오는 소득에 대해 국세청에 신고해야 할 의무를 지게 되었다. 이 프로그램에 동참하지 않을 경우 심각한 경제적 제재가 가해진다. 협조하지 않는 금융기관은 미국에서 지급되는 배당과 이자수익의 30퍼센트를 세금으로 내야 하는 것이다. 이런 위협을 가하자 거의 모든 나라들이 해외금융계좌신고법을 자국에도 적용하겠다는 반응을 내놓았다. 미국의 선례를 따라 여러 국가들이 조세 도피처에 대해 유사한 협정을 맺었고 은행 정보를 자동 공유하게 함으로써 이는 2017년부터 사실상 국제 표준이 되었다. 룩셈부르크, 싱가포르, 케이먼제도 같은 주요 조세 도피처들 역시 이런 새로운 국제 협력의 형식에 동참하고 있다.

이러한 정책이 불러온 변화를 양적인 측면으로 확인하는 것은 아직 너무 이른 일일 수 있다. 하지만 이전의 행태와 비교해 보면 질적으로 중대한 차이가 있다는 것은 분명해 보인다. 2008년 금융위기 전까지 조세 도피처의 은행과 기타 국가들의 조세 기관들 사이에는 자료 교환이 전무한 수준이었다.[25] 상황이 그러했으니 해외에 부를 숨기는 건 애들 장난처럼 쉬운 일이었다. 이제 그런 일을 하기 위해서는 훨씬 섬세한 수법을 동원해 큰 결심을 해야만 한다.

새로운 체제가 완벽한 것은 아니다. 수십 년에 걸쳐 유령회사 뒤에 자신들의 고객을 감춰 주고 치약 튜브에 다이아몬드를 숨겨 밀수하고 은행 거래 내역서를 스포츠 잡지에 감춰 빼돌려 주던 그 은행가들이, 하루 아침에 정직하게 세계의 조세 기관들과 협력할 것이라고 생각한다면 실로 천진난만한 발상이 아닐 수 없을 것이다. 금융세계는 여전히 극히 불투명하다. 역외 조세 도피 구역의 은행가라면, 자신들에게 미국인이나 프랑스인 고객은 없으며 대신 파나마나 바하마제도에 설립된 유령회사에 "속하는" 계좌를 관리하고 있을 뿐이라고 발뺌하며 관련 기관에 정보를 제공하지 않는 것이 그리 어려운 일은 아닐 것이다. 그렇다고 해도 현재의 체제는 2000년대 중반까지 유지되어 왔던 체제와 비교해 볼 때 확실한 진전을 이룬 것이다. 비밀이 당연하고 비협조가 일상이었던 그때와 비교하면 말이다.

예나 지금이나 핵심적인 교훈은 같다. 어제까지 합법이었던 것이 오늘은 불법일 수도 있는 것이다. 새로운 유형의 국제적 협력은 많은 이들이 불가능하다고 치부해 버렸던 것들을 상대적으로 짧은 시간 안에 현실로 만들 수 있다. 조세 정의를 실현하기 위한 그 어떤 거대한 계획이 수립된다 한들 탈세는 막을 수 없는 운명과도 같은 것이라고 생각해야 할 이유는 전혀 없다. 탈세가 만연한 세상은 우리가 집단적으로 내린 결정의 일부이며, 우리는 다른 선택을 할 수도 있는 것이다.

구글이 세금을 떼먹는 방법

워싱턴DC의 추운 겨울, 행사는 실내에서 치러졌다. 대통령 집무실에 앉은 도널드 트럼프 미국 대통령은 감세 및 일자리 법Tax Cuts and Jobs Act에 서명했다. "온 시대를 통틀어 가장 큰 감세, 가장 큰 개혁입니다." 2017년 12월 22일의 일이었다. 법안의 핵심은 법인세율을 35퍼센트에서 21퍼센트로 인하하는 것이었다. 지지자들은 이 법이 경제성장을 활성화하고 일자리를 만들 것이라고 주장했다. 설령 그런 낙관적인 전망에 동의하지 않는 사람이라 하더라도, 이 세제 개편이 누군가의 오랜 숙원이라는 점은 알 수 있었다. 법인세는 망가져 있었다. 1995년부터 2017년까지 연방법인세율은 꾸준히 35퍼센트에 머물러 있었고 기업이 얻는 이익은 경제성장률보다 빠르게 늘어가고 있었지만, 법인세액이 전체 국민소득에서 차지하는 비중은 30퍼센트 정도 줄어들었던 것이다. 기업이 얻는 그 막대한 이익은 세율이 낮은 어딘가로 이전되고 있었다. 미국 기업들은 버뮤다, 아일랜드, 그 외 역외 조세 도피처에 3조 달러 이상의 이익을 쌓아놓고 있는 것으로 추산됐다.[1] 조세 회피자들을 위한 시장은 눈부신 혁신을 거듭하고 있었고, 세무행정 기관들은 힘이 달렸다. 어디서 들어 본 이야기 같지 않은가?

미국의 정치 · 경제 · 지식 엘리트들 중 다수는 법인세 인하가 꼭 필요한 올바른 일이라는 입장을 공유하고 있었다. 재임 기간 동안 버락 오바마 대통령은 법인세율을 28퍼센트까지 낮추는 게 좋고, 제조업은 25퍼센트까지 내려야 한다는 호의적인 태도를 보였다. 트럼프의 세제 개혁이란 1986년 레이건 재임기에 이루어진 세금개혁법에 대한 초당파적 열광에서 조금도 벗어나는 것이 아니었다. 민주당 의원들은 개인소득세 개혁안을 두고 세율을 21퍼센트까지 내리는 것은 너무 낮다며 반대의 뜻을 모았고 찬성표를 던지지 않았다. 하지만 대부분의 의원들에게 법인세를 낮춰야 한다는 것은 공통된 합의사항이었다. 그런 견해에서라면 미국의 의원들은 부유한 국가에서 정책을 결정하는 대부분의 사람들과도 같은 생각이었던 것이다. 트럼프의 세제 개혁안이 통과되자 프랑스의 에마뉘엘 마크롱 대통령은 2018년부터 2022년까지 법인세를 33퍼센트에서 25퍼센트까지 낮추겠다고 발표했다. 영국은 그 경쟁에서 한참 앞서나갔다. 노동당 소속 총리 고든 브라운이 재임하던 2008년 당시, 2020년까지 법인세를 17퍼센트로 낮추겠다는 목표를 세웠던 것이다. 이 사안

그들은 왜 나보다 덜 내는가

에서만큼은 고든 브라운, 에마뉘엘 마크롱, 도널드 트럼프라는 전 세계의 지도자들이 한 목소리였던 셈이다. 세계 시장에서 승리를 거두고 있는 기업은 국경을 뛰어넘는다. 우리는 그들에게 너무 많은 세금을 내라고 할 수가 없는 것이다. 다른 나라에서 세율을 인하한다고? 우리도 세율을 낮춰야만 한다. 구글이 지적 재산권을, 따라서 그에서 나오는 대부분의 이익을 버뮤다제도로 이전했다고? 그 지적 재산권을 미국으로 되찾아오려면 기업에 세제 혜택을 주어야만 한다.

이런 세계관에는 한 가지 문제가 있다. 세계화라는 것이 그 주된 승자들, 즉 거대 다국적기업의 소유주들에게는 점점 더 낮은 세율을 적용하고 세계화의 혜택을 못 받는 노동계급의 가족들에게는 더 높은 세금을 물리는 것을 뜻한다면, 세계화에는 미래가 없을 것이기 때문이다. 그렇게 조세의 불의와 불평등이 늘어간다고 해 보자. 그 결말은 과연 어떻게 될 것인가? 세계화와 공정함은 양립할 수 없다는 주장에 점점 더 많은 유권자들이 수긍하기 시작할 것이고, 그들의 성난 표심은 보호무역주의와 외국인 혐오를 앞세운 정치인의 손쉬운 먹잇감으로 전락할 것이며, 결국 세계화 자체를 파괴하고 말 위험이 점점 더 커지게 되는 것이다.

대기업들이 많은 세금을 내던 시절

법인소득세가 신설된 20세기 초부터 1970년대 말까지, 대기업들은 탈세를 그리 많이 저지르지 않았다. 20세기 초나 지금이나 다국적 대기업에 대한 조세 관련 법 조항들은 크게 달라진 게 없다. 그러니 당시라고 기업들이 탈세를 저지를 기회가 없어서 안 저지른 것은 아니었다. 하지만 두 가지 요소가 달랐고 그것이 기업의 조세 회피 성향을 억눌러 주고 있었다. 첫째, 개인의 경우와 마찬가지로, 루스벨트와 그 뒤를 이은 대통령들은 세무 집행을 강화하고, 탈세자들에게 수치심을 안겨 주며, 대중의 도덕심에 호소하는 방식으로 기업들의 조세 회피를 막아 왔던 것이다.

그러나 더 중요한 것은 기업 경영자들이 스스로의 역할을 이해하고 있는 방식이 달랐다는 데 있다. 오늘날 미국에서 흔히 통하는 사고방식부터 살펴보자. CEO의 목표는 자신을 고용한 회사의 주가를 끌어올리는 것이다. 이런 세계관에 따르자면 기업이란 투자자들이 그들의 자원을 모아 구성하고 있는 거대한 조직 이상도 이하도 아니다. 비록 몇몇 기업인들은 주주행동주의자들에게 발목을 잡히고 있다고 불만을 털어놓지만, 주주행동주의자들 역시 기업에는 주주의 이익과 가치를 극대화해야 할 의무가 있다고 생각한다는 점에서는 동일하다. 그런데 내야 할 세금을 안 내면 주주들에게 이익이 돌아오는 것은 너무도 당연한 일이다. 세금을 덜 낸다는 것은 세후 이득이 늘어난다는 뜻이고, 이는 결국 주주들에게 배당이나 자사주 매입의 형태로 돌아올 것이기 때문이다.

그러나 주주가 왕이라는 원칙은 보편적인 것이 아니다. 세계 각국에서 이사회를 구성하는 방식이 같지 않고 다양하다는 것만 봐도 알 수 있다. 피용자의 대표단이 기업 이사회의 3분의 1을 차지하도록 정해놓은 나라들이 여럿 있고, 독일에서는 대기업의 경우 이사회의 절반을 노동자의 대표가 가져간다.[2] 1970년대 이전 미국에서는 노동자들의 대표가 이사회에 참석하지는 못했어도 이사회가 단지 기업의 주주뿐 아니라 그 밖에 많은 이들, 가령 피용자와 고객, 지역 공동체와 정부 등에 대해서도 책임을 지고 있다는 생각이 일반적으로 받아들여졌다.* 이는 우리가 다루고 있는 주제와 관련해 한 가지 생각거리를 던져 준다. 당시는 경영자들이 조세 회피를 자신들의 의무로 여기지도 않았고, 세무 설계를 위해 기업 예산을 대거 책정하는 일도 없었다. 50여 년 전에도 제너럴일렉트릭은 전 세계적인 대기업이었지만 지금처럼 1000여 명의 세무 변호사를 고용한 회사는 아니었던 것이다.

법인세가 재정에 기여하는 바를 너무 과장하지는 않도록 주의를 기울일 필요가 있다. 1950년대 초까지 유지되었던 높은 법인세율은 어떤 면에서 예외적인 상황이 낳은 결과물이기 때문이다. 한국전쟁을 겪는 동안 미 정부는 부당이득세excess profit tax를 다시 도입했다. 두 번의 세계대전을 겪을 때와 마찬가지로, 47퍼센트의 기본 세율에 30퍼센트의 초과세율을 부과했던 것이다. 이렇게 확보된 재원으로 1950년부터 1953년까지의 전비를 충당했다. 전쟁이 끝나고 부당이득세가 철폐된 후에 법인세율은 1950년대 말부터 1960년대까지 국민소득의 4~5퍼센트 선에서

---

* 미국에서 피용자 대표 계획Employee representation plans 및 노동자들의 선출을 통해 경영과 직장 내 사안에 발언권을 갖던 기업 노조는 1차 세계대전부터 1930년대 중반까지 기업 내에서 중요한 역할을 수행하였다(가령 Wartzman(2017)를 참고할 것).

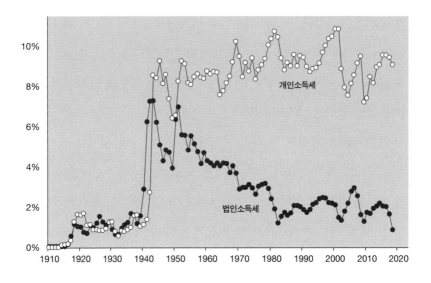

[4-1] 급감한 법인세(연방 법인소득세액과 개인소득세액이 국민소득에서 차지하는 비중)

이 그래프는 연방 법인세액과 연방 개인소득세액이 국민소득에서 차지하는 비중을 1913년부터 현재까지 나타낸 것이다. 2차 세계대전을 거치며 법인세와 개인소득세 모두 급격히 늘어났다. 개인소득세액은 2차 세계대전 이후 (국민소득의 10퍼센트 선에서) 견고하게 유지되었지만, 같은 기간 동안 법인소득세액은 위축되었다. 2018년 연방 법인세액은 전체 국민소득 중 고작 1퍼센트 정도를 차지할 뿐인데, 이는 대공황 이후 가장 낮은 수준이다. 자세한 사항은 taxjusticenow.org를 참고할 것.

안정세를 보였다.

그러나 여기서 한 가지 중요한 사실을 실감해야 한다. 국민소득의 4~5퍼센트를 차지하는 법인세액이란 오늘날과 비교해 볼 때 매우 큰 수치라는 것을 말이다.

트럼프의 세제 개혁의 여파로 연방 법인세액은 이제 국민소득의 1퍼센트에 가까스로 도달할 수 있을 정도까지 내려간 상황이다. 고작 반세기

그들은 왜 나보다 덜 내는가

만에 4분의 1토막이 나고 만 셈이다. 대체 무슨 일이 벌어진 것일까?

이익 이전이 시작되다

법인세가 만난 최초의 훼손은 1960년대 말부터 1970년대 초, 인플레이션이 상승하고 기업 이익이 하락하는 맥락 속에서 등장했다. 1950년대와 1960년대 말까지 사실상 유럽과 일본은 미국 기업의 경쟁 상대가 되지 못했기 때문에 매우 큰 이익을 남길 수 있었다. 1969년과 1970년, 정부가 베트남전쟁으로 인한 예산 수요를 충당하기 위해 세금을 높이고 연방준비위원회가 인플레이션을 막고자 기준금리를 틀어막았다. 그 결과 미국은 경기 침체를 경험하게 되었고 상황은 달라지고 만다. 1973년의 오일 쇼크는 심각한 불경기를 낳았고 1970년대 내내 기준금리를 높은 수준으로 유지하게 하는 원인이 되었는데, 그리하여 수익률은 계속 낮아질 수밖에 없었다. 이자 비용은 세금공제의 대상이므로 이자로 나가는 돈이 많다는 것은 과세표준이 줄어들고 그에 따라 법인세액이 감소한다는 말과 같은 것이다.

이렇듯 달라진 거시경제적인 여건은 1970년대 말부터 1980년대 중반까지 이어진 변화를 낳았다. 기업을 위한 조세 회피 산업이 탄생한 것이다. 같은 이념적 맥락 속에서 조세 회피 산업은 번창해 나갔다.

고소득을 올리는 개인들이 열광적으로 가짜 파트너십을 맺었던 것과 같은 무언가가 기업에 있었다면, 그건 무엇이었을까? 네덜란드령 안틸레스제도에 위치한 금융회사들이었다. 미국 기업들은 아루바나 보네르 또는 퀴라소에 지사를 설립할 수 있었다. 그 계열사는 유럽 은행에서 당시 3퍼센트 내외를 오가던 이율에 따라 대출을 받아 그 돈을 미국의 모기업에 다시 빌려주었는데, 같은 시기에 미국의 이율은 8퍼센트 정도였다.[3] 기업들은 이런 수작을 통해 일석이조의 혜택을 얻을 수 있었다. 역외에 설립된 금융회사는 5퍼센트포인트 차이만큼 수익을 올릴 수 있었고, 네덜란드령 안틸레스제도에는 소득세가 존재하지 않았던 덕분에 그 소득에 대해서는 세금을 낼 필요가 없었던 것이다. 미국의 모기업이 얻는 혜택은 더욱 중요했다. 이자 비용은 법인소득세의 과세표준에서 공제 대상이므로 네덜란드령 안틸레스에 설립된 법인에 내는 돈만큼 미국에 내야 할 세금을 내지 않아도 되었기 때문이다. 마치 가짜 파트너십이 그랬듯이, 이렇게 대대적으로 작동한 탈세 방식은 결국 세무 당국에 의해 1980년대 중반 철퇴를 맞기에 이른다.

기업들의 조세 회피가 만개한 모습을 보기 위해서는 1990년대 중반까지 기다려야 한다. 조세 회피와 탈세는 어느날 갑자기 솟아오른 것이 아니다. 우리가 앞 장에서 살펴본 것처럼, 세금을 안 내는 게 모두에게 이롭다고 약을 파는 이들은 계속 군불을 지펴 왔고 그 영향은 결코 작지 않았다. 그리고 조세 회피 산업은 진공 상태에서 작동하는 것이 아니라 이데올로기적·경제적·법적 맥락 속에서 기능한다. 1990년대 조세 회피 산업 앞에는 오직 녹색 신호등뿐이었다. 베를린 장벽이 막 무너진 다음이었다. 자유시장 이념은 승리를 만끽하고 있었다. 1980년대에 걸쳐 주주

그들은 왜 나보다 덜 내는가

가 왕이라는 생각을 주입받은 새로운 세대의 경영자들이 미국의 다국적 기업을 틀어쥐기 시작했다.

동시에 세계화는 세금을 아낄 수 있는 새로운 기회의 창을 열어 주었다. 1980년대까지만 해도 미국 기업들이 올리는 수익 중 해외 수익은 15퍼센트가 채 되지 못했다. 모든 고객들이 미국에 있는 상황에서 영국령 버진아일랜드에 유령회사를 설립하는 등의 행동은 조세 당국에서 수상쩍은 눈으로 바라볼 수밖에 없는 것이다. 하지만 1990년대 중반이 되자 미국 밖에서 벌어들이는 수익의 비중이 폭발적으로 증가하기 시작했고, 2000년대가 시작된 후 10년 동안 그 비중은 30퍼센트까지 올라갔다. 수익이전profit-shifting이라는 광란의 축제가 시작된 것이다.

지금부터 그 과정을 살펴보도록 하자.

버뮬랜드에 오신 것을 환영합니다

수익이전은 다국적기업을 규율하는 조세 법률 체계의 허점을 악용하는 것이다. 다국적기업의 과세에 대한 법 체계는 1920년대에 고안된 것으로, 법인세가 만들어진 직후에 나왔으며 그 후로도 대체로 변하지 않은 채 유지되고 있다.[4] 현행 체계에서 다국적기업이 가진 모든 자회사는 별개의 법적 실체로 취급된다. 세금이라는 관점에서 볼 때 아일랜드에 등록된 애플은 미국에 등록된 애플과 별도의 실체를 지니는 독립된 기업으로 간주되는 것이다. 아일랜드에 등록된 애플이 내는 모든 이익은 아일랜드에서 과세되어야 하며, 미국에 등록된 애플이 내는 모든 수익에 대해서는 미국이 세금을 걷어간다.

여기에는 단순명백한 문제가 있다. 아일랜드의 법인세는 법적으로 12.5퍼센트로 책정되어 있지만 실제로는 그보다 훨씬 낮게 적용된다. 반면 미국의 법인세는 21퍼센트이며 여기에 주별 법인세는 별도로 따져야 한다. 아일랜드의 법인세가 미국보다 낮으니 애플로서는 자사에서 발생하는 이익을 미국이 아닌 아일랜드에 장부상 귀속시키는 편이 낫고, 실제로 그렇게 회계 처리를 할 수 있을 만한 여지도 넉넉하다. 물론 다국적기업이 자회사들을 상대로 자사의 이익을 멋대로 배분하지 못하도록 가로막는 규칙들이 없지는 않다. 이론적으로 기업은 재화·서비스·자산의 교환이 벌어진 것을 근거로 이익이 발생한 국가가 어디인지 결정해야 한다. 다양한 자회사가 법적으로 별개의 개체로 간주되고 있으니 당연한 일이다. 자회사들은 재화·서비스·자산의 현재 시장 가격에 근거하여 상호간 거래를 해야 마땅하다(거래 당사자 사이에는 독립성과 개별성이 존재해야 하기 때문이다-옮긴이). 이것이 이른바 팔 길이의 원칙arm's-length principle이라는 것이다. 그러나 현실은 다르다. 다국적기업은 어떤 가격을 택할지, 따라서 어떤 나라에 자신들의 이익을 귀속시킬지 사실상 마음대로 정할 수 있다. 조세 회피 산업 덕분이다.

1990년대, 다국적기업은 탈세 산업의 도움을 받아 자기업 사이에서 어떤 유형의 자산과 서비스를 거래하기 시작했는데, 그 거래 품목에는 한 가지 핵심적인 특징이 있었다. 시장 가격이 존재하지 않는 상품이었던

그들은 왜 나보다 덜 내는가

것이다. 로고, 트레이드마크, 매니지먼트 서비스 같은 자산과 서비스에는 객관적인 시장 가격이 존재하지 않는다. 따라서 팔 길이의 원칙을 적용하라고 강제하는 것도 불가능해진다. 애플 로고의 가격은 얼마인가? 알아낼 방법은 없다. 애플 로고는 시장에서 거래된 적이 없고 앞으로도 없을 것이기 때문이다. 나이키의 저 상징적인 "스워시" 마크의 가격은 얼마인가? 구글의 검색 및 광고 기술의 가격은? 이런 로고나 트레이드마크 혹은 특허는 외부에서 거래될 일이 전혀 없기 때문에, 기업은 자신들의 편의에 맞춰 가격을 책정하고 내부에서 거래할 수 있는 것이다.

조세 회피 산업은 이 모든 수요에 들어맞는 상품을 맞춤 제공한다. 창의적인 방식으로 설계된 기업 내 거래 항목과, 그런 거래에 최적화된 "알맞은" 교환 가격을 계산하여 검증해 주는 것이다. 실제로 일이 진행되는 모습을 보면, 그렇게 책정된 가격과 이전을 통해 다국적기업은 최대한의 세금을 아끼는 결과를 얻는다. 회계사들은 다국적기업이 스스로에게 얼마만큼의 이전 가격을 제시하고 지불해야 할지 제안하며 그 가격이 가장 이익이 된다고 확인까지 해 준다. 최종적으로 벌어지는 일은 어떤 모습일까? 이렇게 잘 맞춰진 가격으로 다국적기업의 자회사들 간에 거래를 마치고 나면, 높은 수익은 세율이 낮은 나라에 설립된 자회사의 것으로 기록되고, 낮은 수익은 세율이 높은 나라의 것으로 귀결되고 만다.

실제로 이런 일이 벌어지는 과정을 알아보기 위해 몇 개의 사례들을 검토해 보도록 하자.

2004년 8월, 구글은 주식시장에 등록하며 공개기업이 되었는데, 그보다 한 해 앞선 2003년의 일이다. 구글은 자사가 보유하고 있던 검색 및 광고 기술을 "구글홀딩스"라는 자회사에 매각했다. 구글홀딩스는 아일랜드에 설립된 자회사인데, 아일랜드에 세금을 신고할 때에는 구글홀딩스의 "판단 및 관리"가 이루어지는 곳이 버뮤다제도라는 이유를 들어, 대서양 어디쯤에 있는 버뮤다제도를 세무 거주기준지tax resident로 신고한 상태였다. 구글이 구글홀딩스와 검색 및 광고 기술을 매매한 가격은 공시되지 않았다. 1909년 미국에 법인소득세가 도입될 때만 해도 기업의 세무신고서는 공개되는 것을 원칙으로 하고 있었다. 특히 탈세를 막기 위한 것이 그 목적이었다. 하지만 1910년 의회는 이런 의무적 공개에 대한 법조항을 바꾸었고, 그 후로 미국의 대기업들은 자사의 세금과 관련한 비밀들을 잘 간직해 오고 있다.

그럼에도 불구하고 구글홀딩스가 구글의 기술을 구입한 가격은 간단하게 추산해 볼 수 있다. 그 값은 그리 비싸지 않았다. 어떻게 알 수 있을까? 만약 그 매매가 비싸게 이루어졌다면 2003년 구글이 미국에서 냈던 세금에 그 거래의 영향이 크게 드러났어야 하기 때문이다. 하지만 그해 구글은 전 세계적으로 2억 4100만 달러를 세금으로 지불했고, 이는 미국 증권거래위원회에 2004년 제공된 사업설명서를 통해 확인 가능하다.[5] 구글이 버뮤다 자회사에 자사의 무형자산을 판매했다면 그로 인한 판매세가 나온다. 설령 구글이 2003년 냈던 세금 전액이 그 무형자산의 매매로 인한 판매세였다고 하더라도, 납부한 세금을 통해 추산해 보면 그 무형자산의 가치는 7억 달러 이하로 책정되었음을 알 수 있다. 또한 구글은 다른 명목으로도 세금을 내야 했으니 무형자산의 가치가 그렇게 높을 수도 없는 것이다. 당시 기준으로 보더라도 매년 수백억 달러의 매출을 만들어내는 구글의 핵심 무형자산의 가치가 그렇게 낮을 수가 있는 걸까. 현재 확인 가능한 최신 자료를 보면, 2017년 버뮤다에 위치한 구글홀딩스는 2270억 달러의 매출을 기록했다. 어떻게 이런 일이 가능할까? 구글홀딩스는 구글이 가진 가장 값진 기술의 법적 소유권자이기 때문이다. 구글홀딩스는 유럽의 자회사에 그 기술의 사용권을 주고 돈을 받는다(아시아에 소재한 자회사들은 버뮤다 대신 싱가포르에 사용료를 낸다). 독일이나 프랑스에 위치한 자회사들은 구글홀딩스에 이른바 '버뮤다산 기술'을 사용하기 위해 수십억 달러의 로열티를 내면서, 독일과 프랑스에 내야 할 세금의 과세표준을 줄여 나간다. 대신 그만큼 버뮤다에서 과세표준이 늘어나는 것이다.[6]*

그렇다면 버뮤다의 법인세는 몇 퍼센트일까? 0이다.

유럽 기업들도 같은 수법을 사용한다. 2004년, 구글이 자사의 지적 재산권을 버뮤다로 이전한 지 몇 달 지나지 않아, 스웨덴인과 덴마크인이 협업하여 창업한 스카이프는 자사가 보유하고 있던 음성 관련 지적 재산권을 아일랜드에 설립한 자회사로 이전했다. 영국에 위치한 다국적 회계 감사 법인인 프라이스워터하우스쿠퍼스PwC에서 2014년 기밀 서류가 대

---

* 아일랜드는 법인 설립을 아일랜드에 허용하면서 동시에 세무상 거주지를 버뮤다로 등록할 수 있게 해 주는 방식을 2020년까지 금지하기로 했다.

거 누출된 사건, 이른바 "룩스릭스LuxLeaks" 덕분에 우리는 스카이프의 내부 거래에 대해 자세한 내막을 알 수 있게 되었다. 전 세계 모든 전화회사들의 수익모델을 위협한 스카이프의 이 혁신적인 기술에 매겨진 가격이 과연 얼마였을까? 프라이스워터하우스쿠퍼스에 따르면 총 2만 5000유로에 지나지 않았다.[7] 2005년 9월, 이런 내부 거래가 끝나고 난 지 몇 달 후, 스카이프는 이베이에 26억 달러에 매각되었다.

구글과 스카이프가 아일랜드와 버뮤다 사이의 어딘가에 있는 유령회사에 지적 재산권을 매각한 일이 거의 동시에 발생한 것은 우연이 아니다. 2003년부터 2004년까지 세금 회피 산업이 즐겨 택하던 수법이 바로 그것이었기 때문이다. 스카이프는 구글과 같은 조언을 듣고 실행에 옮겼던 것이다. 주식시장에 상장하여 공개회사가 되거나 다른 회사에 매각되기 전에 빨리 움직여야 한다고 말이다. 어째서일까? 기업의 시장가치가 수십억 달러가 넘는다는 게 드러나 버리면 그 핵심 기술을 헐값에 팔아치우는 일이 어려워질 것이 자명하기 때문이다.

이런 사례를 보면 알 수 있다시피, 사람들이 뭐라고 하건 간에 법인세를 회피하는 일은 퍽 간단하다. 핵심은 그룹 내 거래를 조작하는 것이다. 그것은 애플의 아이맥처럼 상품일 수도 있고, 미국 기업들이 스위스에 소재한 자회사에서 "경영 조언"을 듣는 대가로 돈을 지불하는 것처럼 서비스일 수도 있으며, 구글이 자사의 검색 및 광고 기술을 버뮤다 자회사에 넘겼던 것처럼 지적 재산권일 수도 있고, 혹은 1980년대 초 네덜란드령 안틸레스제도와 관련된 사안들이 그랬듯이 부채일 수도 있다.

그들은 왜 나보다 덜 내는가

이런 수법들은 이른바 4대 회계법인으로 통하는 딜로이트, 언스트앤영, KPMG, 프라이스워터하우스쿠퍼스에 의해 다양한 방식으로 현실화되었다. 그 결과 벌어지는 일은 한결같다. 세율이 낮은 곳에 설립된, 소수의 인원만 채용하고 있으며 자본도 미미한 유령회사로 막대한 서류상 이익이 이전된다.

다국적기업의 이익 중 40퍼센트가 조세 도피처로 이전된다

미 상무부 경제분석국에서 관리하는 섬세한 통계 시스템 덕분에 우리는 미국의 다국적기업들이 해외로 수익을 이전해 온 방식이 어떻게 진화해 왔는지 지난 반세기 동안의 변화를 추적할 수 있다. 경제분석국은 기업을 상대로 매년 운영 방식에 대해 상세한 질문을 하며 기업은 그에 대답할 의무를 진다. 특히 어떻게 수익을 장부에 기입하며 세계 각국에 얼마나 세금을 내는지 등에 대해서도 알 수 있는 것이다.

1970년대 말까지 미국의 다국적기업들은 50퍼센트에 달하는 법인 세율에도 불구하고 역외 조세 도피처를 거의 활용하지 않았다. 일부는 스위스나 카리브해의 작은 섬에 지주회사를 갖고 있곤 했지만, 전체적으로 보자면 그 비중은 무시해도 좋을 만한 수준이었다. 미국의 다국적기업들이 얻는 해외 수익 중 95퍼센트가량이 캐나다, 영국, 미국 등 세율이 높은 나라의 자회사 장부에 기록되고 있었던 것이다.[8] 1970년대 말, 네덜란드령 안틸레스제도를 통한 탈세에서 영감을 얻은 이들이 수익이전을 늘려 나갔다. 1980년대 초에 접어들면 미국 회사의 이익 중 해외 법인으로 이전된 액수가 25퍼센트에 달할 정도로 올랐던 것이다. 하지만 그때만 해도 미국 기업들은 여전히 미국 땅에서 많은 수익을 기록하고 있었다. 비록 자신들이 낸 이익의 4분의 1을 조세 도피처로 옮기고 있었을지언정, 그 액수는 미국과 해외에서 벌어들인 매출의 총합과 비교해 보면 상대적으로 작은 수준이었다. 종합해 보면 네덜란드령 안틸레스제도를 이용한 탈세의 열기는 미국의 대기업들이 국제적으로 벌이는 조세 회피에 그렇게 큰 영향을 미치지 못했다. 수익이전이 진정 확연한 현상으로 자리잡은 것은 1990년대 말에 이르러서였다.

오늘날, 미국의 다국적기업들이 내는 이익의 60퍼센트 가까운 돈이 세율이 낮은 외국으로 빠져나가 그 나라 법인의 이익으로 기록되고 있으며, 이 액수는 점점 더 커지는 중이다. 구체적으로 어떤 곳들인가? 아일랜드와 버뮤다가 1순위다. 엄밀한 지리적 경계를 긋는 일은 불행히도 불가능하다. 우리가 구글(지금은 알파벳의 자회사다)의 경우에서 본 것처럼 이 두 섬나라의 경계는 명확하지 않으니, 수익이전의 지리학을 살펴보고자 한다면 이 두 나라를 합쳐서 대서양 어딘가에 있는 가상의 섬나라로 치는 편이 낫다. 편의상 우리는 '버뮬랜드Bermuland'라고 부르기로 하자.

2016년 현재, 미국의 다국적기업이 버뮬랜드에서 올린 수익은 영국, 일본, 프랑스, 멕시코를 합친 것보다 더 많다. 실질적인 세율이 1.6퍼센트에 지나지 않는 푸에르토리코에서도 상당한 이익이 장부상 기록되어 있다. 푸에르토리코는 미국령이지만 미국의 법인소득세가 적용되는 지역은 아니기 때문에, 애보트 같은 제약회사부터 마이크로소프트 같은 기술기업에 이르기까지 많은 회사들이 조세 회피를 위한 목적지로 삼아 왔던 곳이다. 그 뒤로 네덜란드, 싱가포르, 케이먼제도, 바하마가 줄을 잇고 있다. 이곳 하나하나에서 미국의 다국적기업이 올리는 이익이 중국이나 멕시코에서 나오는 이익보다 많다. 마지막으로 짚어보아야 할 것은 지금까지 나온 것 중 가장 기괴하다고 할 수 있을 텐데, (가장 최신 자료에 따라) 2016년 현재 다국적기업이 미국 외 지역에서 얻은 이익 중 20퍼센트는 "무국적 항목"으로 분류된다는 것이다. 유령회사가 어딘가에 설립되어 있지만 그 어떤 나라도 아니기 때문에 어디에서도 세금을 내지 않는 것이다.[9] 결과적으로 1조 달러 상당의 이익이 지구가 아닌 어딘가의 외계 행성에서 발생하고 있다는 뜻이다.

이익을 세율이 낮은 곳으로 옮기는 건 미국의 다국적기업들만 하는 일이 아니다. 유럽과 아시아의 기업들도 같은 행동을 하고 있다. 이 거대한 경쟁이 끝도 없이 이어지면 어떤 결과를 낳을까? 모든 국가들이 서로의 예산을 갉아먹게 되는 것이다. 미국 기업들이 유럽과 아시아 정부의 세액을 축내는 동안, 유럽과 아시아의 기업들은 엉클샘의 호주머니를 비운다. 국제적 차원에서 수행된 최근의 한 연구에 따르면, 다국적기업들이 자국 외의 국가에서 얻는 이익 중 40퍼센트가 회계상 조세 도피처에서 발생한 이익으로 처리되고 있다.[10] 말하자면 애플이 미국 밖에서, 폭스바겐이 독일 외 국가에서 버는 돈의 40퍼센트가 조세 도피처로 향하고 있는 것이다. 미국, 프랑스, 브라질 같은 나라에서 발생했을 8000억 달러에 상당하는 이익이, 평균적으로 세율이 5~10퍼센트 정도에 지나지 않는 케이먼제도나 룩셈부르크, 또는 싱가포르로 향해 그곳에서 올린 이익으로 기록되고 있다. 다국적기업이 전 세계의 모든 국가를 향해 벌이고 있는 이 전쟁에서 미국의 다국적기업들은 가장 대범한 모습을 보인다. 미국의 다국적기업이 매년 역외 조세 도피처로 이전하고 있는 이익은 (그 외 세계 평균값인) 40퍼센트가 아니라 60퍼센트에 달하고 있는 것이다.

다국적기업들은 어떤 분야에서 돈을 버는 기업이건 자신들의 이익을 해외로 돌리고 있다. 기술기업들의 자산은 비가시적인 것이고 따라서 해외로 이전하기 쉬운 것이니 거대 기술기업들이야말로 우선 비난의 대상이 되어야 하며, 그들에게 세금을 물리는 방법을 찾아야 한다는 목소리를 우리는 어렵지 않게 접할 수 있다. 물론 실리콘밸리의 기술기업들은 조세 도피처를 열렬히 이용하는 고객들 중 하나다. 하지만 조세 회피는 실로 광범위하게 퍼져 있으며, 제약산업의 화이자, 씨티그룹 같은 금융회사, 나이키 같은 제조업체, 피아트 같은 자동차회사, 케링 같은 럭셔리회사까지 분야를 가리지 않는다.[11] 왜일까? 4대 회계법인의 적절한 조언을 받는다면 그 어떤 기업이건 로고, 노하우, 특허 등 자신만의 무형자산을 창출해낼 수 있고, 그것을 내부 자회사에 임의의 가격으로 매각하는 것 또한 가능하기 때문이다. 그 어떤 기업이건 세율이 낮은 지역에 자회사를 세운 후 정체를 알 수 없는 서비스를 생산하고 판매하는 일이 가능하다. 다음 장에서 살펴보게 되겠지만, 이 문제를 해결할 방법은 분명히 있다. 다만 그것을 현실에 도입하는 일에 실패해 왔을 뿐이다. 일군의 유

그들은 왜 나보다 덜 내는가

럽 국가들은 최근 디지털 기술 기업들의 수입에 몇 가지의 세금을 더 부과하고 있지만, 근본적인 해결을 위해서는 그보다 더 밀도 있는 대책과 접근이 필요하다.

서류상의 이익이나 수익 구조가 실제로 조세 도피처로 이전되는가

조세 도피처의 장부에 쌓이는 무지막지한 돈. 그것을 정당화하기 위해 흔히 동원되는 논리가 있다. 이 모든 결과는 세율 인하 경쟁으로 인한 결과라는 것이다.[12] 그러한 관점에서 보자면 기업들은 단지 국가별로 다른 세율에 맞춰 세율이 낮은 국가로 자신들의 영리 활동을 재배치하고 있을 뿐이다. 공장은 아일랜드로, 연구개발팀은 싱가포르로, 재무를 담당하는 사무실은 그랜드케이먼 섬의 조지타운으로 옮긴 결과라는 것이다. 이것이 세계화가 작동하는 방식이라는 말도 뒤따라온다.

그러나 데이터를 보면 이런 관점은 지지를 받기 어렵다. 자료에 따르면 지난 수십여 년 동안 서류상 이익의 이전은 대규모로 벌어져 왔지만 사무실이나 노동자, 공장은 그다지 움직이지 않았기 때문이다. 미국 영토 바깥에서 미국의 다국적기업에 고용되어 있는 1700만여 명의 노동자들 중 95퍼센트가량은 상대적으로 세율이 높은 나라에서 근무하고 있다 (이 비율은 연구개발 분야도 마찬가지이다). 대체로 영국, 캐나다, 멕시코, 중국 등이 그렇다. 그들 중 일부, 약 100만여 명이 조금 안 되는 사람들만이 조세 도피처에서 일하고 있는데, 그 조세 도피처도 대부분은 유럽에 위치해 있다. 가령 12만 5000명 정도가 아일랜드에서 일하고 있는 것이다. 아일랜드의 전체 노동력이 230만여 명이라는 점을 놓고 볼 때 저 정도 숫자도 무시할 만한 수준은 아니며, 다국적기업들이 아일랜드에 위치함으로써 아일랜드는 (발생하게 되는 세수 외에도) 여러 가지 이득을 보고 있는 것이 사실이다. 하지만 아일랜드에서 미국계 다국적기업의 자회사에서 일하는 사람들의 수를 다 합쳐도, 바로 옆 나라인 영국에서 미국계 다국적기업 자회사에서 일하는 사람들의 15분의 1에도 미치지 못한다. 정작 법인세를 놓고 보면, 지난 20여 년 동안 평균적으로 영국의 법인세는 아일랜드의 두 배가량 높았는데도 말이다.

수십 년에 걸쳐 세율 인하 경쟁이 벌어져 왔지만, 기업의 명의가 아닌 생산과 관련된 부문이 유의미한 수준에서 조세 도피처로 이전되었다는 것을 보여주는 증거는 거의 찾아볼 수가 없다. 오히려 미국 기업들은 개발도상국에서 활동을 늘려 나갔다. 미국계 다국적기업이 해외에서 고용한 노동자들 중 3분의 1 이상, 약 600만여 명이 현재 중국, 인도, 멕시코, 브라질에서 일하고 있는 것이다.

공장·설비·사무실 같은 기업의 유형자산에 대해 살펴보더라도 같은 결론에 도달할 수 있다. 이런 자산들 중 대부분은 노동력이 저렴한 곳에 배치될 뿐, 세율이 낮은 곳을 향해 움직이지 않는다. 미국 기업들이 미국 외의 국가에서 보유하고 있는 유형자산 비축량의 18퍼센트만이 세율이 낮은 국가에 소재해 있으며, 나머지 82퍼센트는 세율이 높은 나라에 자리잡고 있다. 앞서 우리가 살펴보았듯이 미국 기업들이 얻는 해외 수익

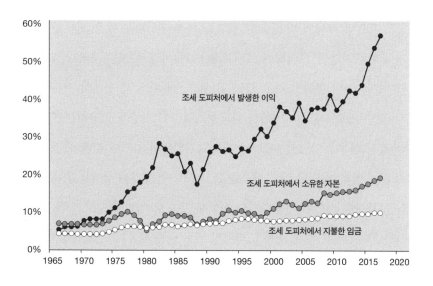

[4-2] 이익에 훨씬 못 미치는 기업 활동(조세 도피처에서 미국계 다국적기업들의 이익, 자본, 임금 비중)

이 그래프는 1965년 이래 미국계 다국적기업들이 조세 도피처에서 올린 서류상 이익, 소유한 유형자본, 지급한 임금을, 해외(미국 외 지역)에서 발생한 이익, 자본, 임금의 총액과 비교한 값을 퍼센트로 나타냈다. 1960년대만 해도 미국계 다국적기업들의 해외 수익 중 조세 도피처에서 발생했다고 신고된 액수는 5퍼센트에 채 미치지 못했으나, 오늘날은 60퍼센트에 달한다. 반면 노동과 자본이 조세 도피처로 움직인 정도는 그에 전혀 미치지 못한다. 자세한 내용은 taxjusticenow.org를 참고할 것.

중 60퍼센트 정도에 달하는 이익이 조세 도피처에서 발생한다고 장부에 기재된다는 점을 놓고 본다면, 여기서 우리가 얻을 수 있는 결론은 명백하다. 조세 도피처로 이전되는 것은 생산이 아니라 서류상 이득일 뿐이다.

물론 세금이 다른 많은 요소와 마찬가지로 기업의 활동 입지 결정에서 주요한 고려사항이라는 점에는 의문의 여지가 없다. 지난 수십여 년에 비해 오늘날 세금이 더 중요한 역할을 하게 되었다는 점을 시사하는 증거 또한 존재한다. 그리하여 그래프 [4-2]에서 볼 수 있다시피 조세 도피처에는 자본이 쌓여만 가고 있는 것이다. 세율이 낮은 곳에서 자본이 축적되는 속도는 해당 지역에서 다국적기업들이 사람을 고용하는 속도보다 훨씬 더 빠르다. 이는 오늘날 다국적기업들이 과거에 비해 세금을 내지 않기 위해 것에 더 많은 신경을 쓰고 있으며, 그러한 목적을 위해 공장과 사무실을 기꺼이 이전하기도 한다는 뜻으로 해석할 수도 있다. 가령 아일랜드 같은 특정한 조세 도피처의 경우 낮은 세율이 단지 유령회사뿐 아니라 고용과 생산을 하는 실제 기업을 유치하는 수단으로 이용되고 있다는 점 또한 분명해 보인다.

그렇다 해도 현재 우리에게 주어진 자료를 통해 이끌어낼 수 있는 하나의 중요한 결론이 있다. 흔히 생각하는 것과 달리, 전 지구적 관점에서 보자면 세율이 낮은 지역으로 자본을 재배치하는 행태는 그리 널리 만연해 있지 않다. 지금 벌어지고 있는 일은 절세가 폭증하고 있는 것이 아니다. 탈세가 전염병처럼 창궐하고 있는 것이다. 버뮤다나 세율 0퍼센트를 자랑하는 카리브해의 제도 혹은 몰타 같은 곳에는 오직 서류상의 이익만이 전달될 뿐 정작 그 섬에 전달되거나 거기에서 벌어지는 실체적인 무언가는 전혀 없다. 아일랜드 같은 곳에는 다소 자본이 향하기도 하지만 이는 탈세범들이 자신들의 보물섬에 감춰두는 어머어마한 이익과 비교해 보면 아주 미미한 수준일 뿐이다. 게다가 아일랜드에서 다국적기업들이 사무실 공간을 얻는 것은 그저 자신들이 인위적으로 아일랜드에 이익을 이전하는 행위를 합법적인 것인 양 보여주기 위한 겉치장에 지나지 않는다. 자료를 통해 확인 가능한 유형자산의 움직임 등을 놓고 볼 때, 그런 사무실 배치나 약간의 채용 따위는 그저 위장술에 불과하다.

세금을 내지 않으려 드는 오늘날 기업들의 항변에는 과거 J. P. 모건이 했던 말이 메아리치고 있다. 이 모든 것은 완벽하게 합법적이며, 어느 곳에서건 기업은 법에 따라 영업을 한다. 비난받아야 할 대상은 시대에 뒤떨어진 법을 그대로 유지하고 있는 정부라는 것이다. 아일랜드에서 사실상 1퍼센트의 세율만을 부담하고 있는 애플을 향해 유럽 공정거래위원회는 그들이 내지 않은 수십억 달러의 세금을 아일랜드에 내야 한다는 결정을 내렸다. 애플의 반응은 어땠을까? 그들은 격노했다. "아일랜드와 그 밖에 영업중인 모든 국가에서 애플은 법을 준수하며 부담해야 할 모든 세금을 내고 있습니다."[13] 수십억 달러를 로열티 명목으로 버뮤다의 유령회사로 보내 세금을 내지 않는 나이키는 뭐라고 답했을까? 볼 것도 없이, "나이키는 조세 규정을 온전히 준수합니다"였다. 한편으로는 국제기구의 정책 결정자들 역시 비난의 대상이 되었다. "우리는 OECD가 이 문제를 실질적으로 해결하도록 촉구합니다." 구글의 CEO인 순다르 피차이가 캘리포니아주 마운틴뷰에 소재한 기업의 대표로서, 조세 회피에 대한 문제가 제기되었을 때 다보스포럼에서 한 말이었다.[14]

그다지 설득력 있는 자기변호는 아닌 것 같다. 버뮤다에서는 그 어떤 실질적 경제 활동도 벌어지고 있지 않은 만큼 구글이 버뮤다에서 2270억 달러의 매출을 올리고 있다는 것은 세금을 피하기 위한 것이며, 이는 실질과세의 원칙 위반이니 말이다. 이렇듯 탈세가 기승을 부리는 것은 법인세 집행에 대한 정치권의 의지가 부족하며, 탈세를 원하는 다국적기업의 가용 자원이 국세청의 그것을 가뿐히 능가하기 때문이기도 하다. 그러나 그 모든 사실이 다국적기업의 이런 행동을 합법적인 것으로 만들어주지는 못한다.

국가 주권의 상품화

1980년대 초의 합법적 탈세와 마찬가지로, 수익이전 산업은 그러한 서비스를 제공해 주는 자들과 그들의 고객들의 배를 불리면서 동시에 그들을 제외한 전 세계를 가난하게 만들었다. 하지만 1980년대의 조세 회피 시장과 오늘날 다국적기업이 이용하는 조세 회피 시장 사이에는 핵심적인 차이점이 존재한다. 세금을 피하게 해 주는 서비스를 공급하는 자들과 구매하는 자들이 있지만, 오늘날에는 그 상업적 교환에 끼어들어 혜택을 누리는 제3자가 있다는 것이다. 세율이 낮은 국가의 정부가 바로 그 주체다. 이 국가들이 판매하고 있는 핵심 재료가 없다면 제아무리 4대 회계법인이라 해도 현재 통용되고 있는 탈세 기법을 능숙하게 구사할 수는 없다. 세율이 낮은 국가의 정부들은 자신들의 주권을 팔아치우고 있는 것이다.[15]

1980년대 이후 조세 도피처의 정부들은 새로운 유형의 거래에 참여해 왔다고 볼 수 있다. 조세 도피처의 정부는 다국적기업에게 기업이 원

그들은 왜 나보다 덜 내는가

하는 세율과 규제, 법적 의무 사항 등을 정할 수 있는 권리를 판매하고 있다. 그 모든 것이 협상 가능하다. 애플이 아일랜드에 자회사 몇 군데를 이전하고자 낮은 세율을 요구한다면? 더블린은 그 요구를 받아들인다. 어느 날 갑자기 아일랜드의 세리가 마음을 바꿔, 스카이프가 자사의 지적 재산권을 너무 싼 값에 매도한 것이 아니냐고 문제를 제기할까 봐 스카이프 측이 우려하고 있다면? 걱정할 것 없다. 룩셈부르크대공국이 흔히 사전 가격 계약advanced pricing agreement이라 불리는 인가를 통해 일종의 보험을 제공하고 있기 때문이다. 추후 어떤 문제가 발생하건 사전에 체결된 계약에 따라 세금을 걷겠다는 일종의 인가를 내 주는 것이다. 조세 도피처의 정부와 공모하지 않는 한 그 어떤 수익이전도 불가능하다. 조세 도피처의 정부는 명목상의 세율을 높게 책정하지만, 자신들이 유치하고자 하는 기업에게는 협상을 통해 인하된 세율 및 타국에서 부과되는 세금과 규제를 피할 수 있는 다양한 방법을 제공하는 것이다.

왜 그런 행동을 하는 것일까? 주권국가의 주권을 상품화하는 것은 그 자체만으로도 꽤 돈이 되는 장사이기 때문이다. 물론 돈으로 따질 수 없는 이득도 존재한다. 가령 룩셈부르크의 경우 거대기업들의 돈이 몰리는 금융 중심지가 되면서 유럽연합 내에서 자신들의 국력보다 큰 영향력을 행사하고 있는 것이다. 하지만 가장 중요한 건 역시 냉철하게 숫자로 표현되는, 돈이다. 주권을 파는 대신 해당국들은 금전적인 보상을 받고 있는 것이다. 책정되는 세율이 그렇게 낮음에도 불구하고 그들이 유치하는 유령회사의 서류상 규모가 워낙 크기 때문에, 조세 도피처는 자국 기준으로 큰 세수를 확보할 수 있다. 국민소득 중 법인소득세 비중을 따져 볼 때 가장 규모가 큰 나라는 어디일까? 조세 도피처로 악명이 높은 몰타가 그 주인공이다. 2위는? 룩셈부르크. 그리고 홍콩과 키프로스, 아일랜드가 뒤를 잇는다. 2017년 현재 해당 순위의 가장 아래쪽에는 미국, 이탈리아, 독일이 있는데 이 나라들은 법인소득세율이 30퍼센트 내외를 오가는 나라들이다.[16] 5~10퍼센트의 낮은 실질세율을 부과하는 조세 도피처가 30퍼센트대의 법인세를 부과하는 큰 나라들보다 (경제 규모를 놓고 상대적으로 비교해 볼 때) 더 많은 세금을 걷고 있는 셈이다. 세율을 낮추니 세액이 늘어나는 것이다!

여기서 우리는 1970년대에 유명세를 떨쳤던 공급주의 경제학자 아서 래퍼의 이름을 딴 "래퍼 곡선"의 논리 구조를 생생하게 목격할 수 있다. 래퍼의 주장을 따르는 이들에게 세율을 인하하는 것은 세액을 늘리는 것과 같다. 심지어 세율이 0퍼센트에 도달한다 해도 그렇다. 얼핏 보면 0퍼센트의 세율은 너무 낮은 것 같겠지만, 작은 나라들의 입장에서 보면 예산 확보에 큰 도움이 될 수 있다. 영국령 버진아일랜드와 버뮤다의 정부는 법인세율을 0퍼센트로 책정하고 있는데, 그 결과 해당 지역에서는 수십만 개의 유령회사가 설립되면서 그 과정에서 상당한 예산이 확보된다. 세율이 0퍼센트이기 때문에 세수가 발생하는 것이다.

하지만 공급주의 경제학의 선지자들이 예언한 내용과 조세 도피처의 경제적 번영 사이에는 작은 차이가 있다. 아서 래퍼가 구상한 세계 속에서 사람들은 더 열심히 일하고, 기업은 더 집중적인 투자와 연구개발을

그들은 왜 나보다 덜 내는가

한다. 세율이 낮은 세상에서 그렇게 경제는 활기를 띠고 전 세계의 GDP가 늘어난다. 그러나 현실에서는 몰타, 룩셈부르크, 키프로스가 확보하는 세수는 모두 다른 나라의 희생을 바탕으로 하고 있다. 조세 도피처에 돈이 몰리는 것은 제로섬게임의 결과일 뿐이며 세계를 더 부유하게 만들어주지 않는다. 버뮤다가 대기업에게 맞춤형 탈세 가능성을 제시할 때, 아일랜드가 애플의 구미에 맞는 세금을 제시할 때, 룩셈부르크의 세무 관청이 4대 회계법인과 손에 손을 잡고 한통속으로 움직일 때, 이들이 하는 행동은 다른 나라의 예산을 훔치는 것과 다를 바 없으며, 그럴 때 세계의 GDP는 제자리걸음을 할 따름이다. 훔치는 자와 빼앗기는 자만 있는 제로섬게임인 것이다.

바퀴에 낀 모래

우리의 목적은 이러저러한 나라들을 악마화하는 것이 아니다. 몇몇 나쁜 나라들이 세금 깎아주기 경쟁을 그만둔다면 이 모든 문제가 일시에 해결될 것처럼 이야기하는 것 역시 우리의 지향점이 아니다. 세계화가 진행됨에 따라 대부분의 국가들은 약간의 경제 활동을 유인하기 위해, 약간의 세수를 늘리기 위해, 뭐가 됐건 얻을 수 있는 한 조각의 케이크를 더 얻기 위해 자신들의 주권 중 일부를 팔아넘기려는 유혹에 휩싸였다. 어떤 나라, 특히 가장 큰 이익을 얻을 수 있었던 작은 나라들은 그 길에서 다른 나라들보다 좀더 먼 길을 갔던 것이다. 그런데 세계 경제의 상호의존성이 점점 더 커지고 개발도상국에서 세계 경제의 견인차 노릇을 하는 나라들이 새롭게 등장하면서, 모든 나라들이 크건 작건 주권을 포기한 결과 모든 국가들이 주권을 제대로 행사하지 않는 상황이 되어 버리고 말았다. 자국을 조세 도피처로 만들고 싶다는 욕망은 이제 전 세계 모든 나라를 뒤덮고 있다.

주권의 상품화를 가로막아 보려는 시도가 없지는 않았다. 현재까지 있었던 시도 중 가장 야심찼던 것은 OECD에서 2016년에 시작한 "세원 잠식 및 소득이전 방지를 위한 다자간 협의체", 일명 BEPS였다. 이는 거대한 조세 회피 산업이라는 기계의 톱니바퀴에 모래를 뿌려 작동을 방해하고자 하는 국제적 협력 체계였다. BEPS는 기업이 내부 거래 및 이전 가격을 조작하기 어렵게 만든다. 해로운 조세 실무 방식을 적시함으로써 국가들이 그런 방식을 포기하도록 유도한다. 국가별로 차이가 있는 조세 법령 체계의 비일관성을 수정하도록 촉구하며, 특정한 조세 도피처에 대해서는 해당 국가가 가지고 있는 가장 악질적인 수법을 포기하도록 압력을 넣는다.

하지만 데이터에 따르면 BEPS나 그와 유사한 다른 시도는 대부분 수포로 돌아간 것으로 보인다. 그래프 [4-2]에서 확인할 수 있다시피, 미국 기업이 세율이 낮은 지역에서 장부에 올리는 이익의 비중은 해가 지날수록 높아지기만 한다. 미국이 아닌 다른 나라의 다국적기업들에 대해서는 확인할 수 있는 자료가 몇 해치 되지 않기 때문에 상대적으로 덜 심층적으로 살펴볼 수밖에 없지만, 전체적인 경향은 같은 것으로 보인다.

그들은 왜 나보다 덜 내는가

그 시도로 성과를 얻지 못한 이유를 어떻게 설명할 수 있을까? BEPS 협의체는 조세 회피 산업이라는 괴물의 심장을 찌르지 못했던 것이다. 기업은 여전히 재화·서비스·자산을 내부 거래한다. 4대 회계법인은 여전히 시장 가격이 존재하지 않는 것들을 기업 내에서 유통시킨다. 거래 가격을 기록하는 회계사들에게는 세금고지서를 최소화하여 고객을 만족시키기 위해서라면 어떤 거래건 정확히 이루어졌다고 확인해 줄 유인동기가 여전히 존재한다. 코페르니쿠스적인 혁명이 필요한 시점에, 우리는 프톨레마이오스적인 우주관을 붙들고 세부적인 숫자에만 몰두하고 있는 모습이다.

세금 인하 경쟁의 승리

현재 시도되고 있는 국제적인 공조 체제는 결국 좀더 근본적인 한계에 부딪칠 수밖에 없다. 국가들 사이에 세율을 조화롭게 유지하기 위한 진지한 노력이 부족하기 때문이다. 오늘날 정책 결정권자들 사이에는 수익이전 행위가 맞서 싸워야 할 문제라는 공감대가 어느 정도 형성되어 있지만, 세금 인하 경쟁을 비난의 대상으로 삼고 있지는 않다. 각국이 나름의 규정을 따르고 있으면 그만이라는 것이다. 이런 관점에 따르면 어떤 기업이 미국에서 특허를 얻은 다음 그 지적 재산권을 조세 도피처 버뮤다로 이전하는 것은 비난받을 만한 행동이다. 하지만 아일랜드에서 특허를 얻고, 현행 세율대로 아일랜드가 그 특허를 통해 얻은 이익에 6.25퍼센트의 세율만을 매기는 것은 괜찮은 것으로 받아들여진다. 내일 당장 세율을 1 퍼센트까지 낮춘다 해도 문제삼을 수는 없을 것이다. 아일랜드에 위치한 사무실에서 해당 지역의 기술자들이 일해서 얻었다면, 그 특허를 통해 얻는 이익에 붙는 세율은 얼마가 되건 상관없다. BEPS는 해당 국가에서 얻은 이익에 대해 세제 우대 조치를 취하는 것을 허락하고 있는데, 이를 "특허 상자patent box"라고 부른다. 이런 식으로 아일랜드의 뒤를 이어 영국은 10퍼센트, 미국은 13퍼센트의 세율을 부과하고 있다. 게다가 2018년 트럼프 정권의 세제 개편의 여파로 세율은 5퍼센트까지 내려갔다.

OECD 같은 국제기구에는 더 나은 과세표준의 정의를 내리는 방법에 대한 논의 정도가 허용된다. 하지만 세율에 대해서는 언급할 수가 없다. 국제 공조라는 것이 존재하긴 하지만, 조세 정책의 핵심이라 할 수 있는 바로 그것에 대해서는 각국이 각자의 길을 걷고 있는 것이다. OECD는 자신들의 노력에 힘입어 머잖아 수익이전이 없는 세상이 도래하기를 기대하고 있다. 기업이 실제로 영업하는 국가에서 정당하고 확실하게 세금을 내기를 바라는 것이다. 설령 그렇다 해도 여전히 질문은 남는다. 어떤 세율로 세금을 걷는단 말인가? 설령 BEPS를 통해 수익이전을 억누르는 데 성공한다 해도, 세율 그 자체에 대한 국제적 공조가 이루어지지 않는다면 결국에는 자국의 세율을 낮춰 이득을 보려는 국가들은 언제나 등장할 수밖에 없을 것이다. 법인세율을 낮춰 주는 것은 이면계약을 체결하는 것보다는 투명하게 이루어지는 일이고, 기업의 상황과 수요에 맞춰진 조세 회피 경로를 제공하는 것처럼 우회적이지도 않으며, 기업들의 비상

그들은 왜 나보다 덜 내는가

식적인 내부 거래와 자산 이전 등을 눈감아주는 것보다는 정직한 일이다. 하지만 거대기업과 그 기업을 소유하고 있는 주주들이 짊어져야 할 조세 부담을 줄여 준다는 면에서, 결국 뜻하는 바는 같다.

본질을 놓고 보면 세율을 인하해 주는 것은 주권을 상품화하는 또 다른 형태에 지나지 않는다. 그런 행위를 하는 작은 국가들에게는 이익이 되는 사업이기도 하다. 작은 나라의 예산은 늘어난다. 게다가 순수하게 서류상의 이익만을 이전하는 것과 달리 세율 인하를 미끼로 기업을 불러들이면 실제 고용과 임금이 늘어날 수 있다. 하지만 이 또한 다른 형태의 주권 상품화와 마찬가지로, 이렇게 벌어들인 이득은 지구상 어딘가에서 다른 이들이 보는 손해로 인해 발생하는 것이다. 경제학적인 용어를 써 보자면, 조세 도피처가 거대기업에 제공하는 세제 혜택은 우리 모두에게 "부정적 외부효과"를 발생시키는 것이다. 조세 도피처는 온 세계에 바닥을 향한 경쟁을 불러일으킨다. 자국에서 자본이 탈출하는 것을 막기 위해, 대부분의 나라들은 이런 상황이 아니라면 민주주의 국가로서 택하지 않았을 법한 너무도 낮은 세율을 택하게 되는 것이다. 현재 시행중인 국제 공조 체계에는 근본적인 문제가 깔려 있다. 국제사회는 민주주의를 저해하는 세율 인하 경쟁을 막고 있지 않으며, 사실상 합법화하고 있는 것이다.

실상이 그렇다. 세율 인하 경쟁은 BEPS가 시작된 후로 더욱 심화되어, 법인세의 바닥을 향한 경쟁이 점점 더 가속화하고 있다. 2013년 이래 일본은 법인세율을 40퍼센트에서 31퍼센트로 낮췄다. 미국은 35퍼센트에서 21퍼센트로, 이탈리아는 31퍼센트에서 24퍼센트로, 헝가리는 19 퍼센트에서 9퍼센트로 떨어뜨렸다. 다수의 동유럽 국가들 역시 같은 경로를 밟고 있다. 1985년부터 2018년까지, 명목 법인세율은 평균적으로 49퍼센트에서 24퍼센트까지 절반 이상 떨어지고 말았는데, 이는 세계사적으로 가장 충격적인 조세 정책의 변화라고 해도 무방할 것이다. 만약 이 추세가 계속될 경우 21세기 중반에 이를 무렵이면 전 세계적으로 법인세율의 평균은 0퍼센트에 도달하고 만다.

그들은 왜 나보다 덜 내는가

법인세를 인하하면
임금이 오른다는 신화

전 세계의 지도자들은 버뮤다의 0퍼센트 세율 같은 극단적인 조세 정책에 대해 아마도 입을 모아 비판할 것이다. 하지만 그들 사이에는 법인세가 낮아지는 경향 자체가 반드시 나쁜 것만은 아니라는 광범위한 공감대가 형성되어 있다. 세금을 덜 걷는다는 건 결국 기업이 더 많은 이익을 낸다는 것이고 그것이 투자로 이어질 수 있으니 말이다. 기업의 투자는 경제성장의 엔진이다. 산업이 커지면 더 많은 고용과 높은 임금이 발생하므로 궁극적으로 노동자에게도 혜택이 돌아간다. 자본에 대한 과세를 낮추는 것으로 노동계급에게 혜택을 제공할 수 있다는 것이다.

그런데, 정말 그런가? 부자들이 더 높은 세금을 내면 그건 결국 우리 모두에게 손해가 되는 걸까? 또한 반대로 자본에 대한 세율을 인하하는 것이 투자와 임금을 높이는 효과를 낳을까?

불행하게도 이런 질문에 대한 공적 토론은 허공에서 맴돌 때가 많다. 사실과 무관한 이념적 태도에 휘둘리곤 하는 것이다. 고삐 풀린 자본이 기적을 낳을 거라고, "세금의 압박"만 조금 줄여 주면 엄청난 성장을 거둘 수 있다고 대단한 예측을 늘어놓는 감세 예언자들은 예나 지금이나 넘쳐나고 있다. 이 선지자들은 세후 소득이 늘어날 수 있도록 세금을 낮춰 주면 투자가 늘어나고 임금이 높아지는 신성한 기적이 이루어지리라고 본다. 지금부터 이런 생각에 대해 살펴보도록 하자.

노동과 자본: 모든 수입의 원천

정부가 자본에 과세할 때 무슨 일이 벌어지는지 이해하려면, 그보다 우선 "노동"과 "자본"이라는 용어를 분명하게 정의해야 할 필요가 있다. 세금을 걷기 전, 국내에서 발생한 모든 소득은 노동자 혹은 자본의 소유자의 손에 쥐어지게 된다. 왜냐하면 우리가 생산하는 모든 것들이 노동과 자본(기계·토지·건물·특허 등 다양한 자산들)에 의해 만들어지기 때문이다. 가령 요식업 같은 경제 영역에서 생산은 대부분 노동에 의존한다. 경제학자들은 그런 영역을 노동집약적 분야라고 부른다. 에너지산업 같은 곳은 자본집약적 분야라고 할 수 있다. 가령 집이 있다면 사람인 우리의 도움이 없더라도 "주거 서비스"가 생겨나는 것처럼, 때로는 오직 자본만에 의한 생산이 이루어지기도 한다. 반면에 가령 비욘세가 공공장소에서 무반

그들은 왜 나보다 덜 내는가

주 콘서트를 즉흥적으로 진행하는 경우처럼, 오직 노동만에 의한 생산도 가능할 것이다. 집이나 기계 같은 자본은 유형자본이고, 특허나 알고리즘 같은 자본은 무형자본이다. 하지만 세상 모든 곳에서 생산되는 모든 것들, 다시 말해 우리가 벌어들이는 모든 소득은 노동이나 자본, 혹은 양자가 함께 만들어낸 결과물이다.

노동소득은 노동자에게 주어지는 것이다. 임금, 급료, 건강보험이나 연금 혜택 같은 후생복지급여를 합친 것과 같다. 자본소득은 자본의 소유자가 노동의 투입과는 무관하게 벌어들이는 돈이다. 배당이건 재투자건 기업의 소유자가 벌어들이는 소득, 채권 소유주가 받는 이자, 건물주가 받는 임대료 등이 그에 포함된다. 로펌에 속하지 않은 개인 변호사나 개업의 같은 자영업자들은 통상적으로 "혼합소득"을 올리고 있다고 분류되는데, 이들의 소득 중 30퍼센트는 자본에서 나온 것으로 간주되며, 나머지 70퍼센트는 노동에서 얻은 것으로 여겨진다(이렇게 30:70으로 나누는 이유는 경제학자들이 기업을 관찰한 결과 자본과 노동의 기여도 비중이 그 정도로 판단되었기 때문이다).[*]

---

[*]　노동과 자본이 이렇게 정의되어 있으므로, 노동에 투입되는 돈은 자본으로 향하지 않고, 그 반대도 마찬가지다. 이 말을 노동자나 자본가 중 어느 한 쪽이 자신들이 마땅히 받아야 할 것보다 더 큰 몫을 차지하고 있다는 식으로 이해해서는 곤란하다. 경제에서 노동의 역할이 큰지 자본의 역할이 큰지에 대해서는 경제학자와 대중 전반 사이에 폭넓은 견해차가 존재하며, 아마도 이것은 자본주의가 시작된 이래 지금껏 정치적인 갈등의 핵심에 자리잡고 있는 문제라고 봐도 무방할 것이다. 노동과 자본이 얽힌 이 측면을 관찰함으로써 우리는 자본주의가 어떻게 작동하는지 생생하게 그려 볼 수 있다.

확실한 사례 하나를 들어 보자. 공식 발표에 따르면, 2018년 애플은 850억 달러 상당의 재화와 서비스를 생산했다. 아이폰, 아이맥, 기타 상품을 생산하기 위해 애플이 소비한 원자재와 기타 투입된 생산요소 전부의 가격을 더한 값이 그것이다. 그 850억 달러 가운데 150억 달러가 피용자에게 돌아갔다. 그만큼이 노동소득인 셈이다.* 남은 700억 달러는 애플의 소유자와 채권자의 몫으로 떨어진다. 자본소득인 것이다. 그 자본소득 중 일부는 배당으로 분배되고, 일부는 회사채와 은행의 이자로 지급되며, 일부는 재투자된다. 마찬가지로 애플에 의한 노동소득 중 일부는 애플의 경영진에게 지급되고, 일부는 신입 엔지니어들의 월급이 되며, 일부는 애플스토어 판매사원에게 지급될 것이다. 다양한 사회적 현실, 법적 계약, 권력관계가 존재하는 것처럼, 수많은 형태의 노동과 수많은 형태의 자본이 존재하고 있다.

장기간에 걸친 관찰을 통해, 경제학자들은 생산에서 노동이 차지하

---

* 공식 회계 발표에서 총노동비는 별도의 항목으로 발표되지 않는다("판매된 상품의 비용"이라는 항목에 합산되어 있다). 그러나 우리는 애플이 2018년 현재 약 13만 2000명의 전일제 노동자를 고용하고 있다는 사실을 알고 있으며, 증권거래위원회에서 2018년에 도입한 새로운 규정에 힘입어 기업은 CEO의 급여와 근로자들이 받는 급여의 중위값의 비율을 발표해야 하므로, 우리는 애플 근로자 급여의 중위값이 5만 5000달러라는 것을 알 수 있다(이는 사내 복지와 건강보험은 제외한 것이다). 우리는 애플에서 일하는 노동자의 평균 급여가 9만 5000달러라고 추정하며, 여기에 2만 달러 상당의 건강보험과 퇴직연금을 포함시키면, 애플이 지불하는 총노동비용은 약 150억 달러가 된다. 애플이 2018년에 제시한 10-K report, p. 38에서 "영업이익"은 709억 달러로 신고되어 있으므로, 애플이 만들어낸 부가가치는 850억 달러라고 계산할 수 있다.

는 비중이 그리 심하게 요동치지 않는다는 사실을 확인했다. 국민소득 중 자본소득은 25퍼센트, 노동소득은 75퍼센트 선을 지키고 있는 것이다. 케인스가 한 유명한 말처럼, 이러한 안정성은 "다소 기적 같다". 그러나 이 안정성이 영구불변한 것은 아니다.[1] 1980년부터 2018년까지, 미국에서 노동소득이 차지하는 비중은 75퍼센트에서 70퍼센트까지 떨어졌다(반대로 말하자면 자본소득의 비중이 25퍼센트에서 30퍼센트로 늘었다는 뜻도 된다). 이러한 추세는 특히 지난 20여 년에 걸쳐 도드라졌다. 21세기로 접어들면서 성인 한 사람당 평균 노동소득은 매년 평균 0.4퍼센트 성장하는 수준에서 정체되어 있었던 반면, 성인 한 사람당 평균 자본소득은 1.6퍼센트씩 상승했다. 기술·제약·금융 분야에서 거대기업들이 엄청난 이익을 남긴 탓이다. 노동이 뒤쳐져 있는 사이 자본은 번영을 구가하고 있었다.

자본 세금은 점점 줄고, 노동 세금은 늘어만 간다

모든 유형의 소득이 노동과 자본으로부터 나오는 것과 마찬가지로, 모든 세금은 노동이나 자본에 대한 세금이 된다. 자본과 노동이라는 생산의 두 요소 중 어디에 얼마만큼의 세금을 매길 것인가 하는 문제는 일종의 트레이드오프 관계를 이루고 있는 것이다. 자본이 유용하기 때문에 자본에 너무 많은 세금을 물림으로써 경제의 생산역량을 저하하고 싶지 않다고 해 보자. 그런데 자본에 너무 적은 세금을 물린다면 노동이 짊어져야 할 세금이 늘어나게 되고, 물려받은 자산으로 부를 축적하고 있지 못한 사람들의 삶을 더욱 어렵게 만드는 결과가 된다. 특히 지금처럼 임금 상승이 사실상 정체되어 있는 현실이라면 더욱 그렇다.

그렇다면 현재 미국의 조세 부담은 어느 선에서 이루어지고 있을까? 세 가지 세율이 진화해 온 과정을 비교해 봄으로써 우리는 이 질문에 대한 가장 함축적인 대답을 찾아볼 수 있다. 첫번째 세율은 평균 거시경제 세율macroeconomic tax rate이다. 세액의 총합을 국민소득으로 나눈 값이다. 두번째는 자본소득에 대한 평균 세율이다. 말하자면 기업소득세, 재산세, 상속세, 그리고 배당·이자 등 자본소득으로 인해 발생하는 소득세를 모두 더한 후, 그것을 전체 자본소득으로 나누어 얻을 수 있는 세율이다. 마지막으로 살펴볼 세번째 세율은 노동소득에 대한 평균 세율로, 이는 자본소득과 마찬가지로 전체 노동소득과 노동을 통해 얻는 소득에 대해 내는 세금의 비율로 표현할 수 있다.* 셋을 비교하면 어떤 그림이 나올까?

미국을 제외한 다른 부유한 국가의 경우 지난 수십여 년 동안 세율은 안정되어 있었다. 반면 미국의 경우 세율은 감소했다. 오늘날의 평균 거시경제 세율은 20세기 말과 비교해 볼 때 확연히 낮아져 있다. 이런 추세가 존재한다는 것은, 최근에 2018년 세제 개혁을 통한 감세가 이루어

---

* 완전한 계산을 위해 우리는 노동과 자본이 국민소득에서 차지하는 비중에 따라 판매세 역시 노동과 자본에 할당했다. 이는 평균 거시경제 세율이 국민소득에서 자본과 노동이 차지하는 비율을 반영하여 가중치를 부여한 자본과 노동의 비율과 동일하게 하기 위한 것이다.

그들은 왜 나보다 덜 내는가

지고 나서야 사람들의 눈에 들어오기 시작했다. 단기적으로 볼 때 세수는 경기가 활황이면 늘어나고 불경기이면 줄어들게 되어 있으므로, 이러한 경기순환 효과로 인해 거시경제 세율이 낮아지고 있다는 현상이 도드라져 보이지 않았던 것이다. 하지만 이제는 중기적 변화를 명확하게 관찰할 수 있다. 1990년대 하반기 동안 미국 전체의 세율은 최고 31.5퍼센트를 기록했다. 그런데 9년에 걸쳐 경제가 성장했고 실업률은 역사적으로 가장 낮은 수준에 도달했던 2019년, 미국의 평균 거시경제 세율은 이보다 4퍼센트포인트나 낮아진 28퍼센트에 머물고 있었던 것이다. 불경기가 닥쳐오면 세수가 몇 퍼센트포인트가량 줄어든다고 전제할 때, 만약 다음 불경기가 찾아온다면 국민소득에서 세금이 차지하는 비중은 1960년대 이래 최저 수준에 도달할 것이라고 예상해도 큰 무리가 없다!

GDP에 대한 세금의 비율이 지난 20여 년에 걸쳐 4퍼센트포인트가량 떨어진 것은 실로 이례적인 역사적 전개라고 할 수 있다. 최근까지 그 누구도, 로널드 레이건이나 마거릿 대처, 혹은 그 어떤 보수 정치지도자라 하더라도 이렇게까지 큰 세수 감소를 주도한 바는 없었기 때문이었다. 레이건 정권 시절 세수는 GDP와 더불어 요동쳤고 하락하는 추세를 보인 적은 없었다. 영국의 경우 철의 여인 대처가 총리 관저를 떠났던 1990년의 세수는 그가 총리직에 취임했던 1979년보다 더 늘어난 상태였다. 레이건과 대처 모두 부자들에 대한 세금은 낮춰 주었다. 하지만 그 외의 사람들이 내야 할 세금이 늘어났고, 그리하여 전체 세수는 거의 변함없는 상태로 유지될 수 있었던 것이다. 지난 20여 년 동안 미국이 보인 변화는 선진국 중 확연히 큰 규모로 세수가 줄어든 첫번째 사례라고 해도 무방하다.

미국의 거시경제 세율이 낮아진 것은 전적으로 자본에 대한 과세가 줄어들었기 때문이다. 1990년대 하반기 자본에 부과되는 평균 세율은 36퍼센트였다. 반면 트럼프가 세제 개혁안을 꺼내들었을 때 자본에 대한 평균 세율은 가까스로 26퍼센트에 도달하는 수준이었다.

전반적으로 안정된 상태를 유지하고 있는 재산세를 제외하고 나면 자본에 대한 모든 종류의 세금이 줄어들었고 그리하여 이와 같은 상황이 연출되었다. 앞서 우리가 살펴보았듯이 법인세가 허물어졌다. 배당에 대한 소득세는 거의 절반으로 줄어든 상태다. 클린턴 재임기에 배당 소득에 대한 최고 세율이 39.6퍼센트였던 것에 비해 지금은 20퍼센트에 불과하기 때문이다. 상속세의 비중은 4분의 1토막이 나 버렸다. 1990년대 말까지는 국민소득의 0.4퍼센트였지만 오늘날은 0.1퍼센트에 지나지 않는 것이다.

더 장기적인 관점에서 보자면 전체 세수에서 자본과 노동이 부담하는 비율의 변화를 확인할 수 있고, 이는 더 큰 충격을 안겨준다. 매사추세츠 식민지에서 부유세를 매기던 17세기부터 법인소득세의 실효세율이 50퍼센트에 달하던 아이젠하워 재임기까지, 자본에 부과되는 세금은 미국의 공공재정에서 상당한 부분을 차지해 왔다. 1940년대에서 1980년대까지 자본에 부과되는 세율의 평균은 40퍼센트에 도달하고 있었고, 동시대에 노동에 부과되는 세율은 25퍼센트 미만이었다. 하지만 자본이 내

그들은 왜 나보다 덜 내는가

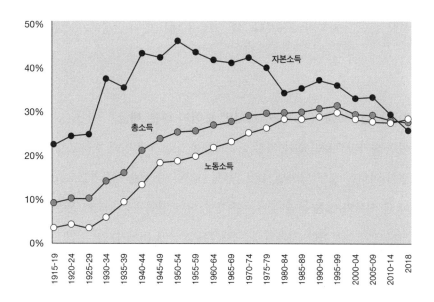

[5-1] 자본에 부과되는 세금의 감소(미국의 노동과 자본에 대한 거시경제 세율 변화)

이 그래프는 1915년 이후 자본소득·노동소득·총소득에 대한 거시경제 세율의 변화 과정을 나타낸 것이다. 자본소득과 노동소득을 결합하면 총국민소득이 된다. 자본소득과 노동소득 모두에 부과되는 연방세, 주세, 지방세가 모두 포함되어 있다. 역사적으로 볼 때 자본에 부과되는 세율은 노동에 부과되는 세율보다 훨씬 높았다. 이 차이는 큰 폭으로 줄어든 상태다. 2018년, 사상 최초로 노동에 부과되는 총세율이 자본에 부과되는 총세율보다 높아졌다. 자세한 사항은 taxjusticenow.org를 참고할 것.

는 세율의 평균은 1950년대에 정점을 찍은 후 20퍼센트포인트가량 하락하고 만다. 동시에 노동에 부과되는 세율은 10퍼센트포인트 이상 올랐다. 급여세가 치솟은 탓이다. 번영을 구가하는 자본의 소유자들에게 조세 체계가 더 많은 혜택을 베풀고 있는 셈이다. 반면 임금 상승이 정체되어 있는 노동자들로부터 국가는 더 많은 세금을 걷어간다. 2018년에는 미국 역사상 최초로, 자본이 노동보다 적은 세금을 내는 일이 발생하기도 했다.

건강보험: 노동에 부과된, 크지만 보이지 않는 세금

이런 숫자만으로는 현재 자본 소유자들이 노동자에 비해 누리고 있는 재정적 이익을 모두 담아낼 수가 없다. 이러한 통계에는 공적으로 납부해야 할 의무가 있는 돈만 들어갈 뿐이지, 민간 영역에 지불되는 돈은 포함되지 않기 때문이다. 정부에 내는 세금은 계산에 들어가지만 민간 기업에서 수금해 가는 액수는 무시되고 있는 것이다. 하지만 그 돈 역시 이름만 다르다뿐 모든 면에서 세금과 다르지 않다. 그 중 가장 중요한 것이 바로 노동자가 사용자를 통해 보험회사에 지불하고 있는 보험료라고 할 수 있다. 미국의 의료비용은 그 외 다른 나라에서 동일한 표준적 의료 서비스를 받을 때와 비교해 훨씬 높다.* 그렇기 때문에 의료보험료는 노동자가 내는 숨어 있는 세금과 다를 바 없으며 그 액수는 실로 막대하다. 사용자를 통해 노동자가 내는 보험료는 평균적으로 한 해 1만 3000달러에 이른다. 이는 지난 수십여 년에 걸쳐 폭발적으로 늘어난 액수다.[2]**

---

* 카이저가족재단에 따르면 2014년 현재 미국에서 MRI 스캔 비용(평균 1119달러)은 호주 같은 나라(215달러)보다 다섯 배 이상 비싸다. 충수절제술 비용은 1만 5930달러로 이는 소득 하위 50퍼센트에 속하는 미국인들의 평균 세전 소득과 같은 액수다 (Kamal and Cox, 2018).

** 노동통계국의 고용 혜택 조사에 따르면 2017년 현재 사용자가 지불하는 건강보

건강보험이라는 숨어 있는 세금을 더 잘 이해하려면 미국에서 의료 비용이 지불되는 방식에 대해 한번 검토해 볼 필요가 있다. 노인과 저소득층 가계는 메디케어Medicare와 메디케이드Medicaid라는 공적 의료보험으로 보장받는데, 그 재원은 세금에서 나온다(정확히 말하자면 급여세와 전반적인 정부 재정에서 충당된다). 그 외의 사람들은 민간 보험회사를 통해 의료비용을 감당할 방법을 찾아야만 하는데, 다시 말해 세금이 아닌 재원으로 의료비를 내고 있는 것이다. 현실적으로 사람들은 대부분의 경우 개별적으로 의료보험에 가입하기보다 직장에 들어가 고용자를 통해 민간 보험에 가입하게 된다.

2010년 건강보험개혁법Affordable Care Act이 통과되면서 보험 가입은 의무가 되었다. 메디케어나 메디케이드 대상자가 아닌 이들은 민간 보험에 가입해야만 하기 때문이다. 보수주의자들에게는 이 의무 조항이 마음에 들지 않는 것이어서 그들은 오바마케어를 약화시키기 위해 애를 쓰고

험 혜택을 받는 이는 전체 노동자의 58퍼센트이다(US Bureau of Labor Statistics, National Compensation Survey, 2018, Table 9). 2017년 미국의 전일제와 임시직 근로자는 모두 1억 5050만 명이었으므로(US Department of Commerce, Bureau of Economic Analysis, 2019, Table 6.4D), 8730만 명이 평균 1만 2000달러의 노동자용 건강보험에 가입되어 있던 셈이다. 직장 가입 건강보험에 가입된 이들이 내는 전체 보험료는 2017년 현재 1조 440만 달러이다(US Centers for Medicare, 그리고 Medicaid Services, 2019, Table 05-06 of the National Health Expenditure Accounts 참고). 2017년부터 2019년까지 건강보험료가 명목상 4퍼센트 상승했다고 가정한다면, 2019년에는 노동자 한 사람당 1만 3000달러가 된다.

있지만, 설령 그들이 성공한다 해도 미국인들이 처한 상황이 근본적으로 달라질 일은 없다. 정부가 제공하는 공공 독점 체제에 보험료를 내는 것과 민간 독점 체제에 보험료를 내는 것 사이에는, 차이라고 해 봐야 미미한 수준이다. 미국의 민간 보험 체계는 서로 경쟁하지 않는 것으로 악명이 높기 때문이다.[3] 뭐가 됐건 노동자로서는 집에 가져갈 돈이 줄어드는 것이다. 물론 마치 탈세가 늘 가능한 것처럼 보험회사에 지급될 돈을 한 푼이라도 줄일 방법은 언제나 존재하겠지만, 현실적으로 거의 모든 사람들은 강제로 보험료를 내고 있는 셈이다.

민간 의료보험과 공공 의료보험이 낳는 가장 근본적인 차이는 GDP 대 세금 비율에 영향을 미친다는 것이다. 민간 보험업자에 의존하는 비중이 높아질수록 공식적인 거시경제 세율은 낮아진다. 이런 착시현상은 특히 미국에서 도드라지는 것이지만, 스위스나 일본처럼 의료 체계의 일부로서 (노동조합이나 근로자가 운영하거나 혹은 비영리로 운영되는) 민간 건강보험이 강제 혹은 반강제로 운영되며 국가 의료 체계가 그에 의존하고 있는 나라에서도 나타나는 현상이다. 미국과 마찬가지로 이런 나라들은 영국이나 스웨덴, 프랑스처럼 건강보험이 전적으로 혹은 우선적으로 국가 예산에 따라 운영되는 나라에 비해 GDP 대 세금의 비율을 낮게 유지할 수 있는 것이다.[4] 하지만 이런 수치상의 차이에는 그리 큰 의미가 없다.

더 정확한 국제적 비교를 가능케 하기 위해, 우리는 민간 보험업자에게 반드시 지불해야 하는 보험료를 세금으로 간주한 후 그래프 [5-2]를 그려 보았다. 그 결과 드러난 감춰진 세금의 총합은 2019년 기준 국민소득의 6퍼센트에 달했다.* 연방소득세 총액의 3분의 1에 해당하는 엄청난 액수인 것이다! 이렇게 놓고 보면 미국의 거시경제 세율은 국민소득 대비 기존의 28퍼센트에서 34퍼센트까지 오르게 되는데, 이는 캐나다나 뉴질랜드와 비견되는 수준이며 영국과 스페인에 가까스로 미치지 못한다.[5] 건강보험료라는 숨은 세금은 그 정의상 오직 노동에만 부과되는 세금이라 할 수 있으므로, 노동에 부과되는 세율 역시 29퍼센트에서 37퍼센트로 급격하게 치솟아오른다. 세금이라는 개념을 이렇게 넓혀 보는 것이 더 유의미하다고 우리는 생각하는데, 이런 관점에서 보자면 1980년대와 1990년대를 겪으며 노동과 자본이 짊어지는 조세 부담의 변화가 좀더 명확하게 해석될 수 있다. 21세기가 시작되면서, 특히 2018년 조세 개혁 이후, 자본은 노동보다 훨씬 적은 세금을 내고 있는 것이다.

이렇게 시야를 넓혀 본다면 미국은 흔히 생각하는 것처럼 세율이 낮은 나라가 아니다. 국제적 관점에서 국민들이 내야 하는 돈의 항목을 하나씩 비교해 본다면 그렇다. 민간 의료보험 사업자에게 의무적으로 지불해야 할 돈을 포함시키더라도 미국의 거시경제 세율 34퍼센트는 프랑스

---

* 직장 가입 건강보험의 전체 비용은 2017년 현재 국민소득의 6.2퍼센트에 달한다 (국민소득 16조 7560억 달러 중 1조 440만 달러. US Centers for Medicare and Medicaid Services, 2019, Table 05-06 of the National Health Expenditure Accounts, US Department of Commerce, 2019, Table 1.12 참고). 의료비가 국민소득보다 빨리 오르고 있으므로, 2019년 현재의 값은 6.2퍼센트보다 조금 더 높을 것이다.

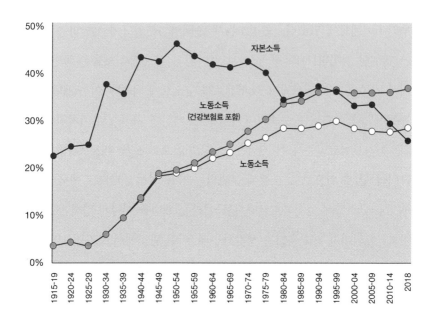

[5-2] 노동에 부과되는 세금의 증가(미국의 노동과 자본에 대한 거시경제 세율 변화)

이 그래프는 1915년 이후 자본소득과 노동소득에 부과되는 거시경제 세율의 변화를 나타낸 것이다. 자본과 노동 양쪽에 부과되는 연방세, 주세, 지방세가 모두 포함되어 있다. 이 그래프는 또한 사용자가 일정 부분 지원하는 건강보험료 역시 노동이 지불하는 세금으로 포함시키고 있다. 건강보험료는 노동이 내야 할 세금 부담 중 큰 부분을 형성하며 그 비중은 점점 더 늘어나는 중이다. 2018년 현재, 건강보험료를 포함시킬 경우 노동이 부담하는 세율은 40퍼센트로 이는 자본에 비해 훨씬 높다. 자세한 사항은 taxjusticenow.org를 참고할 것.

의 거시경제 세율 52퍼센트에 비해 여전히 낮다. 하지만 이렇게 큰 차이가 나는 이유는 프랑스의 경우 국민소득의 16.5퍼센트에 달하는 모든 연금을 세금으로 간주하고 있기 때문이다. 반면 미국은 국민소득의 4.5퍼센트에 해당하는 사회보장Social Security만을 세금으로 보고 있다. 결과적으

그들은 왜 나보다 덜 내는가

로 보면 세금을 내고, (민영화된 세금이라 할 수 있는) 건강보험료를 내고, 연금을 붓고 나면, 평균적인 미국인들은 세전 소득에서 같은 층위에 있는 유럽인들과 마찬가지의 삶을 살고 있다는 평범한 진실이 드러난다. 중대한 차이점이 있다면 유럽인들은 대단히 높은 소비세를 내고 있다는 것이다. 프랑스의 국민소득 중 13퍼센트가 소비세에 해당하는 반면 대서양을 건너오면 소비세율은 5퍼센트로 낮아지기 때문이다. 게다가 유럽에서건 미국에서건, 정부의 운영비와 건강보험 체제를 유지하는 비용을 감당하는 그 짐은 점점 더 노동자에게 떠넘겨지고 있는 중이다.

자본에 대한 이상적 세율, 0퍼센트?

자본에 부과되는 세율이 줄어들고, 그에 따라 자연스럽게 노동의 조세 부담이 늘어나는 일이, 과연 걱정해야 할 일인가? 이와 같은 변화가 불평등을 늘리는 방향으로 큰 영향을 미치리라는 점에는 의문의 여지가 없다. 언제나 어디서나 노동계급 및 중산층 가정은 그들의 소득 중 큰 부분을 노동으로부터 얻을 것이기 때문이다. 소득 상위 10퍼센트를 제외한 모든 미국인의 세전 소득 중 85퍼센트가 노동에서 나오며, 자본에서 얻는 소득은 15퍼센트에 지나지 않는다. 부자들의 소득 구조는 이와 정반대다. 소득 상위 1퍼센트는 소득 중 절반 이상을 자본에서 얻으며, 최상위 0.1퍼센트에게는 소득 중 자본소득의 비중이 3분의 2를 넘는다.[6] 이는 자본주의 사회의 상수라고 볼 수 있다. 소득 사다리를 올라가면 올라갈수록 소득에서 자본소득이 차지하는 비중이 높아져, 결국 아주 정점에 오르면 100퍼센트에 이르고 만다. 정부가 자본에 대한 세금 부담을 줄여 준다는 말은 그러므로, 거의 언제나 부자들의 세금을 깎아 준다는 말과 다르지 않다.

자본에 대한 조세 부담을 경감시켜 준다는 것은, 소득 중 큰 부분을 자본을 통해 얻는 부유한 이들이 더 많은 자본을 축적할 수 있도록 구조적으로 뒷받침해 준다는 말과 같다. 눈덩이를 굴리는 것 같은 효과를 낳는 것이다. 부가소득을 낳고, 자본에 붙는 세율이 낮아진 만큼 소득 중 많은 부분을 저축하는 일은 더욱 쉬워진다. 그렇게 저축된 돈은 현재 가지고 있는 자본에 추가되어, 더 많은 소득을 낳고, 그렇게 연쇄작용이 일어나는 것이다.[7] 이러한 눈덩이 효과는 미국에서 벌어지고 있는 부의 집중에 실로 큰 영향을 미치고 있다. 상위 1퍼센트가 소유하고 있는 부의 비중은 1980년대 말 22퍼센트였지만 2018년 현재 37퍼센트로 폭증했다. 반면 하위 90퍼센트에 속하는 이들이 소유한 부는 같은 기간 40퍼센트에서 27퍼센트로 줄어들었다. 1980년 이후 상위 1퍼센트와 하위 90퍼센트는 미국의 전체 부 가운데 자신들이 가지고 있던 재산의 비중을 서로 맞바꾼 듯한 모습이다. 하위 90퍼센트가 잃어버린 만큼 상위 1퍼센트가 얻었다고 해도 과언이 아니다.*

---

* 최상위 부의 비율은 소득세 신고서의 자본소득을 기반으로 자본의 양을 추측하여 산정하였다. Saez and Zucman(2016), 이후 추가된 자료에 기반한 분석은 Piketty,

그들은 왜 나보다 덜 내는가

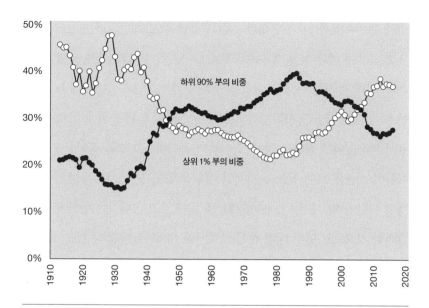

하위 90% 부의 비중

상위 1% 부의 비중

[5-3] 부의 불평등 심화(상위 1퍼센트와 하위 90퍼센트가 차지하는 민간 영역 부의 비중)

이 그래프는 미국에서 상위 1퍼센트에 속하는 성인과 하위 90퍼센트에 속하는 성인이 지닌 부의 비중이 변화해 온 양상을 나타낸 것이다. 공공 영역에 속하는 부를 제외하고, 가계가 직접적·간접적으로 보유하고 있는 모든 주택과 연금펀드 등의 금융자산 및 부채를 포괄하고 있다. 결혼한 부부가 가진 부는 동등하게 분할하여 계산하였다. 상위 1퍼센트가 소유한 부는 1970년대 말 20퍼센트에서 두 배로 뛰어올라 오늘날 40퍼센트에 육박한다. 반면 하위 90퍼센트가 소유한 부는 40퍼센트에서 약 25퍼센트로 내려앉았다. 자세한 내용은 taxjusticenow.org를 참고할 것.

    그런데 어떤 경제 이론에 따른다면 이런 현상은 걱정할 일이 아니라 오히려 쌍수 들고 환영할 만한 일이다. 자본에 부과되는 세금이 줄어들면서 장기적으로 볼 때… 평범한 노동자들이 이득을 볼 것이기 때문이다.

Saez, and Zucman(2018) 참고.

이와 같은 이론은 1970년대와 1980년대에 주로 개발되었는데, 그에 따르면 자본에 대한 적정 세율은 0퍼센트다. 기업의 이익, 이자, 배당, 양도소득, 지대, 주거용 부동산, 상업용 부동산, 개인적인 부, 자산, 상속 등 모든 것에 대한 세금은 사라져야 하며 대신 노동소득과 소비에 더 높은 세율이 적용되어야 한다는 것이 그 이론의 골자다.[*] 그 말을 곧이곧대로 받아들여 적용해 보면 실로 충격적인 정책 제안이 된다. 세계에서 가장 부유한 사람인 빌 게이츠는 전혀 세금을 내지 않고 살아가는 반면, 정부는 그러한 정책으로 인한 재정 손실을 비서와 은퇴자들에게 더 많은 세금을 걷는 것으로 충당해야 한다는 뜻이기 때문이다. 자산이 없는 관계로 자산 소득 역시 기대할 수 없는 가장 가난한 계층마저도 이러한 정책을 통해 이익을 볼 수 있다고 그들은 주장한다. 최소한 장기적인 관점에서 볼 때, 그 가난한 이들도 세전 소득의 증가를 기대할 수 있을 것이기 때문이다.

마치 상아탑의 공리공론처럼 들릴 것이다. 하지만 앞서 말한 내용은 전 세계 경제학과 대학원생들이 배우는 학계의 정설이며, 워싱턴DC에서 정책 토론이 오갈 때에도 시금석 노릇을 하고 있다. 물론 기본적인 이론에 다양한 변형이 가해져 있으나 그 내용은 0퍼센트가 아닌 몇 퍼센트

---

[*] 이렇듯 자본세가 0이었을 때의 결과는 앳킨슨-스티글리츠 정리(Atkinson and Stiglitz, 1976)와 샴리-저드 효과(Chamley, 1986; Judd, 1985)로 알려져 있다. 하지만 이 결과는 매우 강하고 비현실적인 가정에 기반한다. 더 현실적인 전제를 두면 자본세는 바람직한 결과를 낳는다(Piketty and Saez, 2013; Saez and Stantcheva, 2018 등을 참고).

그들은 왜 나보다 덜 내는가

정도까지 세율을 낮추는 게 가장 효과가 좋을지에 대한 것이다. 그나마 그런 섬세한 논의는 정책 토론의 과정에서 무시되기 일쑤다. 미국의 세법 전문가들에게 자본 과세에 대해 어떻게 생각하는지 물어보라. "경제학적으로 밝혀진 바와 같이" 자본에는 세금을 매겨서는 안 된다고 대답하는 사람들이 얼마나 많은지 알면 깜짝 놀라게 될 것이다(그렇다, 이는 저자들이 직접 겪은 일이다). 물론 그 어떤 나라도 아주 작은 나라거나 조세 도피처가 아닌 다음에야 자본에 부과되는 모든 세금을 없애거나 하지 않았고, 실제로도 자본에 부과되는 모든 세금을 단번에 없애자고 주장하는 이는 소수에 지나지 않는다. 하지만 자본에 세금을 부과하는 것은 해로운 일이라고 여기는 관점만큼은 주류에서 통용되고 있다.

이런 사고방식은 어디에서 나온 것일까? 국민들이 매년 저축하는 액수와 해당 국가가 해외로부터 끌어들이는 자본의 순흐름이 차지하는 비중, 즉 자본의 공급이 세후 소득의 변화에 극히 민감하게 반응한다는 관점이 그 근원에 깔려 있다. 자본의 공급은 세후 소득 변화에 너무도 민감한 나머지, 아주 미세한 세금의 부과만으로도 결국에는 막대한 자본이 축적되는 것을 방해하는 결과를 낳을 수도 있다는 것이다. 자본은 노동자들이 더 생산적으로 일할 수 있게 하기에 매우 유용한 것이며, 따라서 자본에 세금을 매기는 것은 결국 임금 상승을 저해한다. 경제학적 용어를 쓰자면 자본에 대한 세금은 전적으로 노동에 전가되고 마는 것이다. 이러한 세계관을 가진 이들에게 법인세란 노동자에게 전가될 가능성이 특히 도드라지는 세금에 지나지 않는다. 기업과 공장에 세금을 물리면 해외로 이전한다. 기업은 자본재의 구입을 중단해 버리고, 차본 축적을 중단한 채 임금을 줄일 것이다. 이렇게 분석해 본다면, 경제학적 용어를 쓸 때, 법인세의 조세 부담은 노동에 귀착incidence된다.

모든 조세 정책을 분석함에 있어서 귀착은 핵심적으로 등장하는 용어라 할 수 있다. 그러므로 우리는 그 개념 앞에서 잠시 멈추고, 자본에 대한 과세를 반대하는 이들이 일구어낸 논의의 실익이 무엇인지 알아보는 시간을 갖는 것이 좋겠다. 법인세가 인하된다면 무슨 일이 벌어질까? 배당과 자사주 매입이 늘어날 것이고, 따라서 주주들의 소득이 올라갈 것이다. 하지만 기업은 기계와 설비의 구입을 늘리는 방향을 택할 수도 있고, 그 경우 노동자들의 생산성은 높아지며 그것은 임금 상승으로 이어진다. 혹은 기업은 세율이 낮아진 만큼 자신들이 판매하는 상품의 가격을 낮출 수도 있는데, 노동소득이건 자본소득이건 궁극적으로는 소비로 이어진다는 점에서 결과적으로 노동과 자본 모두가 혜택을 보게 되는 것이다. 조세 정책의 변화가 경제적 행태, 경제적 산출의 수준, 인구집단 내에서 소득이 분배되는 방식에 미치는 그 헤아릴 수 없을 만큼 많은 가능성을 따져보는 것이 조세 귀착 논의의 핵심이라고 할 수 있다.

이 분야를 다루는 경제학적 연구의 주요 결과는 직관적으로 와닿는 것이다. 생산에서 가장 비탄력적인 부분은 조세 부담을 크게 짊어지는 반면, 가장 탄력적인 분야는 조세 부담을 회피하게 된다. 결국 자본에 과세가 된다면 언제든 투자와 저축은 위축될 수 있는 것이니만큼 자본은 극히 탄력적이고, 따라서 자본에 부과되는 세금의 부담은 노동에 전가될 수밖에 없다. 하지만 자본에 부과되는 세금이 노동에 전가될 수 있는 것처럼, 노동에 전가되는 세금 역시 자본에 전가될 수 있을 것이다. 이는 노동이 매우 탄력적일 때, 말하자면 사람들이 세금을 내고 싶지 않을 만큼 세율이 높아질 때 확연히 일을 덜 하게 된다면, 가능하다. 조세 귀착에 대한 가장 오래되고 유명한 논의는 애덤 스미스의 《국부론》에 등장한다. 애덤 스미스는 노동에 부과된 세금이 어떻게 자본으로 전가되는지 설명하고 있다. 만약 농부들이 간신히 입에 풀칠을 하며 먹고살 수만 있는 정도로 최저 수준의 생산을 하고 있다면, 그들의 임금에 세금을 물리는 것은 농부들을 굶주림에 빠지게 할 것이다. 그런 상황이라면 급여세는 가난한 농부에게서 부유한 지주에게로 전가된다. 지주로서는 자신들이 부리는 노동력이 굶어 죽는 것을 막기 위해 이전보다 많은 수당을 지불할 수밖에 없을 테니 말이다.

조세 귀착에 대한 논의는 결국 간단한 경험적 질문으로 이어질 수밖에 없다. 자본과 노동은 어느 정도로 탄력적인가? 특히 자본에 대해 세금을 매기지 않게 되면, 자본 축적이 이루어지는가? 만약 그렇다면 자본에 세금을 물리는 것은 진실로 해로운 일일 것이며, 법인세를 인하하는 것은 장기적으로 볼 때 노동자들의 이익에 부합하는 일이라고 볼 수 있다.

자본 과세와 자본 축적, 장기적 관점에서

이 논쟁에서 말을 보태는 대부분의 사람들에 따르면, 자본은 그 본성상 극히 탄력성이 크다. 마치 중력의 법칙처럼 거스를 수도 바꿀 수도 없는 속성이다. 하지만 이는 마치 최저임금은 고용을 저해할 수밖에 없다는 주장처럼, 경제학의 기본 이론에서 출발한 거친 예측일 뿐이다. 그런 믿음이 사실에 부합하는지는 검증해 봐야 하는 것이다. 그들의 주장이 현실에 부합하는지 확인하는 방법은 여러 가지가 있을 수 있지만, 투자율과 자본에 대한 세율이 어떻게 변화해 왔는지 장기간에 걸쳐 비교하는 데서부터 시작하는 것이 합리적일 듯하다. 자본에 높은 세율이 적용되면 투자가 확연히 줄어든다는 주장은 미국 역사를 통해 검증 가능한가? 만약 그렇다면 이는 자본에 세금을 매기는 것이 자본시장의 위축을 불러오고 궁극적으로 노동자들의 빈곤을 유발한다는 뜻으로 해석 가능하다.

하지만 그 답은, 간단히 말해 '그렇지 않다'는 것이다. 저축과 투자에 대한 자료는 20세기 초까지 거슬러 올라갈 수 있고, 우리는 그 수치를 자본소득에 대한 평균 세율과 대조해 볼 수 있다. 그렇게 놓고 보면 자본에 대한 세율이 높았던 시절, 즉 1950년대부터 1980년대까지야말로 저축과 투자가 역사적으로 가장 잘 이루어졌던 시절에 속한다. 국민소득의 10퍼센트 이상이 저축되고 투자되었던 것이다. 이는 자본 축적이 이루어지는 방식을 어떤 각도에서 살펴보더라도 동일하게 발견되는 현상이다. 개인과 기업의 저축을 포괄하는 민간 저축private saving, 민간 저축과 정부의 저축을 합친 국민저축national saving, 혹은 국민저축에서 순해외저축net foreign saving을 뺀 국내투자domestic investment를 보더라도 마찬가지다(현실적으로는 국내투자와 국민저축은 거의 같다. 왜냐하면 순해외저축은 대부분의 경우

그들은 왜 나보다 덜 내는가

아주 작기 때문이다). 자본에 대한 세금이 줄어들기 시작한 1980년대 이래 자본 축적이 늘어났다는 지표는 찾아볼 수 없다. 실상은 그와 정반대다. 1980년 이후 국민저축은 점차 줄어들기 시작해, 결국 2000년대의 중반쯤 이르면 0퍼센트에 근접하리만치 떨어지고 만다. 부자들의 저축률은 견고하게 유지되었지만 인구 중 99퍼센트를 차지하는 계층과 정부의 저축은 폭삭 주저앉고 말았다. "자본세를 0으로" 만들자는 이론이 정책으로 제안되려면 반드시 있어야 할 무언가는 없고, 그 반대가 이루어지고 있는 것이다.

지난 100년을 돌이켜보더라도 자본에 대한 과세와 자본 축적 사이에는 상관관계가 관찰되지 않는다. 1980년 이전까지 자본에 대한 과세가 다양한 형태로 크게 이루어지고 있었음에도 미국의 저축 및 투자율은 국민소득의 10퍼센트 내외를 오가고 있었다. 예외가 있다면 대량 실업과 예측 불가능한 실질소득의 감소가 경제를 강타했던 대공황 시기, 그리고 소비가 배급제로 바뀌면서 저축이 크게 내려앉았던 2차 세계대전 기간뿐이다. 이런 예외적인 역사적 사건들을 논외로 한다면, 미국은 흔들림없이 저축을 하는 나라였다. 프랑스, 독일, 영국에서도 19세기까지 거슬러 올라가는 자료를 통해 그와 유사한 일관된 저축 및 투자 성향을 발견할 수 있다. 세계대전이라는 예외적인 기간을 빼고 나면 이 세 나라의 저축률은 국민소득의 10퍼센트 내외에서 오르내렸다. 19세기에는 자본에 부과되는 세율이 5퍼센트보다 낮았고, 2차 세계대전 이후 수십 년 동안은 50퍼센트가 넘었음에도 불구하고, 이렇듯 자본에 부과되는 평균 세율

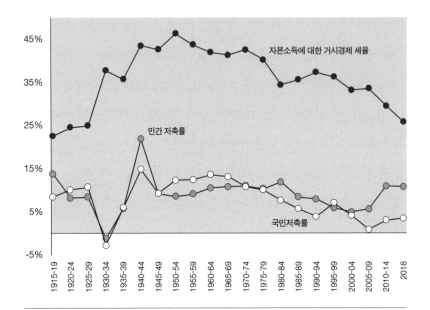

[5-4] 자본 과세와 자본 축적(미국의 거시경제 자본세율과 저축률 변화 비교)

이 그래프는 자본소득에 대한 거시경제 세율(전체 자본소득과 자본에 대한 세금 전체의 비율)의 변화를 민간 저축률(가계와 기업의 저축이 국민소득에서 차지하는 비중), 국민저축률(민간 저축과 정부 저축이 국민소득에서 차지하는 비중)과 비교한 것이다. 1940년부터 1980년까지 미국은 자본에 대해 높은 세율을 매기면서 동시에 높은 저축률을 보였다. 1980년 이후로 자본에 대한 세율은 낮아지기 시작했고 저축률 역시 내려갔다. 거시경제 자료에 입각해 볼 때, 자본에 세금을 물리는 것은 저축의 규모를 줄이는 결과를 초래하지 않는다. 자세한 내용은 taxjusticenow.org를 참고할 것.

이 극심하게 변하는 와중에도 민간 저축률은 국민소득의 10퍼센트 내외를 오가고 있었을 뿐이다.[8]

　　한 가지 분명히 해 두도록 하자. 이것은 자본에 대한 과세가 그 어떤 경제적 비용도 발생시키지 않는다는 주장에 대한 증거가 되지 못한다. 이 역사적 사실은 저축 및 투자율이 크게 달라지지 않는 한, 자본에 대한 과

그들은 왜 나보다 덜 내는가

세는 장기적으로 보더라도 자본 소유자에게 부담이 되지 노동자의 부담이 되지는 않는다는 것을 보여줄 뿐이다. 자본에 대한 세금이 무거울 때에도 자본 축적은 줄어들지 않고 임금 또한 낮아지지 않는다면, 자본에 대한 과세의 부담은 온전히 자본 스스로에게 귀착된다고 볼 수 있다. 부자들은 자신들의 소득 대부분을 자본을 통해 얻지만, 중산층과 노동계급은 대부분의 소득을 노동을 통해 얻고 있는 만큼, 자본에 과세를 하면 주로 손해를 보는 것은 자본가이지 노동계급이 아닌 것이다. 물론 저축을 할지 말지 여부에 대한 결정이 세금으로부터 완전히 비탄력적인 것은 아니다. 만약 자본에 대한 세율이 100퍼센트에 도달한다면 그 경제 체제에서 부는 확연히 줄어들 것이라고 추정해 볼 수 있다. 하지만 자본에 부과된 세금 역시 폭넓은 세후 환급 대상이 된다(20세기 전반에 걸쳐 사례들을 살펴보면 약 2~5퍼센트 사이에서 환급이 이루어진다고 할 수 있다). 이렇듯 자본에 대한 과세 부담이 투자의 위축으로 이어진다는 주장을 뒷받침해 주는 경험적 근거는 매우 부족하다.

세금이 아닌 규제가 자본 축적을 북돋는다

여기서 우리는 근본적인 질문으로 되돌아오게 된다. 자본 축적은 왜 자본에 대한 과세에 상대적으로 덜 민감하게 반응하는 것처럼 보이는 것일까? 요점을 말하자면, 자본에 대한 과세는 자본 축적에 영향을 미치는 수없이 많은 경제적·사회적 힘 가운데 그저 한 요소, 그것도 상대적으로 작은 요소에 지나지 않기 때문이다. 민간 저축 영역의 행태에 영향을 미치는 더 중요한 힘은 규제에서 나온다.

대부분의 미국인에게 부를 구성하는 주요 요소들은 이렇다. 자산 측면에서 보자면 주택과 퇴직 대비 저축이 주를 이루고, 부채 측면에서는 주택 담보대출, 소비자 신용대출, 그리고 학자금 대출로 이루어져 있다.[9] 공공 정책은 이러한 자산과 부채의 각 유형에 직접적인 영향을 미친다. 2차 세계대전 이후 수십여 년 동안 정부는 기업을 규제함으로써 피용자들에게 지급될 연금에 기업이 재원을 투여하도록 장려했다. 연방정부는 30년 만기 주택 담보대출을 만들도록 후원했는데, 이는 평생에 걸쳐 저축을 하도록 유도하는 효과를 낳았다. 주택 담보대출을 다 갚아서 집을 온전히 자신의 것으로 만들어낸다면 그것은 결국 저축을 한 것과 마찬가지일 테니 말이다. 반면 1980년대 이래 학자금 대출이 폭증한 데에는 고등교육에 대한 공공 재정 지원이 줄어든 것이 한 몫을 했다. 재융자refinancing를 통해 끝없이 주택 담보대출을 연장하는 것을 허용한다거나 소비자 금융의 공급을 대폭 늘리는 식으로, 금융 분야에 대한 규제가 줄어들면서 사람들은 더욱 쉽게 빚을 얻을 수 있게 되었다.

우리는 어쩌면 여기서 행동경제학으로부터 중요한 교훈을 얻을 수 있을지 모르겠다. 행동경제학은 기존 경제학에서 가정하는 극도로 합리적인 행위자 모델 대신 현실에 존재하는 보다 현실적인 인간 존재에 기반한 행동 모형을 탐구하는 분야로, 현재 빠르게 성장하고 있다. 행동경제학에 따라 분석해 보면 저축률에서 비조세 정책의 영향력이 조세 정책

그들은 왜 나보다 덜 내는가

의 영향력을 압도한다.[10] 가령 기본 선택지default option에 대해 생각해 보자. 새로 고용된 노동자들 중 401(k) 퇴직연금 계좌에 가입하는 비율은 그것이 고용계약서에서 기본 선택지로 주어져 있을 때와 아닐 때 크게 차이가 난다. 기본 선택지로 주어지면 80퍼센트가 가입하는 반면 선택의 여지가 주어지면 20퍼센트만이 가입하는 것이다.[11] 오늘날 401(k) 퇴직연금 계좌는 미국에서 가장 지배적인 퇴직연금이 되어 있다. 기본 선택지는 퇴직연금 가입 자체를 늘려 줄 뿐 아니라, 노동자들의 저축률을 '전반적으로' 향상시켜 준다. 퇴직연금 계좌에 저축을 했다 해서 다른 종류의 부를 축적하지 않는 일, 가령 주택 담보대출을 갚지 않는다거나 하는 일은 그다지 벌어지지 않는 것이다. 반면 퇴직연금 가입률을 높이기 위해 전통적으로 사용되어 온 세제 혜택은 반대의 효과를 낳는다. 퇴직연금 투자 수익을 면세 대상으로 놓으면, 사람들은 퇴직연금이 아닌 방식으로 투자해야 할 돈을 퇴직연금이라는 면세 상품으로 옮기는데, 이 과정에서는 저축률이 유의미하게 상승하지 않는 것이다.[12] 기본 선택지 같은 단순한 "넛지"를 설계하는 것은 세제 혜택보다 부의 축적에서 훨씬 더 극적이고 큰 실질적 효과를 낳는다.*

자본에 과세를 해도 아무런 영향이 발생하지 않는다는 말이 아니다.

---

* 가령 1997년 누진적 부유세를 없앴지만 아직 불평등이 급상승하지 않았고, 연금 규제 방식을 변경한 후 부유층의 저축률을 압도할 만큼 중산층의 저축률 상승을 경험한 덴마크의 사례를 보면, 이는 명백하다고 할 수 있다. Jakobsen et al. (2018) 참고.

자본은 대단히 탄력적이거나 하지는 않지만 어딘가로 숨어 버릴 수는 있다. 부자들은 국경 너머에 부를 감춰 버릴 수도 있다. 다국적기업들은 자사의 이익을 버뮤다로 이전시킬 수 있다. 사람들은 세금이 부과되지 않는 계좌를 이용해 투자를 할 수 있다. 조세 회피 서비스 제공자들은 부자들을 고객으로 삼고 있고 자본소득은 일차적으로 부자들의 소득원인 관계로, 조세 회피 산업을 정부가 계속 견제하지 않는다고 할 때 자본에 과세를 하면 그것을 피하기 위한 시도가 늘어날 가능성은 상당히 크다고 보아야 할 것이다. 하지만 이런 식의 조세 회피는 사람들이 주식·채권·부동산 등을 보유함으로써 부를 축적해 가는 실제 과정에 영향을 주지 못한다. 물론 자본은 세금에 민감하게 반응할 수 있다. 하지만 그 반응이라는 것은 수많은 방법을 동원해 자본을 해외로 빼돌리는 식으로 벌어지지, 사람들이 늘어난 세금을 내느니 그 돈을 오늘 당장 다 소비해 버리는 식으로 나타나지 않는다. 게다가 자본의 조세 회피 반응이라는 것은 자연법칙처럼 정해져 있고 피할 수 없는 게 아니다. 정부의 결정에 따라서 막아 버릴 수 있는 것이다. 1980년대 이래 정부가 조세 회피를 용인해 왔기 때문에 조세 회피는 성장했다. 그 전까지는 조세 회피자들의 힘이 나약했다.

그 결론을 통해 우리는 기업이익 과세 문제에 대해서도 생각해 볼 수 있다. 기업이익은 훨씬 더 탄력성이 큰 일종의 자본소득으로 볼 수 있기 때문이다. 나라마다 세금이 다를 때, 기업은 세금이 더 낮은 나라로 공장을 옮기거나 하지 않는다. 대신 조세 도피처로 서류상 이득을 이전시킬 뿐이다. 수익이전은 자본의 실제 이동을 압도하는 수준이다. 더욱 일반적

그들은 왜 나보다 덜 내는가

으로 보자면 다양한 장소에서 법인세율에 따라 기업의 행동 양태가 변화한다는 것을 보여주는 일련의 증거들이 존재한다.[13] 법인세가 높아지면 기업들은 자회사를 내거나 합병하는 대신 법인세의 과세 대상이 되지 않는 영업 형태, 가령 파트너십 같은 것을 통해 조직을 꾸리는 경향을 보인다. 대출이자는 공제 대상이 되므로 기업들은 더 많은 돈을 빌리는 경향을 보여주기도 한다. 투자에 따른 한시적인 세제 혜택을 얻을 수 있다면 기업은 투자 계획에 가속도를 낼 것이다. 하지만 이런 선택지들은 기업의 장기적인 자본 축적에 영향을 미치지 않는다. 기업은 그런 이유로 건물을 짓고 기계와 장비를 구입하지는 않는 것이다. 이 모든 사례들을 살펴보아도 기업의 이익에 대한 과세를 줄일 때 노동자들의 임금이 오를 것이라는 결론으로 이어지지는 않는다.

이념을 앞세워 목청을 높이는 이들의 희망사항과는 달리, 법인소득세의 "부담"을 노동자가 대신 짊어지게 된다는 그들의 주장은 경제학적으로 "증명"된 바 없다. 만약 그게 사실이라면 전 세계의 모든 노동조합들이 앞장서서 법인소득세를 없애라고 정부를 압박하고 있었을 것이다. 정작 현실을 보면 부유한 주주가 아닌 평범한 노동자들이 높은 법인세로 인해 고통받는다고 가장 큰 소리로 주장하는 이들은 결국⋯ 부유한 주주들이다. 2018년 미국 중간선거 당시 코크 형제로부터 각각 500억 달러 상당의 후원을 받았던 로비 단체들은 트럼프 대통령의 법인세 인하가 임금 상승을 불러올 것이라고 유권자들을 설득하는 데 2000만 달러 이상을 썼다.[14] 마찬가지로 노동에 대한 과세가 자본에 부담을 주리라는 주장

역시 경제학적으로 증명된 바 없다. 장기적으로 볼 때 자본에 대한 과세의 부담은 대부분 자본으로 돌아가고, 노동에 대한 과세의 부담은 대부분 노동으로 돌아간다. 가난한 이들은 부자들이 가진 부에 대한 세금으로 인해 고통받지 않고, 부자들 역시 가난한 이들에게 부과된 세금으로 인해 고통받는 일 따위는 벌어지지 않는 것이다.

법인세 인하는 곧 누진적 소득세의 죽음

자본에 대한 과세를 줄이고 노동에 대한 과세를 늘리는 일에 어떤 바람직한 면이 있는지 검증된 바는 없지만, 그와 같은 선택에는 현실적인 대가가 따른다. 사람들이 세계화를 세계화의 승자들에게 낮은 세금을 물리는 것과 동의어로 취급하게 되면서, 보호무역주의자들이 역습을 가할 위험이 커지고 그 결과 세계화의 지속가능성이 저해되는데, 문제는 그것만이 아니다. 치명적인 잠재력을 지닌 조세 회피 방식의 가능성을 열어 주는 것 또한 문제다. 소득의 출처를 노동에서 자본으로 바꿈으로써 탈세를 하는 것이다. 자본에 부과되는 세율이 낮으면 부자들은 높은 세율이 붙는 임금을 낮은 세율의 자본소득으로 재분류할 것이다. 노동에 대한 세율과 자본에 대한 세율의 격차가 크면 클수록 그러한 행동을 할 유인동기 역시 커진다. 이러한 변화가 일반화되면 큰 문제가 뒤따른다. 현대 조세 체계에서 누진적 요소를 강화시키는 핵심 요소라 할 수 있는 개인소득세가 죽음을 맞이하게 되는 것이다.

물론 노동소득을 자본소득으로 이전하는 게 불가능한 다수의 사례들이 존재한다. 교사, 사무직, 그 밖에 대부분의 피용자들은 자신들이 받는 임금이 실은 주식배당이라는 식으로 둘러대는 일이 전혀 불가능하다고 보아도 무방할 것이다. 하지만 부자들에게 소득 이전은 아이들 장난과도 같다. 실무적으로 그러한 작업은 협업의 형태를 빌어 이루어진다.

한 해에 100만 달러를 벌지만 평소 개인적인 용도로는 40만 달러 정도만 소비하면서 살아가는 성공한 변호사인 존의 예를 들어보자. 그리고 이제 우리가 2050년, 바야흐로 법인세 인하 경쟁으로 인해 법인세라는 것이 완전히 사라져 버린 세상에 살고 있다고도 가정해 보자. 이런 세상이라면 존은 어떤 식으로 소득을 챙길까? 아마도 존은 자신만의 개인회사인 존 LLC를 설립하고 자신에게 배당의 형태로 40만 달러를 지불할 것이다. 그는 그 돈으로 식사, 의복, 휴가 등 필요한 것들을 구입하며 나머지 60만 달러는 저축할 수 있다. 그 경우 100만 달러를 벌고 있더라도 존이 내는 세금은 오직 40만 달러에 대한 개인소득세뿐이다. 나머지에 대해서는 세금이 부과되지 않는다. 자신의 개인회사에 남아 있는 돈, 그의 저축은 면세 대상이 되어 버리는 것이다. 그리하여 소득세는 단순한 소비세로 전락하게 된다.

법인세가 낮다면 부자들은 기업으로 변신하여 낮은 법인세의 혜택을 만끽할 수 있다. 변호사 · 의사 · 건축가 등 전문직 자영업 종사자들 또한 기업으로서 활동하는 편을 선택할 수 있다. 금융자산을 소유하고 있는 이들은 자신의 주식과 채권 자산을 지주회사로 이전할 수 있다. 비상장기업의 소유주 겸 경영자들은 자신의 임금을 깎고 대신 그 돈을 회사 내에 보관하는 것 또한 가능하다. 심지어 소프트웨어 엔지니어, 금융분석가, 칼럼니스트 등 높은 연봉을 받는 피용자들마저도 법인화한 후, 구글이나 씨티그룹 혹은 워싱턴포스트에 자신들의 노동의 대가를 기업 대 기업으로 지불하라고 할 수도 있는 것이다.

부유한 개인들이 법인화incorporating를 통해 탈세하는 것은 세금을 걷는 국가 입장에서 보면 위협적인 일이기에, 누진적인 소득세를 가지고 있는 국가라면 법인에 대해서도 누진적 소득세를 적용한다. 법인세는 부유한 개인들이 자신들의 개인소득을 마치 기업이 벌어들인 돈인 양 가장하여 조세징수관의 눈을 피하는 것을 막아 주는, 일종의 안전판 역할을 한다. 법인세의 역할이 오직 그것만인 것은 아니다. 법인세는 공공 재정에 투입됨으로써, 기업 스스로도 혜택을 보는 사회기반시설의 건설과 유지에 기여한다. 하지만 탈세를 막는 것은 법인세의 존재 이유와 누진제 적용을 옹호하는 논거로서 언제나 가장 먼저 등장하는 것이다. 이는 역사적으로 볼 때 언제나 개인소득세가 등장하는 것과 동시에 법인소득세가 등장한 이유이기도 하다. 우주왕복선 챌린저호의 O링이라는 사소한 부품 결함이 대형 참사를 낳았듯, 법인세가 제 기능을 하지 못한다면 누진적 소득세 체계 전체가 무너질 위험에 처하게 되는 것이다.

모든 부자들이 법인화해 버리고 나면 누진적 소득세는 사실상 단순한 소비세로 전락해 버리고 죽음을 맞이하지만, 끝장나는 것은 소득세만이 아니다. 이 잔존해 있는 소비세마저도 사실상 무한한 탈세의 가능성에

그들은 왜 나보다 덜 내는가

직면하게 되는 것이다. 그런 일이 어떻게 벌어지게 될까? 기업 내에서 소비를 하면 된다. 존에게 존 LLC가 배당을 하면 그것은 과세 대상이 되지만, 존 LLC가 존의 식사·의복·휴가 등 개인적 소비 활동에 대해 대신 지불할 수도 있는 것이다. 이런 짓은 단순명료한 탈세 행위다. 법인 명의로 지불할 수 있는 소비의 대상은 엄격한 규제의 대상이며 개인적인 소비의 영역까지 포함할 수 없기 때문이다. 하지만 모든 사람이 기업이 된다면, 모든 사람이 단 한 사람의 소유자 외에 그 누구도 고용하고 있지 않은 서류상 기업에 속하게 된다면, 이런 규칙을 강제하고 잘 지켜지는지 감시하는 일은 불가능해진다. 실제로 그런 일이 벌어질 수 있다는 사실을 확인하려면 오늘날의 칠레를 들여다보는 것만으로도 충분하다. 칠레에서는 부유층의 대다수가 자신의 개인회사를 가지고 있고, 자신들의 개인적 소비 내역을 법인 명의로 넘김으로써 탈세하는 일이 일상적으로 벌어지고 있는 것이다.[15]

이제 근본적인 문제가 눈에 들어올 것이다. 2018년 미국이 법인세를 21퍼센트로 급격하게 낮추었고 그에 따라 전 세계적으로 비슷한 추세가 형성되고 있는 것은, 부자들로 하여금 법인화하고자 하는 욕구를 더욱 크게 불러일으킬 수밖에 없다는 것 말이다. 기업을 하나 만들어서 그 뒤에 숨으면 소득의 큰 부분을 아낄 수 있다는데, 약간의 수고로운 절차가 대수일까. 당장 소비하지 않으면 모든 소득에 대해 고작 21퍼센트의 세금만 내면 되는데 말이다. 이런 걱정이 한낱 환상에 불과하다고 생각하는가? 이렇듯 소득을 이전하는 사례들은 전 세계에 두루 퍼져 있다.[16] 다만 우리가 확인할 수 있는 역사적 사례와 오늘날 벌어지고 있는 일 사이에는 단 한 가지 중요한 차이가 있다. 최근까지도 각국의 정부는 부자들이 얻는 근로소득과 자본소득 사이의 과세 격차를 줄이기 위해 신중한 노력을 기울여 오고 있었다는 것 말이다. 물론 격차가 있긴 했어도 대체로 몇 퍼센트포인트 수준에 머물렀다. 1980년대의 합법적 탈세를 보며 충격을 받았던, 미국의 거대기업들이 벌이는 광란의 수익이전 놀이를 보며 혼란스러워졌던 독자라면, 이제 숨을 크게 들이켜고 마음을 단단히 먹어야 할 때다. 우리는 지금 정의롭지 못한 조세 정책의 세번째 단계에 들어서고 있는 중이기 때문이다. 물론 세상에 영원한 것은 없고 긍정적인 변화가 제때 이루어질 수 있을지도 모른다. 하지만 통상적인 상황을 가정해 본다면 새로운 유형의 탈세는 이제 막 터져나오기 시작할 것이다. 조세 감면 경쟁이 전 세계적인 법인세 인하 추세를 부추겼던 것처럼, 이제 또다른 재앙이 그 정점을 향해 달려가고 있다.

유령회사 놀음을
끝장내기 위한 호루라기

2019년, IMF는 전문가들을 초청하여 세율 인하 경쟁과 법인세의 미래에 대한 그들의 견해를 물어보았다. 초청된 전문가들 대부분은 예측 가능한 미래에 조세 경쟁이 "심화될 가능성이 높다"는 대답을 내놓았다.[1] 모든 나라에는 각자 조세의 형식과 내용을 정할 수 있는 권리, 즉 주권이 있다. 조세 도피처가 법인세를 뚝뚝 떨어뜨릴 때 그런 행위를 하지 못하도록 강제할 수 있는 자가 어디 있단 말인가? 그것이 스스로에게 이익이 되는 한 어떤 나라들은 반드시 다른 나라보다 세율을 더욱 낮출 것이라는 데에 전문가들의 의견이 일치했다. 이익은 조세 부담이 가장 낮은 곳을 찾아 움직일 것이다. 확연히 잘못된 규정과 법의 악용 사례들을 바로잡기 위한 방법이야 있을 수 있다. 하지만 다국적기업에 높은 세율을 매기는

게 가능할까? 전 세계가 점점 더 밀접하게 뒤엉켜 가는 현 시점에서? 희망은 없다.

이런 관점은 잘못된 것이다. 세계화에는 법인세를 없애야 한다는 내용이 포함되어 있지 않다. 법인세를 없애고 있는 것은 우리 스스로가 내린 결정이다. 오늘날 가열차게 벌어지고 있는 법인세 0퍼센트를 향한 경쟁은 우리가 집단적으로 만들어낸 결과물이다. 설령 완전히 명료한 인식 하에 의식적으로 내린 결정은 아닐지라도, 또한 투명하고 민주적인 토론을 통해 이루어진 것은 분명히 아니겠지만, 아무튼 어떤 의미에서건 결정을 내리긴 한 것이다. 우리는 국제 공조를 택할 수도 있었지만 그렇게 하지 않는 쪽을 선택했다. 다국적기업이 세율이 낮은 곳을 찾아가 자신들의 이익을 장부에 기입하지 못하게 막는 쪽을 택할 수도 있었지만, 그들이 그런 짓을 하도록 내버려둔 것도 우리들이다. 우리는 다른 선택을 할 수도 있다. 오늘 당장이라도 시작해 보자.

국제 공조는 왜 실패해 왔는가

이 난관을 극복할 수 있는 방안이 무엇인지 알아보려면, 우리는 일단 우리가 지금까지 어떻게 실패해 왔는지 알아보아야 한다. 그리고 세계화가 제시하는 재정적인 도전이 무엇인지 명확하게 밝힐 필요가 있는 것이다.

상대적으로 덜 해로우며 주변적인 요인들에 대한 설명부터 시작해 보자. 금융의 세계화는 최근의 현상이다. 오늘날 전 세계 기업이 창출하

그들은 왜 나보다 덜 내는가

는 이익의 20퍼센트 가까운 액수가 그 기업의 본사가 위치한 국가가 아닌 외국에서 발생하고 있다.[2] 2000년대 이전까지만 해도 그 수치는 5퍼센트에도 미치지 못했다. 그 액수가 미미했던 탓에 2000년대 이전에는 기업이 이익을 해외로 이전함으로써 제대로 과세가 되느냐 마느냐 하는 문제가 공공 재정을 충당하는 데 그리 큰 영향을 미치지 못했고, 학계건 정치권이건 사람들이 크게 관심을 갖는 사안도 아니었다. 엄청난 이익을 내고 있던 다국적기업이 사람들의 뒤통수를 친 방식은 이런 것이었다. 금융 관련 담당 관서들은 1920년대에 만들어진 이전가격transfer pricing 체계가 그대로 유지될 것이라는 것을 기본 전제로 깔고 있었다. 우리가 지난 장에서 살펴보았다시피 이런 가정은 너무도 낙관적인 것이었다. 그러나 그것을 대체할 만한 체계적인 대안을 떠올릴 수 있었던 이는 극히 드물었다. 이렇게 속수무책으로 지켜보고 있는 사이에 기업들은 법의 허점을 악용해 사실상 면세에 가까운 혜택을 누리기 시작했다.

기업의 탈세 행각이 어느 규모로 이루어지고 있는지 드러나기까지는 시간이 더 필요했다. 다국적기업들의 활동 자체가 불투명하다는 단순한 이유 때문이었다. 일반적으로 기업은 자신들이 어느 나라에서 수익을 내고 있는지 공개해야 할 의무를 지지 않는다. 매년 애플은 미국 증권거래위원회에 자신들의 수익보고서를 제출한다. 그 속에는 그들이 전 세계적으로 올린 수익의 내역이 공개되어 있다. 하지만 쿠퍼티노에 본사를 둔 이 거대기업은 자신들이 그 이익을 '어디에서' 올리고 있는지에 대해서는 공개적으로 밝히고 있지 않다. 아일랜드, 독일, 영국 왕실령 저지섬 중 어

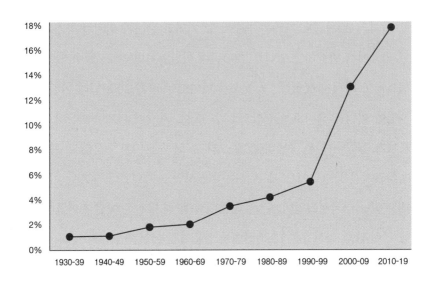

[6-1] 해외 이익의 상승(기업이 본사 소재 국가 외 지역에서 올린 수익의 비율)

이 그래프는 기업이 본사가 소재한 국가 외의 지역에서 올린 이익 비중의 변화를 나타낸 것이다. 수십 년 전만 해도 그 비중은 (5퍼센트 이하로) 낮았지만 지난 20여 년에 걸쳐 크게 상승하여 2010년대에는 18퍼센트대에 이르고 있다. 자세한 내용은 taxjusticenow.org를 참고할 것.

디에서 얼마만큼의 수익을 올렸는지 우리는 알 수가 없는 것이다. 따라서 애플이 얼마만큼의 돈을 조세 도피처로 이전시키고 있는지 대중들은 알 길이 없다. 다른 거대 다국적기업의 경우에도 사정은 마찬가지다.

그러나 무지만을 탓하는 것은 너무도 손쉬운 비난일 수 있다. 법인세율이 극적으로 낮아지고 있다는 것을 깨닫기 위해 무슨 대단한 자료나 특별한 지혜가 필요한 것은 아니기 때문이다. 우리가 집단적으로 이러한 선택을 한 배경에는 단순한 무지말고도, 상대적으로 좀더 해로운 요인들

그들은 왜 나보다 덜 내는가

이 개입해 있었다.

그중 첫번째는 탈세산업 복합체가 정치권을 상대로 성공적인 로비를 해 왔다는 것이다. 기업 내 자회사간 이전가격을 매겨 주는 산업은 1920년대에 만들어진 법인세 체계가 있어야 생존이 가능하며, 그 구식 체계를 존속시키는 데 사활을 걸 수밖에 없다. 가령 지금처럼 기업에 대한 과세가 자회사 단위로 이루어지는 대신 기업집단 전체를 대상으로 이루어진다고 해 보자. 내부 거래의 이전가격을 계산해 주는 산업은 하루아침에 그 존재의 이유를 상실하게 된다. 여기에는 실로 큰 경제적 이권이 걸려 있다. 4대 회계법인 소속이건 다국적 대기업에 직접 고용되어 있건, 이전가격 설정 작업을 전문적으로 수행하는 인원을 모두 합쳐 보면 약 25만여 명에 달한다.* 이 모든 이들이 자신들의 생업이 달린 문제에서 어떤 방향으로 정책이 바뀌건 그저 손 놓고 바라만 보고 있을 거라 생각한다면 그건 실로 천진난만한 발상일 것이다.

조세 회피 산업은 탈세를 막는 국제 공조를 최대한 방해해야 할 이해관계를 내재하고 있기도 하다. 만약 모든 국가의 세율이 동일하다면 기업으로서는 이 나라에서 저 나라로 이익을 이전해야 할 이유를 마땅히 찾지 못할 것이다. 군이 외국에 자회사를 설립하여 특허권을 매각할 이유

---

* 국제적인 이전가격 업무를 담당하는 전문가들이 받는 보수에 대한 추정치를 보면, 최근에는 한 해 200억 달러가 넘는 것으로 추산된다. Tørsløv, Wier, and Zucman(2018) 참고.

도 없고, 룩셈부르크에 세워진 자회사에서 돈을 빌려올 필요도 사라진다. 버뮤다의 조세 정책은 온 세상의 비극이지만, 프라이스워터하우스쿠퍼스의 입장에서는 이보다 더 좋을 수가 없는 일이다. 4대 회계법인은 우리가 세율 인하 경쟁을 불가피하거나, 좋거나, 둘 다에 해당하는 무언가로 여기고 있기를 진심으로 바랄 것이다. 세율 인하 경쟁이 없다면 이전가격을 책정해 주는 탈세산업은 산업으로 존속하지도 못할 테니 말이다.

그들의 로비는 세율 인하 경쟁에 정당성이 있고 그 자체로도 좋은 것이라는 관점 하에서 정당화되었다. 세율을 낮추지 않으면 정부가 너무 커질 것이라는 주장이었다. 이런 관점을 옹호하는 이들 중 특히 도드라졌던 정치학자 제프리 브레넌Geoffrey Brennan과 경제학자 제임스 뷰캐넌의 논리에 따르면,[3] 민주적으로 선거를 통해 권력을 잡은 다수는 자산소유자에게 과도한 세금을 물리는 경향이 있다. 그렇게 자산소유자들은 다수의 독재의 희생양이 되고 마는 것이다. 이런 위험을 방지하려면 정부의 힘에 강한 제약을 걸 수 있어야 한다. 가령 국제 경쟁을 통해 형성되는 압력으로 정부를 억눌러야 하는 것이다. 이러한 발상은 민주주의, 특히 소유권에 대한 민주적 통제에 맞서는 힘으로 민주적으로 선출되지 않는 기구, 가령 헌법이나 헌법재판소 같은 것을 동원할 필요가 있다는 오랜 지적 전통과도 잘 맞아떨어지는 것이다.

세금을 걷는 정부의 힘이 견제와 균형의 대상이 되어야 한다는 관점 자체는 근본적으로 틀렸다고 할 수 없다. 우리는 바람직한 조세 정책을 구상하는 방법에 대해 토론할 수 있고, 그 과정에서 헌법과 법률을 통한

그들은 왜 나보다 덜 내는가

제약 역시 나름의 역할을 수행할 것이다. 하지만 조세 경쟁이 마치 좋은 것인 양 바라보는 관점은 민주주의에 대한 불신을 새로운 차원으로 끌어올린 것이다. 법원, 헌법, 견제와 균형 같은 것으로는 성이 차지 않는다는 뜻이니 말이다. 우리는 우리 스스로를 다수의 폭정으로부터 지키고 국가라는 거대한 괴물의 입에 재갈을 물리기 위해 버뮤다제도의 조세 도피처가 필요하다는 것이다. 헌법에 아로새겨져 있는 원칙으로도 재산권에 대한 위협에 맞서기에는 부족하다고 그들은 생각한다. 이는 결국 국민들이 세금이라는 문제에서 스스로를 이성적으로 통치할 능력이 없는 존재라고 여기는 관점이라 할 수 있다.

이 이론을 공허한 자유지상주의자들의 환상이자 미국적 특이성의 표출일 뿐이라고 치부하고픈 유혹이 들 수 있겠지만, 그 영향력을 과소평가해서는 곤란하다. 다수에 의한 소수 탄압에 맞서기 위해 세금을 낮춰야 한다는 이념은 미국을 넘어 유럽연합에까지 그 영향을 미치고 있는 것이다. 유럽연합에서 헌법에 해당하는 기능을 수행하는 유럽연합조약에 따르면, 유럽연합 전역에 적용되는 조세 정책을 설정하기 위해서는 유럽연합에 속한 모든 나라의 만장일치가 필요하다. 이는 다시 말해 유럽연합의 경우 그 주춧돌에 세율 인하 경쟁의 가능성이 새겨져 있는 것이다. 제아무리 작은 나라라 해도 유럽연합 내의 세율을 조율하려는 시도를 가로막을 수 있다. 인구 60만의 소국 룩셈부르크라 해도 총 5억의 유럽인을 상대로 그들의 의지를 과시할 수 있다. 유럽연합을 이루는 작은 나라들과 큰 나라들의 경제적 이해관계는 서로 판이하다. 상대적으로 작은 나라들은 세율 인하 경쟁을 통해 얻을 게 많다. 그리하여 유럽연합조약은 사실상 그 어떤 조세 공조도 불가능하게 만들어 버린다. 공개적으로 말하는 사람은 거의 없지만, 유럽 복지국가들이 너무 비대하기 때문에 세율 인하 경쟁을 통해 그들을 취약하게 만들어야 한다는 목적의식을 가진 이들에게, 미국에서 온 저 이념은 설득력 있게 느껴질 것이다. 그러한 관점을 가진 이들에게 민주주의란 자신들의 목적을 달성하기에 부적절한 제도다. 심지어 유럽연합의 기구들은 탈민주주의적인 것이어서 선거로 뽑히지 않고 당파성을 띠지 않는 유럽연합 집행위원회의 관료들에 의해 지배되고 있는데, 이마저도 사회적 지출을 통제하기에는 역부족이라고 간주된다. 이탈리아는 재정 절감을 위해 몰타를 필요로 한다. 프랑스에는 룩셈부르크가, 그리스에는 키프로스가 필요한 것이다.

실제로는 세율 인하 경쟁으로 인한 비용이 그 효용을 압도하고 있다. 앞서 살펴보았다시피 충분히 강력한 법인세가 없다면 누진적 소득세는 불가능하다. 법인세율이 낮다면 부자들은 법인의 탈을 쓴 채 소득세를 사실상 겨우 집행 가능한 소비세로 전락시키고 말 것이기 때문이다. 그리고 누진적 소득세가 없다면 치솟는 불평등을 바로잡을 수 있는 가능성은 0으로 수렴하고 만다. 물론 불평등을 줄이는 데 도움이 될 수 있는 정책 도구는 다양하다. 최저임금을 높일 수도 있고 기업 경영을 개선하거나 고등교육에 대한 평등한 접근권을 보장하고 지적 재산권을 보다 잘 규제하며 금융산업의 범람을 억누르는 것 등이 그에 속할 것이다. 하지만 역사적으로 볼 때 누진적 소득세야말로 부의 집중을 막아낼 수 있는 가장 큰

그들은 왜 나보다 덜 내는가

잠재력을 지닌 도구였다.[4]

　서로 밀접하게 얽혀 있는 국가들처럼, 우리들 역시 이제 갈림길에 서 있다. 세율 인하 경쟁을 계속하는 길을 걷는다면 정의롭지 못한 조세 체계는 승승장구할 것이고 불평등은 꾸준히 늘어날 수밖에 없다. 다행스럽게도 반대편에는 또다른, 동일한 가능성을 지닌 경로가 있다. 세율 인하 경쟁의 악순환을 멈추는 일은 가능하다. 가까운 시일 내에 거대한 다국적기업들이 적정한 수준의 세금을 부담하도록 만들 수 있다. 이는 결코 유토피아적 공상이 아니다. 본보기exemplarity를 보이고, 국가간 협력coordination을 강화하며, 대응 수단defensive measures을 확보하고, 무임승차자에게 제재sanctions against free riders를 가하는 네 개의 기둥 위에 구체적인 실천 계획을 세워볼 수 있을 것이다.

국가는 다국적기업을 관리할 책임이 있다

본보기를 보인다는 말은 각국이 자국의 다국적기업이 법을 제대로 지키도록 만들어야 한다는 것이다. 미국은 미국 기업들이 외국에서 제대로 세금을 내고 있지 않다면 적어도 미국에서라도 올바로 세금을 내게 해야 한다. 이탈리아는 이탈리아 기업에게, 프랑스는 프랑스 기업에게 같은 책임을 지게 해야 할 것이다.

　이런 일이 어떻게 가능할 수 있을지 이해하기 위해 구체적인 사례를 들어 생각해 보자. 무형자산을 이전하고 기업 내 거래를 조작하는 방식으로 이탈리아의 자동차 회사 피아트가, 세율 5퍼센트의 아일랜드에서 10억 달러의 수익을 기록했고 영국 왕실이 소유하고 있으며 세율은 0퍼센트인 채널제도의 저지섬에서 10억 달러의 수익을 냈다고 해 보자. 여기서 문제는 피아트가 내야 할 세금을 한참 덜 내고 있다는 것이다. 특히 이탈리아에서 영업하고 세금을 내는 기업들과 비교하면 그렇다. 이러한 현상을 '조세 결손tax deficit'이라 부를 수 있을 것이다. 희소식이 있다면 이탈리아가 조세 결손을 스스로 해소하고자 할 경우, 즉 조세 도피처가 걷지 않는 세금을 이탈리아가 직접 걷고자 할 때, 그들을 막는 장애물은 아무것도 없다는 것이다. 구체적으로 이탈리아는 피아트가 아일랜드에서 올린 수익에 대해 20퍼센트의 세율을 매길 수 있다. 저지섬에서 발생한 수익에 대해서는 25퍼센트의 세율을 적용할 수 있는 것이다. 좀더 일반적인 관점에서 말하자면, 이탈리아는 '보충세remedial tax'를 부과하여 피아트가 어떤 국가에서 어떻게 이익을 올리건 실효세율이 25퍼센트가 되게끔 할 수 있다.

피아트가 발생시키는 결손을 이와 같은 방식으로 줄여 나가는 것은 그 어떤 국제 조약에도 위배되지 않는다. 조세 도피처와의 협업조차 요구하지 않는다. 좀더 놀라울 수 있는 사실이 하나 더 있다. 이 정책의 시행을 위해 새로운 자료를 찾을 필요가 없다. 필수적인 정보는 이미 다 존재하고 있기 때문이다. 시민사회단체들의 압력 하에 다국적기업을 둘러싸고 있던 비밀의 장막은 조금씩 걷혀 나가고 있는 중이다. OECD의 "세원잠식 및 소득이전base erosion and profit shifting 방지를 위한 다자간 협의체",

그들은 왜 나보다 덜 내는가

일명 BEPS에는 대기업이 국가별로 올리는 이익과 세금에 대해 보고해야 할 의무를 부과하는 내용이 포함되어 있다. 물론 이것이 우리가 원하는 완전한 회계 투명성에 도달해 있다는 뜻은 아니다. 여전히 갈 길은 멀다. 이런 국가별 보고서는 대중에게 공개되지 않으며, 오직 세무기관에게만 열람이 허용되기 때문이다. 하지만 자료가 존재한다는 것은 사실이다. 애플은 이제 자신들이 벌어들이는 돈이 국가별로 어떻게 나누어지고 있는지에 대해 국세청에 보고해야만 한다. 그와 유사한 보고서를 로레알은 프랑스에, 피아트는 이탈리아에 제출해야 하는 것이다. 경제 규모가 큰 모든 나라가 포함되어 있는 약 75개국이 이와 같은 정보 수집을 시작했거나 곧 시작하기로 약속한 상태다.[5]

이것은 얼핏 보기에 그저 지루하고 별 의미 없는 세무자료인 것 같겠지만, 이 새롭고도 풍성한 정보 덕분에 경제 규모가 큰 국가들로서는 다국적기업들이 세금을 제대로 내도록 하는 게 전에 없이 쉬워졌다는 사실을 우리는 어렵지 않게 깨달을 수 있다. 미국, 프랑스, 이탈리아, 그 밖에 어떤 나라건 자국의 다국적기업이 어디에서 어떤 방식으로 자회사를 두고 영업하건 실질적으로 최소 25퍼센트의 세율을 부담하도록 만드는 일이 가능해졌다. 애플이 저지섬에서 2퍼센트의 세율로 세금을 냈다면? 미국은 나머지 23퍼센트를 걷을 수 있다. 파리에 기반을 두고 있는 럭셔리 그룹인 케링이 스위스에서 5퍼센트의 세율만을 부담하며 이익을 이전하고 있다면? 프랑스는 나머지 20퍼센트에 대해서 세금을 물리면 되는 것이다. 이런 정책이 시행될 경우 다국적기업들로서는 조세 도피처에 법인을 설립하고 이익을 이전해야 할 유인동기를 즉각 상실하고 만다. 다국적기업이 세율이 0퍼센트인 버뮤다로 이익을 이전할 수야 있겠지만, 본국에서 나머지 세금을 전부 내야 한다면 그런 번거로운 행동에는 아무런 의미가 없게 되는 것이다.

이와 같이 다국적기업을 규제하게 되면 본국은 막대한 양의 세수를 거둘 수 있다. 2016년 현재 미국 기업들이 각국에서 영업하고 활동하는 방식에 대한 표가 2019년 사상 최초로 국세청에 의해 공개되었다. 우리는 그 자료에 입각해 미국이 다국적기업들로부터 제대로 세금을 걷을 경우 회복할 수 있는 세액이 어느 정도인지 계산해 보았다. 2016년, 거대 미국 기업들은 전 세계적으로 1조 3000억 달러의 이익을 거두었다. 합산해 보면 미국 기업들은 2620억 달러를 미국과 해외 정부에 세금으로 냈고, 이는 세계 평균 실효세율인 20퍼센트에 상응하는 액수라고 할 수 있다. 하지만 상당수의 국가에서 미국의 다국적기업들은 그보다 세금을 훨씬 덜 냈다. 바하마제도에서 신고된 220억 달러의 이익에 대해서는 0퍼센트, 케이먼제도에서 신고된 240억 달러에 대해서도 0퍼센트, 푸에르토리코로 이전된 390억 달러에 대해서는 2퍼센트, 다른 곳에서도 마찬가지로 낮은 세율을 적용받았기 때문이다. 국가 대 국가별 세율을 최소 25퍼센트로 맞추고 다른 모든 조건이 같다면, 미국은 2016년 현재 추가적으로 1000억 달러의 세수를 더 올릴 수 있는 것이다. 이렇게 하면 미국의 다국적기업들이 지불하는 세계 평균 실효세율이 20퍼센트에서 27퍼센트로 올라간 것과 같은 효과를 거두는 셈이다.[6]

그들은 왜 나보다 덜 내는가

물론 이런 보충세가 2016년에 실제로 적용되었다면 미국 기업들은 버뮤다제도 같은 곳에서 신고된 이익을 줄이고 대신 세율이 높은 나라에서 더 많은 이익을 신고했을 것이다(이것이 결국 보충세 제도가 궁극적으로 의도하고 있는 바이기도 하다). 버뮤다로 흘러간 돈 중 일부가 미국에서 신고되면서 제대로 과세의 대상이 되어 미국의 예산을 늘리는 데 일조할 수도 있었다. 하지만 이익 중 일부는 독일이나 프랑스에서 신고됨으로써 앞서 보충세가 도입된다 해도 우리가 묘사한 것처럼 1000억 달러보다는 낮은 액수의 추가 세액이 걷히는 데 머물렀을 수도 있다. 여기서 핵심은 미국 기업, 그리고 대부분이 미국인으로 구성된 해당 기업의 소유자들이 전 세계적으로 1000만 달러 이상의 세금을 더 내도록 할 수 있었다는 것이다. 게다가 다른 나라에서 보충세 제도를 시행해야만 미국 또한 그 혜택을 본다. 만약 프랑스가 내일 당장 다국적기업에게 최소세율을 적용하고자 한다면 프랑스 기업들은 룩셈부르크에서 신고되는 이익을 줄이고 대신 미국에서 더 많은 이익을 신고할 수 있는데, 이는 미국의 재정에 도움이 될 것이기 때문이다.

　큰 국가들이 자국에 기반을 둔 다국적기업을 이런 식으로 규제하는 일이 과연 머잖은 미래에 실현될 수 있을까? 그런 기대는 매우 현실적이다. 왜냐하면 그것은 그 나라들의 이익에 부합하기 때문이다. 무역은 참여하는 나라가 모두 이익을 보지만, 반대로 세율 인하 경쟁은 어떤 나라가 이익을 볼 때 다른 나라는 손해를 본다. 그리고 모든 큰 나라들은 패배자 집단에 속한다. 경제 규모가 큰 나라일수록 이런 유령회사 놀음을 중

단시킬 만한 확실한 이유를 가지고 있는 셈이다.

앞서 우리가 4장에서 살펴보았다시피 낮은 세율을 적용하는 작은 나라들은 그렇게 만들어진 법인세수에 자국의 국민소득 중 큰 부분을 의존하고 있다. 자국의 조세 기반이 작은 탓에, 외국 기업이 올리는 큰 이익을 자국에서 신고하는 것만으로도 쏠쏠한 이익을 누릴 수 있는 것이다. 하지만 큰 나라들은 이런 전략을 따라해서 얻을 수 있는 것이 아무것도 없다. 물론 큰 나라라고 해서 세율을 인하하여 외국 기업의 이익을 자국으로 이전시키는 일이 불가능한 것은 아니다. 하지만 큰 나라의 경우라면 작은 나라들과 달리 외국 기업이 낸 이익을 자국에 등록시켜서 낸 이익이라고 해도, 전체 비즈니스 영역에서 세율을 낮춤으로써 발생하는 조세 결손을 벌충할 만한 액수가 될 수 없는 것이다. 결과적으로 큰 나라는 언제 어떻게 법인세율을 인하하건 전체 법인세액의 감소를 겪게 될 것이 거의 확실하다고 볼 수 있다. 이 사실을 분명히 확인하기 위해서는 2018년 세제 개혁의 결과를 확인하는 것만으로도 충분하다. 미국의 연방법인세액이 무려 45퍼센트나 떨어지고 말았던 것이다.* 몰타와 미국은 다르다. 미국은 몰타처럼 조세 도피처가 됨으로써 정부 예산을 늘리는 일이 불가능한 나라인 것이다.

---

* 연방법인세 예산은 2017년 2850억 달러에서 2018년 1580억 달러로 떨어졌다(US Department of Commerce, 2019, Table 3.2). 주 법인소득세를 같이 놓고 본다면 하락률은 35퍼센트가 된다(2017년 3380억 달러에서 2019년 2180억 달러. 같은 자료, Table 3.1).

그들은 왜 나보다 덜 내는가

이 점을 놓쳐서는 안 된다. 거의 모든 다국적기업은 경제 규모가 큰 나라에 본부를 두고 있다. 그러니 로마, 베를린, 워싱턴의 정책 결정자들은 시합처럼 되어 버린 세율 인하 경쟁이 끝났다고 호루라기를 불 수 있는 입장인 것이다. 세율이 낮은 나라에 지사를 두고 이익을 이전하고 있는 자국의 다국적기업들로부터 보충세를 걷으면 되는 것이다.*

여기서 얻을 수 있는 첫번째 핵심적인 교훈을 살펴보자. 설령 조세 도피처가 스스로 세율을 높이지 않는다 해도 국제적인 세율 인하 경쟁의 악순환을 끊는 일은 충분히 가능하다. 작은 나라들로서는 세율 인하를 통해 얻을 수 있는 이익이 매우 큰 것일 수 있지만, 그렇다고 다른 나라들이 여기저기서 발생하는 이익에 대한 실효세율을 높임으로써 세수를 확보하는 것을 그 작은 조세 도피처들이 가로막을 수는 없다.

---

* 미국의 2018년 조세 개혁은 GILTI(국제적 무형 저세율 소득)의 폐단을 치유하기 위한 조세 정책의 씨앗이 될 만한 것들을 도입했다. 해당 규정에 따르면 미국의 다국적기업이 해외에서 낸 수익이 비정상적으로 높을 때(즉 유형자산 수익률의 10퍼센트를 넘길 때), 그 소득에 대해 미국에서 10.5퍼센트의 최저세율을 부과하는 것이다. 하지만 이런 규제는 두 가지 핵심적인 이유에서 충분치 못하다. 10.5퍼센트의 세율은 너무 낮으며, 이 세금은 국가 대 국가 차원에서 적용되지 않고 일괄 합산되어 적용되기 때문이다(다시 말해 어떤 회사가 버뮤다에서 높은 수익을 내고 있다 해도 일본에서 많은 세금을 낸다면 미국에서 10.5퍼센트의 세율 적용을 피할 수 있다). 자세한 내용은 Toder(2018)을 참고할 것.

지금 당장, 국제 공조를!

이 지점에서 독자의 머릿속에는 한 가지 의문이 생길 것이다. 경제 규모
가 큰 국가들이 진짜로 자국의 다국적기업을 단속하며 수단 방법을 가리
지 않고 세금을 걷기 시작한다면, 피아트나 애플, 로레알은 아예 그들의
본사를 조세 도피처로 옮겨 버리지 않을까? 다행스럽게도 이런 위협에
맞설 수 있는 방법은 여러 가지가 있고, 가장 중요한 점은 국제 공조가 큰
역할을 한다는 것이다.

앞서 살펴보았듯이 가장 나쁜 형태의 수익이전을 막기 위해 각국의
법률을 조율하기 위한 협정에는 이미 대부분의 국가가 참여하고 있다. 이
제 경제 규모가 큰 나라들은 공통의 최소세율이라는 다음 단계로 넘어
가야 할 때가 되었음이 분명해 보인다. 세계에서 가장 경제 규모가 큰 나
라들을 모두 포괄하고 있는 G20 국가들은 어느 곳에서 어떻게 활동하
고 있건, 다국적기업에 최소한 25퍼센트의 세율을 적용한다는 협정을 맺
을 수 있을 것이다. 이 최소세율을 적용하기 위해 필요한 정보는 이미 모
두 확보된 상태다. 이런 나라들은 다국적기업을 대상으로 수단 방법을 가
리지 않고 세금을 걷는 것이 자국의 이익에 부합하는 나라들이다. 낯설게
느껴질 수도 있겠고 최근 세율 인하 경쟁이 점점 가속화되고 있기도 하
지만, 머잖은 미래에 해법이 도출될 수도 있을 것이다.

G20 국가들 사이에 최소세율의 합의가 이루어진다 해도 그것만으
로 모든 문제가 해결되는 것은 아니다. 기업은 본사를 조세 도피처로 옮
김으로써 세금을 피할 수 있을 것이기 때문이다. 이 주제가 대중적으로도

화제를 끌고 있다. 미국 정가에서는 이른바 "세금 도치tax inversions"의 망령이 떠돌고 있다. 미국 기업이 아일랜드나 그 밖에 세율이 낮은 지역에 설립한 기업과 합병함으로써 합병파트너 국가의 국적을 얻을까 겁에 질려 있는 것이다.

하지만 이 위험은 과장되었다. 세금 도치에 대해서 오갔던 온갖 이야기와는 달리, 열대의 어느 섬으로 자신들의 본사를 진짜 옮겨 버린 기업은 극소수에 지나지 않는다. 물론 잘 알려진 몇몇 사례가 있기는 하다. 높은 명성을 지닌 기업들이 실제로 조세 도피처로 이전해 간 경우들이 있었다. 가령 컨설팅기업 액센츄어는 2001년 본사를 시카고에서 버뮤다로 옮겼고, 2009년에는 아일랜드로 이전했다. 금융자문회사 라자드는 2005년 뉴욕 본사를 버뮤다로 옮겼다. 건강보조식품회사 허벌라이프는 2002년 이래 자랑스러운 케이먼제도 기업으로 등록되어 있다. 세금이 싫어서 도망간 이런 기업들을 블룸버그에서 추적한 바에 따르면, 1982년부터 2017년까지 85개의 미국 기업이 국적을 갈아탔다(이들 중 다수는 제약회사인데 독자들 중 대부분은 그 이름을 들어본 적조차 없을 것이다).[7] 이 목록에 처음부터 역외 금융 중심지에 본사를 두고 설립되었거나 아주 오래전에 이전했던 몇몇 기업들의 이름을 덧붙여 볼 수 있을 것이다. 그중 가장 유명한 것을 꼽자면 유전 개발 관리 서비스를 제공하는 슐룸베르거일 텐데, 이 회사는 카리브해의 섬인 퀴라소에 본사를 두고 있다.

이렇게 적어놓고 보면 대단히 큰 근심거리일 것 같지만 알고 보면 그렇지 않다. 이걸 모두 합쳐도 바다에 떨어진 물 한 방울 수준에 불과하기 때문이다. 세계에서 가장 큰 2000개의 기업 중 오늘날 아일랜드에는 18개, 싱가포르에는 13개, 룩셈부르크에는 7개, 버뮤다에는 4개의 기업만이 본사를 두고 있다.[8] 거의 1000여 개의 기업 본사가 미국과 유럽연합에 있고, 그 나머지의 대부분은 중국, 일본, 한국, 기타 G20 회원국에 포진해 있다.

세금 도치를 실제로 저지르는 회사들이 극히 드문 이유를 살펴보자. 금전적인 이익이 분명히 존재하지만, 기업의 국적이라는 것은 그리 쉽게 조작할 수 있는 것이 아니기 때문이다. 기업의 국적은 엄격한 규칙을 통해 정의되고 있다. 가령 어떤 회사가 일단 미국에 설립되고 나면 그 본사를 해외로 이전하는 것은 그리 간단히 이루어질 수 없다. 설령 해외로 본사의 국적을 이전했다 해도 세금과 관련해서는 여전히 미국 기업과 같은 취급을 받는다. 미국 기업이 본사의 국적을 바꿀 수 있는 유일한 방법은 외국 기업으로부터 인수합병되는 것이다. 말하자면 해외에 설립된 기업에 흡수되는 것뿐이다. 이와 같은 인수합병은 법적으로 그 타당성이 검토된 후에 성사될 수 있으며, 특정한 조건이 반드시 충족되어야만 한다. 그런데 이 조건은 원래부터 까다로웠을 뿐 아니라 2016년 오바마 대통령에 의해 더욱 강화되었다. 인수합병의 가장 중요한 조건은 소유권이 유의미하게 변화해야 한다는 것이다. 미국 기업이 버뮤다에 있는 유령회사와 합병했다 해서 갑자기 대서양 어딘가에 소재한 기업이 될 수는 없다. 결국 현실적으로 볼 때 미국의 대기업들이 인적 없는 카리브해의 섬으로 본사를 옮기는 것은 불가능하다고 볼 수 있다. 오바마 시절 이루어진 (그

그들은 왜 나보다 덜 내는가

리고 트럼프 행정부에서도 유지하고 있는) 규제가 추가된 이후로는 세금 도치가 완전히 중단된 상태다.

여기서 우리는 두번째 중요한 교훈을 얻을 수 있다. 경제 규모가 큰 몇몇 나라만 참여한다 해도, 국제 공조가 제대로 이루어진다면 조세 회피를 억누를 수 있다는 것이다. 내일 당장 G20 국가들이 다국적기업을 대상으로 25퍼센트의 최저세율을 적용한다면, 전 세계 기업이 내는 이익 중 90퍼센트 이상이 즉각 최소세율 25퍼센트 혹은 그 이상의 세율 적용 대상이 되고 마는 것이다.

탈세로 인한 조세 결손을 어떻게 충당할 것인가

국제 공조가 활성화되려면 시간이 더 필요하다. 가까운 시일 내에는 한계가 있을 수밖에 없다. 그런 이유 때문에 우리의 계획에는 국제 협력에 참여할 것을 거부하는 국가에 본사를 둔 기업에 대응하기 위한 수단이 포함되어야만 한다.

구체적인 사례로, 스위스 기업인 네슬레를 꼽아 볼 수 있다. 자국의 다국적기업을 규제하는 움직임에 스위스가 참여를 거부했다고 가정해 보자. 스위스가 세금 문제에서 악당국가로 남는 것이 자국에 이익이 된다고 여기고 있거나, 스위스의 정책 결정자들이 부유한 주주층에 완전히 포섭되어 있다고 말이다. 그리하여 네슬레는 아주 낮은 법인세만을 내고 있으며 스위스는 다른 나라들이 국가별로 적용하고 있는 25퍼센트의 최저세율 적용을 거부하고 있는 상황을 그려 볼 수 있다. 그렇다면 이제 세금을 안 내면서 이익을 역외 도피처로 빼돌리고 있는데 그것이 완전히 합법적인 거대기업이 등장한 셈이다. 우리는 어떤 식으로 대처할 수 있을까?

한마디로 말해, 세율이 높은 국가들은 스위스가 징수하기를 거부한 세금을 대신 받아내야 한다. 네슬레가 국외에서 창출하는 이익에 대해, 판매가 이루어진 국가에서 세금을 징수하는 간단한 방식으로 그와 같은 결과를 이끌어낼 수 있다. 만약 네슬레의 세계시장 판매액 중 20퍼센트가 미국에서 발생하고 있다면, 네슬레의 직원이나 공장이 어느 나라에 있건, 네슬레의 본사가 어디에 있건, 네슬레가 가진 특허가 어느 나라에 설립된 법인의 소유건 간에, 미국은 네슬레가 세계시장에서 얻은 이익의 20퍼센트에 대해 과세할 수 있는 것이다. 만약 네슬레의 세계시장 판매 중 10퍼센트가 프랑스에서 이루어진다면 프랑스는 마찬가지로 네슬레의 세계시장 수익 중 10퍼센트를 과세 대상으로 여길 수 있다.

한가한 공상처럼 들리는가? 그렇지 않다. 미국의 대부분의 주에서 주법인세를 징수하는 방식이 바로 이것이기 때문이다. 미국의 44개 주에는 연방법인세와 별도로 주법인세가 있고, 아이오와의 경우 그 세율이 12퍼센트에 달한다. 코카콜라의 이익 중 캘리포니아에서 과세할 수 있는 대상이 얼마인지 결정할 때, 캘리포니아의 조세 당국은 코카콜라가 미국 시장 전체에서 얻은 이익을 판매가 이루어진 주별로 할당한다. 캔자스, 알래스카, 메릴랜드 같은 몇몇 주에서는 지역별 판매량뿐 아니라 기업의 자산과 직원의 분포까지 고려하는 더 복잡한 계산식을 이용하기도 한다.

하지만 시간이 흐르면서 점점 더 많은 주들은 그저 판매가 이루어진 장소가 어디냐에 따라 주별 법인세를 계산하는 쪽으로 넘어오고 있다. 이와 같이 기업의 이익을 계산하는 방식은 시간의 검증을 견뎌냈을 뿐 아니라, 캐나다와 독일에서도 주별 법인세를 계산할 때 사용되는 방법이다.[9] 지방정부가 아닌 국가 단위에서 이 방식을 사용한다 해서 문제될 것은 아무것도 없다.

실무적 차원에서 보자면 탈세와 싸우기 위해 더욱 대범한 기법이 동원될 수도 있을 것이다. 세율이 높은 국가들은 네슬레가 세계시장에서 얻은 이익을 배분하는 대신, 네슬레로 인해 발생한 조세 결손을 배분해 버릴 수도 있기 때문이다. 말하자면 미국(이나 참여하고 싶은 국가들)은 네슬레가 다른 나라에서처럼 25퍼센트의 실효세율을 적용받는다면 냈어야 할 세금과 실제로 납부한 세금의 차액, 즉 네슬레의 국제적 조세 결손액을 산정할 수 있다. 그러한 계산 하에 스위스가 낳은 거대 식품기업 네슬레가 미국에서 세계시장 매출 가운데 20퍼센트를 올렸다면 네슬레의 조세 결손액 중 20퍼센트를 세금으로 징수하는 것이다. 이는 미국 및 네슬레가 영업을 하여 매출을 올리는 다른 국가들이 스위스가 거부하고 있는 바로 그 역할을 대신해 주는 효과를 낳게 된다. 수단과 방법을 가리지 않고 세금을 걷는 것 말이다.

우리가 알고 있는 한 이러한 해법은 단 한 번도 제안된 적이 없었는데, 여기에는 많은 이점이 있다.

첫째, 이 방법은 즉각 시행 가능하다. 앞서 살펴보았다시피 다국적기업이 국가별로 올리는 이익, 세금, 판매에 대한 자료는 이미 존재하고 있다. 네슬레의 회계 정보는 스위스 세무 당국에 의해 자료화되지만 2018년 이후 외국의 세무 당국과 자동적으로 교환되고 있다. 2019년 2월 현재, OECD에 따르면 이렇게 국가 대 국가로 자동교환된 회계·세무 정보는 2000여 건이 넘는다.[10] 프랑스와 미국을 비롯해 네슬레가 상품을 판매하고 있는 거의 모든 나라들은 네슬레가 세계적으로 발생시켰고 그 결과 자국이 감당하게 된 조세 결손이 얼마인지 추산해낼 수 있는 정보를 손에 쥐고 있는 것이나 다를 바 없다. 설령 그런 정보를 가지고 있지 않더라도 간단하게 요구하면 그만이다. 외국 기업이 자국 시장에 참여하는 것을 허용할 때 각국은 안전 규제를 비롯한 모든 유형의 조건을 파악한다. 그 조건들 위에 최소한의 회계 투명성을 더 얹는다고 해서 문제시할 수는 없을 것이다.

우리의 해법에는 현존하는 국제 조약을 위반하지 않는다는 이점 또한 존재한다. 기업이 이중과세의 대상이 될 위험을 막기 위해 오랜 세월에 걸쳐 국가들은 수없이 많은 협약을 맺어 왔다. 현실적으로 이러한 협약들, 그리고 그 협약 속에 내재된 결함들은 온갖 종류의 탈세가 가능하게 해 주는 구멍 노릇을 해 왔던 것이 사실이다. 그럼에도 불구하고 대다수의 정부와 OECD는 여전히 그러한 협약에 매달려 있고, 법인세 체계를 개혁하고자 하는 숱한 시도는 이렇듯 신성불가침한 협약에 매달리고 있는 이들에 의해 가로막히기 십상이었다. 하지만 조세 회피에 맞서 우리가 제안하고 있는 방어세defensive tax는 최소세율의 기준인 25퍼센트에 미달한 액수만을 기업으로부터 징수하게 되어 있으므로, 우리의 해법은 구조적으로 그 어떤 이중과세의 위험으로부터도 벗어나 있다고 할 수 있다. 결과적으로 이중과세 방지 협정 중 그 무엇도 위배하지 않게 되는 것이다.

여기서 묘사된 방어세는 모든 나라들의 입장에서 볼 때 적용할 만한 유인이 있다고 할 수 있다. 적어도 그 나라들이 철저하게 세금을 걷음으로써 이득을 볼 수 있는 입장이라면 그러하다. 방어세를 도입하지 않는 것은 남들이 가져가건 말건 탁자 위에 돈을 놓고 자리를 뜨는 것과 같은 짓이다! 다국적기업의 매출에서 큰 부분을 차지하는 나라들이 일제히 방어세를 도입한다면, 각국이 겪고 있는 세수 결손은 완전히 채워질 수 있을 것이다. 심지어 버뮤다에 본사를 두고 있는 회사라 해도 최소한의 실효세율 25퍼센트의 납세를 피하지 못한다. 세상 어디에도 숨을 곳은 없다.

조세 도피처를 제재하라

조세 회피 산업은 실로 천재적인 면이 있다. 당연하게도 우리는 그들을 결코 얕잡아봐서는 안 된다. 언젠가 변호사들은 새로운 탈세의 구멍을 찾아낼 것이다. 그렇기 때문에 어떤 계획이건 실제로 유용성을 지니려면 바로 이 네번째 요인을 빠뜨려서는 안 된다. 자신들의 주권을 팔아치우며 탈세를 가능케 하는 조세 도피처에 대한 제재가 있어야 하는 것이다.

협조하지 않는 조세 도피처에 제재를 가하는 것은 경제학적으로 볼 때 충분히 근거가 있는 일이다. 모든 국가는 자국의 법을 만들고 집행할 수 있는 주권을 지니고 있다. 하지만 그 법이 심각한 부정적 외부효과를 낳는다면 외부효과의 피해자들은 그에 상응한 보복조치를 취할 권한을 갖게 된다. 실효세율을 25퍼센트로 정하는 것은 국제적으로 볼 때, 또 역사적으로 볼 때 특별히 높다고 할 수 없다. 이런 최소한의 국제적 기준을 세우는 것에도 참여하기를 거부하는 것은 이런 식으로 해석될 수밖에 없는 것이다. 작은 국가의 재정을 충당하고 더 중요하게는 국제적 대기업의 주주들을 만족시키기 위해, 그 밖의 모든 이들의 손해를 강요하는 극단적인 할인 행위라고 말이다. 이러한 유형의 행태에는 가령 비협조적인 조세 도피처와의 금융 거래에 대해 과세하는 식으로 반드시 제동이 가해져야 한다. 앞서 우리가 3장에서 살펴보았다시피 미국은 이렇듯 조세 도피처와의 금융 거래에 과세를 하겠다는 협박을 통해 그들이 금융 거래 자료를 자동으로 국세청과 공유하게끔 유도하는 일에 성공한 바 있다. 그 결과 많은 이들이 불가능하다고 여겼던 새로운 유형의 국제적 협력 또한 가능하게 된 것이다. 같은 방법론을 통해, 한 발 빼려 드는 이들을 국제 표준 법인세에 협조하도록 이끌어낼 수 있다.

이 방식에 반대하는 이들은, 조세 정책은 국가의 고유 권한이며 따라서 어떤 나라에 법인세율을 높이라고 압력을 넣는 행위는 주권에 대한 심각한 침해일 수 있다고 주장한다. 자국의 은행을 이용하는 고객들의 정보를 비밀로 하면서 다른 나라 세무 당국과의 협력을 거부할 때 스위스가 제시했던 논거가 바로 이것이었는데, 결국 스위스 역시 미국의 압력에 못 이겨 자신들의 입장을 바꾸고 말았다. 미국은 역외 조세 도피처의 심

그들은 왜 나보다 덜 내는가

각성을 드러내 준 일련의 사건을 겪은 후 스위스에 강한 압력을 넣기 시작했던 것이다. 어떤 나라가 조세 도피처 행세를 함으로써 다른 나라가 겪게 되는 부정적 외부효과가 어느 정도인지 그것을 양적으로 제시한 것이 이러한 변화를 가능케 한 주요 원동력이었다. 이제 우리에게는 다국적 기업이 영업하는 각국에서 벌어들인 수익이 정확히 얼마만큼인지 알 수 있는 자료가 주어져 있으니, 아일랜드의 조세 정책이 미국과 프랑스의 세수를 얼마나 깎아먹고 있는지 등에 대해서도 정확한 추산이 가능해졌다. 어떤 나라가 다른 나라에게 발생시키고 있는 재정적 외부효과를 모르는 척하고 무시할 수 있는 시절은 이제 영영 끝났다고 해도 과언이 아니다.

바닥을 향한 경쟁에서 정상을 향한 경쟁으로

정치적으로 현실성 있는 길은 어디에 있을까? G20 국가들이 모두 자국의 다국적기업을 규제하여, 수단과 방법을 가리지 않는 세금징수관의 모임을 결성하고, 모든 조세 도피처에 제재를 가하기를 기대한다면 그건 너무도 낙관적인 생각일 것이다. 하지만 적어도 그 나라들 중 일부에는 의지가 있으리라 기대하는 것을 전적으로 비이성적이라고 볼 수는 없다. 세계의 다국적기업 중 절반가량은 미국과 유럽연합에 본사를 두고 있고, 이두 경제권을 합치면 전 세계의 소비 중 50퍼센트 이상을 차지한다. 미국과 유럽연합에 본사를 둔 다국적기업이 만들어내는 모든 이익은 전 세계 다국적기업들의 이익에서 절반에 해당하고, 여기에 다국적기업이 아닌 기업들이 얻는 이익의 절반(25퍼센트)을 더할 수 있다. 따라서 미국과 유럽연합이 이 책에서 제안하는 내용을 시행한다면 전 세계의 소비 중 75퍼센트에 25퍼센트 혹은 그 이상의 세율이 적용되게 된다. 이러한 성격을 지닌 협약을 맺는 것은 앞으로 이루어질 미국과 유럽 사이의 협력 중 가장 우선적인 과제가 되어야 할 것이다.

좀더 시야를 넓혀 보자면, 정치적 진보를 이루기 위해서는 세금 문제를 무역 정책의 중심에 놓고 논의하는 과정이 필요하다고 생각한다. 향후 이루어질 무역 협상은 조세 정책 차원에서의 공조에 대한 협약을 담고 있지 않는 한 체결되어서는 안 된다. 오늘날 대부분의 자유무역협정은 지적 재산권이나 해외 투자자를 보호하기 위해 엄청난 분량을 할애하고 있다. 하지만 거기서 세금 문제가 전적으로 간과되고 있다면 대체 무슨 의미가 있겠는가? 소유권은 오직 권리만으로 이루어진 것이 아니다. 납세의 의무와 별개로 생각할 수 없다.

최저세율의 하한선을 상당히 높여 놓는 것은 국제 경쟁의 논리를 강화하는 데에도 큰 도움이 된다. 기업 입장에서도 그렇다. 세금 문제를 완전히 도외시한 채 노동력이 가장 생산적이고 높은 수준의 사회기반시설이 갖춰져 있으며 자신들의 상품을 향한 소비자들의 구매력이 충분한 곳을 제대로 선택할 수 있기 때문이다. 국가는 세율을 인하하며 경쟁하는 대신, 사회기반시설에 대한 투자, 고등교육에 대한 접근성, 연구개발에 대한 지원 등을 놓고 경쟁을 벌일 수 있게 된다. 주주들의 눈높이에 따라 하한선을 설정하는 대신, 국제 경쟁의 차원에서 하한선을 설정한다면 경쟁에 참여하는 국가 내에서도 보다 평등한 사회를 만드는 데 기여할 수 있게 되는 것이다.

더욱이 각국이 스스로 세율을 25퍼센트 이상으로 높이는 것을 막는 요인은 아무것도 없다는 사실 또한 중요하다. 내일 갑자기 미국이 홀로 50퍼센트의 법인세율을 택했다고 가정해 보자. 역사적으로 세금을 피하기 위해 근거지를 미국에서 다른 나라로 옮긴 미국 기업은 극소수에 불과하다. 심지어 미국의 법인세율이 기타 OECD 국가에 비해 확연히 높았던 때도 그랬고, 1990년대 말부터 2018년까지도 그러했다. 하지만 갑자기 50퍼센트의 법인세율과 맞닥뜨리게 되면 많은 미국 기업들은 본사를 해외로 이전하고픈 욕구에 사로잡힐 것이다. 한 걸음 더 나아가, 새로 기업을 차리는 이들은 처음부터 미국이 아닌 어딘가를 본사로 정하고 싶어질 것이다. 그렇지 않은가? 하지만 그 어떤 경우건 미국에게 방어세라는 무기가 주어져 있다면 50퍼센트의 세율을 유지하고 넉넉한 재정을 확보하는 일은 충분히 가능하다. 기업으로서는 국가가 휘두르는 이 방법을 피할 도리가 없다. 적어도 그 기업이 미국 밖에 본사를 두고 있지만 미국 내에서 매출을 올리고 있는 한, 미국에서 50퍼센트의 세율을 감당해야만 하는 것이다.

IMF가 앞세우고 있는 전문가들이 믿고 있는 바와 달리, 세계화는 각국이 법인세를 높게 설정하지 못하도록 방해하지 않는다. 법인세는 바닥을 향해 달려가는 경쟁을 하는 것이 자연스러운 현상이라고 말하는 이들은 조세 도피처에 제재를 가하는 것이 자유무역에 거스르는 범죄라고 주장하고 있기도 하다. 결국 그들은 세계화의 수호자가 아닌 것이다. 세계화는 자본에 대한 과세를 없앨 때가 아니라, 자본에 과세하는 방법을 다시 발명할 때 지속가능성을 얻게 된다. 세금 문제 앞에서 국가들이 해야 할 일은 경쟁이 아니라 협력이다. 국가들은 재정 문제를 도외시한 채 자유무역협정을 맺을 게 아니라, 세금 문제를 조화롭게 해결하기 위해 더욱 진전된 국제 협약을 맺어야 한다. 이러한 관점이 대중들 속에서 호응을 얻을 때, 누진적 조세 체계는 소멸할 운명으로부터 벗어나 확장된 형태로 스스로를 재발명하고 더 긴밀하게 연관된 국제 경제 체제의 한 요소로 자리잡을 수 있을 것이다.

7

소득액이 같으면
세금도 똑같이

탈세를 하는 자신이 똑똑한 사람이라고 실컷 거들먹거리고 난 후, 당시 대선후보였던 도널드 트럼프는 결국 자신의 회계 수법을 좀더 구체적으로 떠들어댔다. "나는 손실을 봤습니다. 감가상각으로 많은 손실을 봤고, 막대한 액수였습니다." 두 번째 대통령후보 토론에서 트럼프가 한 말이다. "나는 감가상각을 사랑하죠." 조세 체계가 야바위판이라는 자신의 주장에 힘을 싣기 위해, 트럼프는 힐러리 클린턴을 지지하는 부자들 역시 세금을 그리 많이 내지 않고 있기로는 마찬가지라고 주장했다. "클린턴의 친구들 중 많은 사람들이 저보다 더 큰 공제를 받아요. 워런 버핏은 엄청난 공제를 받았습니다."

트럼프가 말한 "엄청난 공제"가 뭘 뜻하는지는 분명치 않았지만, 위런 버핏은 그가 평생토록 쌓아온 부의 대부분을 기부한 것으로 유명한 사람인 만큼, 그가 자선재단을 설립하고 기부하여 받은 세금 공제를 의미한다고 봐도 큰 무리는 없을 것 같았다. 이런 비난에 자극을 받아서였는지 버크셔해서웨이의 회장이자 최고경영자였던 버핏은 자신의 세금 문제에 대해 자세한 내용을 담은 성명을 발표했다. 버핏에 따르면 "나의 2015년 세금신고서에 따르면 나는 1156만 3931달러의 총소득을 올렸다." 트럼프가 텔레비전 토론에서 말했던 것과 달리 막대한 공제 따위는 없었다. 게다가 버핏은 세금을 냈다. "2015년 나의 연방소득세는 184만 5557달러다. 작년의 신고 내역과 소득세 역시 비슷할 것이다. 나는 1944년, 내가 열세 살이던 때부터 매년 연방소득세를 내 왔다." 이 성명에 따르면 오마하의 현자는 성실한 시민이며, 사회적 의무를 존중하지 않는 어떤 리얼리티쇼 스타와는 다른 사람이라는 주장을 입증할 만한 증거를 제시하고 있었다.

하지만 실상은 그와 정반대였다. 《포브스》지에 따르면 버핏이 소유하고 있는 자산은 2015년 현재 653억 달러에 달했다. 그가 자산을 통해 얻는 소득이 어느 정도일지 우리가 정확히 알 수는 없지만, 보수적으로 5퍼센트라고 가정해 보자. 만약 그렇다면 2015년 버핏의 세전 소득은 653억 달러의 5퍼센트이므로 최소한 32억 달러라고 보아야 할 것이다. 계산이 이렇게 나오고 있지만 버핏은 자랑스럽게 자신이 180만 달러의 연방소득세를 냈다고 밝혔다. 잠깐 산수를 해 보도록 하자. 트럼프가 자신은 세금을 안 낸다고 거들먹거리고 있을 때, 버핏은 그에 맞서 자신은

그들은 왜 나보다 덜 내는가

도덕적으로 다른 인물이라고 주장했다 실제로는 그가 부담한 소득세의 실효세율이라는 것이 고작⋯ 0.055퍼센트에 지나지 않는데도 말이다.

성실납세자는 모두 비슷하지만, 탈세자들은 모두 제각각인 셈이다.* 트럼프는 아버지로부터 물려받은 막대한 유산에 대한 상속세를 제대로 납부하지 않았고, 그의 수요에 맞춰 주는 세무설계 산업의 도움을 받아 모든 방법을 동원해 자신이 내야 할 연방소득세의 액수와 항목을 줄여 나갔다.[1] 버핏은 다른 경로를 택했다. 그의 부를 이루는 가장 중요한 요소는 그의 회사 버크셔해서웨이의 주식이다. 버크셔해서웨이는 배당을 하지 않는다. 다른 기업에 투자를 하면 투자받은 회사 역시 배당을 하지 않도록 압력을 넣는다. 그 결과 어떤 일이 벌어졌을까? 수십 년에 걸쳐 버핏의 부는 기하급수적으로 증가했지만, 그가 가진 회사 내에 고스란히 남아 있었기 때문에, 개인소득세의 부담을 지지 않을 수 있었다. 매년 끝없이 재투자되는 버크셔해서웨이는 그렇게 주가를 끌어올렸다. 이제 버크셔해서웨이의 주식 한 주를 구입하려면 30만 달러가량을 지불해야 하는데, 이는 1992년에 비해 30배나 오른 가격이다. 가령 30만 달러에 그 주식 40주를 매도하면 버핏의 개인은행 계좌에는 2015년 그가 개인소득세를 내면서 신고한 액수와 거의 근접한 1200만 달러가 입금될 것이다. 그러면 방금 실현된 양도소득에 대해 그리 많지 않은 세금이 부과될 것

---

* [옮긴이주] 톨스토이의 《안나 카레니나》의 유명한 첫 문장 "행복한 가정은 모두 비슷하고, 불행한 가정은 모두 제각각으로 불행하다"를 패러디한 표현이다.

이고, 버핏은 그걸 그냥 내면 된다. 그런 식인 것이다.

버핏은 자신이 너무 적게 세금을 내고 있다고 한탄했던 것으로도 잘 알려져 있다. 입법자들을 상대로 그 정의롭지 못한 현상을 어떻게 해결하면 좋을지 제안하기까지 했다. 그러한 방향의 시도 가운데 가장 유명한 것은 한 해에 100만 달러 이상의 소득을 올리는 개인에게 최소 30퍼센트 이상의 세율을 적용하자는 것으로, 2011년에는 버락 오바마가, 2016년에는 힐러리 클린턴이 옹호하고 나섰던 제안이다. 이른바 "버핏 룰"은 민주당의 조세 개혁 논의에 주춧돌이 되었다고 할 수 있다. "버핏 룰"은 자본소득과 노동소득에 적용되는 세율의 차이가 크다는 문제점을 지적하는 것이기도 했다. 2019년 현재 자본을 통해 얻는 소득에는 20퍼센트의 세율이 적용되는 반면 노동으로 얻는 소득에는 37퍼센트까지 세율이 적용되고 있으니, 대부분의 소득을 자본을 통해 얻는 버핏은 대부분을 노동을 통해 얻는 그의 비서보다 낮은 세율을 적용받게 되어 있었고, 버핏은 그 점을 언급한 것이다. 하지만 여전히 문제는 남아 있다. 버핏이 자신이 보유하고 있는 주식을 한 줌 팔아서 20퍼센트의 세율을 적용받아 내는 세금은 그가 벌어들이는 진정한 수입과 비교해 볼 때 그야말로 나노 단위의 입자에 지나지 않는다. 그 나노 단위에서 20퍼센트가 30퍼센트로 바뀐다 한들 차이는 눈에 보이지 않을 만큼 미세할 수밖에 없다. 설령 제안 그대로 실행되었다 한들 "버핏 룰"은 버핏에게 날아오는 세금고지서에 유의미한 변화를 가져올 리 없는 것이다.

그들 스스로가 인정하고 있다시피 트럼프와 버핏이 내는 세금은 모

그들은 왜 나보다 덜 내는가

두 사소한 액수에 지나지 않는다. 심지어 자신이 세금을 내고 있다는 걸 밝혀서 칭송받는 억만장자조차 공공 재정에 그다지 큰 기여를 하고 있지 않다. 앞서 살펴본 바와 같이 모든 종류의 세금을 놓고 본다면, 집단으로서의 슈퍼리치는 중산층보다 더 낮은 실효세율을 적용받고 있는 것이다. 물망에 올라 있는 대부분의 개혁안은 이 문제를 해소하는 데 거의 도움이 되지 않는다. 이 난장판을 해결하려면 어떻게 해야 할까?

왜 부자 과세인가? 가난한 이들을 돕기 위해

우리가 고려해야 할 첫번째 문제는 객관성에 대한 것이다. 어느 정도의 세율이 부자들에게 적당한 적정 세율이라 할 수 있는가? 이 문제에 답하는 방법은 여러 가지가 있을 수 있지만, 우리는 철학자 존 롤스가 제시했으며 사회과학자들 사이에서 널리 인정받고 있는 이론을 출발점으로 삼아 보도록 하자. 롤스에 따르면 사회적·경제적 불평등은 그러한 불평등이 사회 내에서 가장 취약한 이들의 삶의 질을 높여줄 수 있을 때 정당화될 수 있다.[2] 이 이론에 따른다면, 우리는 조세 정책을 논할 때 부자들의 금전적 이익을 신경쓸 필요가 없다. 우리가 관심을 가져야 하는 것은 오직 부자들에게 세금을 물리는 것이 나머지 사람들에게 어떤 영향을 미치는가뿐일 것이다. "부자들이 정당한 몫의 부담을 지게 하자"는 상당히 막연한 개념이 우리의 목표여서는 안 된다. 그보다는 가장 가난한 이들에게 적정한 혜택을 돌려줄 수 있을 만한 재원을 확보하는 방안이 우리의 목표여야 할 것이다.

분명히 해 둘 것이 있다. 부자들에 대한 과세를 이러한 관점에서 바라본다면, 부자들이 최고 소득구간의 세율이 높아졌다는 이유로 일을 덜 하게 되어 전체 세수가 줄어드는 일이 발생할 경우, 세율을 낮춰야만 한다. 그런 경우라면 부자들에 대한 조세 부담을 인하하여 정부 예산을 늘리고, 건강·육아 등 가난한 이들의 삶의 질을 높여 주는 공공 서비스에 더 많은 재원을 투입해야 할 것이다. 반대로 세율을 높이는 만큼 추가적인 재원을 확보할 수 있다면 세율은 높아져야만 한다. 더 많은 예산이 확보될수록 사회 내에서 가장 소외된 이들에게 더 큰 도움을 줄 수 있을 테니 말이다. 그러므로 부자들이 내야 할 적정 세율은 가능한 한 예산을 최대화할 수 있는 세율과 같다고 할 수 있다. 이와 같은 목표 설정 방식은 경제학자들에게 그다지 논란거리가 되지 않는다. 게다가 직관적으로 보더라도 말이 된다. 같은 돈이라도 가난한 사람의 손에 있을 때가 빌 게이츠의 손에 있을 때보다 더 가치 있게 쓰일 수 있다는 것에 모든 사람들이 동의할 수 있을 테니 말이다. 부자들에게 세금을 조금 더 걷는다고 해서 그 부자들이 자녀를 낳고 기르지 못하는 지경에 도달할 리는 없다. 하지만 그렇게 세금을 더 걷음으로써 부자들에게 커피를 제공하고 그들의 집을 치우는 이들이 더 나은 환경에서 자녀를 교육할 수 있게 된다면, 세금의 가치는 빛을 발할 것이다.*

---

* 　경제학자들은 근본적으로 사회 전반에서 개인들이 갖는 효용을 극대화하는 것을 추

그들은 왜 나보다 덜 내는가

이런 목적의식을 갖고 들여다본다면 조세 문제는 일종의 응용공학으로 다루어질 수 있다. 천재 수학자이며 경제학자였던 프랭크 램지는, 만약 모든 납세자에게 같은 세율이 적용된다면 정부의 재원을 극대화하는 세율은 과세 가능한 소득의 탄력성에 역으로 비례하여 책정되어야 한다는 사실을 공식적으로 증명해냈다.[3] 이게 무슨 소리일까? 앞서 우리는 5장에서 탄력성이라는 개념에 대해 살펴본 바 있다. 만약 과세 가능 소득이 비탄력적이라면, 그것은 세율이 높아진다 해도 신고된 소득이 크게 달라지지 않는다는 것을 뜻한다. 그런 경우라면 재무부는 더 많은 예산을 확보하기 위해 기계적으로 세율을 높일 것이다. 반면 과세 가능 소득이 매우 탄력적이라면 세율을 높이는 것은 과세표준을 확연히 줄여놓을 것이고 따라서 세수는 늘어나지 않을 것이며 이는 바람직한 결과가 아니다. 그리하여 최적의 조세 정책에 대한 황금률이 나왔으니, 이름하여 램지의 법칙이다. 정부는 탄력성이 큰 분야에 세금을 너무 많이 부과해서는 안 된다.

램지의 접근법에는 한계가 있었다. 그는 단일한 세율을 지니는 세금만을 고려했는데, 그런 세금은 비례세라고 하며, 조세 제도 중 거칠고 투박한 축에 속한다. 원칙적으로 소득세는 누진적으로 설계되어야 한다. 더

구하는 공리주의적 원칙에 의존하고 있다. 소득이 늘어나지만 그 증가율은 줄어들고 있는 상황에서 추가적인 소득으로 인한 효용이 급격히 늘어난다면 소득 증가가 미미하더라도 효용은 매우 커질 수 있다. Piketty and Saez (2013b) 참고.

많은 소득을 올리는 사람에게 더 높은 한계 세율을 적용해야 한다는 것이다. 앞서 살펴보았다시피 실제로도 대부분의 민주주의 국가에서 소득세는 그러한 방식으로 작동하고 있다. 1990년대 말 연구자들은 램지가 남겨놓은 결과를 확장하여 소득세가 누진적으로 적용될 때 부자들에게 과세할 수 있는 최적의 세율을 모색했다. 표준적인 램지의 원칙에서와 마찬가지로 소득세 최고 한계 세율은 과세 가능 소득의 탄력성에 역으로 비례할 때 정부의 재원을 극대할 수 있다는 결론이 도출되었다. 그런데 여기에는 반전이 숨어 있다. 문제가 되는 탄력성은 오직 부자들에게만 해당되는 것이다. 더군다나 오늘날은 최적의 세율을 결정할 때 불평등의 수준 또한 염두에 둔다. 소득의 집중이 심해질수록 여유 있는 이들에게 적용되는 최적의 세율 역시 높아지게 되는 것이다.[4]

부자들에 대한 최적의 평균 세율: 60퍼센트

이 이론을 염두에 두고 최고 세율 설정 문제를 바라보면, 결국 핵심적인 요소는 부자들이 세율에 대해 어떻게 반응하며 대응할지 여부라는 것을 알 수 있다. 공적인 토론의 장에서는 자산소득이 매우 탄력적이라는 주장이 마치 그 자체로 증거가 되는 양 다루어지는 경향이 있다. 그러므로 자산에 대해 너무 많은 과세를 해서는 안 된다는 주장인 것이다. 실제로는 사안이 매우 복잡하다. 왜냐하면 탄력성이라는 것이 불변의 요소가 아니기 때문이다. 탄력성은 공공 정책의 영향을 매우 크게 받는다.

그들은 왜 나보다 덜 내는가

부자들이 높아진 세율에 반응하는 방식은 결국 두 가지라고 볼 수 있다. 첫째는 예컨대 더 적은 시간을 일하고 돈벌이가 덜 되는 직업을 택하는 등, 그들이 실제 경제생활을 하는 방식을 변화시키는 것이다. 부자들이 스스로 덜 일하고 덜 버는 것을 막을 수 있는 방법은 그리 많지 않다. 그건 그들의 권리라고 할 수 있다. 두번째 대응은 조세를 회피하는 것인데, 이것이야말로 훨씬 보편적인 대응책이라고 할 수 있겠다. 그리고 조세 회피는 세금 때문에 자신의 경제활동 방식을 근본적으로 바꾸는 것과 달리, 정책 결정자들의 의지와 실천을 통해 큰 폭으로 줄여 나갈 수 있는 것이다.

기업이 자사의 이익을 어떤 열대의 섬에서 발생한 것처럼 회계처리할 때, 변호사들이 법인화하여 개인소득세를 누락할 때, 의사들이 합법적 탈세처에 투자할 때, 그들은 어떤 자연법칙에 이끌리고 있는 것이 아니다. 이러한 행동은 세법이 특정한 형태의 소득을 다른 소득보다 우대하고 있으며 사람들이 그런 차이를 악용하는 것을 정부가 방관하고 있을 때 나타난다. 하지만 한때 사회적으로 용인되고 때로는 격려되기까지 하던 행동이 규제와 금지의 대상이 되는 일도 종종 벌어지는 법이다. 자본에서 비롯한 것이건 노동에서 비롯한 것이건, 소비해 버렸건 저축했건, 버뮤다에서 발생한 것처럼 회계처리되었건 미국에서 얻은 것이라고 신고되었건, 취리히의 은행 계좌에 들어갔건 파리에서 개설된 계좌로 입금되었건 간에, 모든 소득에 같은 세율이 적용된다면, 그리고 조세 회피 서비스를 제공하는 자들이 엄격한 통제의 대상이 된다면, 조세 회피는 거의 완전히 근절될 수 있을 것이다. 그런 경우라면 부자들이 소득세를 줄이기 위해 할 수 있는 일이라고는 자신들의 진정한 경제적 자원을 줄이는 것, 다시 말해 가난해지는 것밖에 남지 않게 된다.

현재보다 훨씬 가난한 삶을 사람들이 자발적으로 택하는 일은 극히 드물다. 설령 탈세 같은 고결한 목적을 지니고 있더라도, 자발적 가난을 택하는 사람은 거의 없다. 변화된 세법이 실제 행동 변화를 촉발하는 경우는 일반적으로 퍽 드물다고 할 수 있다. 그가 내야 할 세금이 0퍼센트가 된다고 해서 스티브 잡스가 갑자기 아이마블Marvel 같은 것을 만들어낼 리 만무하다. 세법이 전혀 다른 방식으로 만들어져 있었다고 해서 마크 저커버그가 컴퓨터공학 대신 순수예술 분야에 뛰어들었을 것 같지는 않다. 물론 애플은 저지섬으로 이익을 이전하고 있고, 페이스북은 케이먼 제도에 유령회사를 차려놓았다. 그렇듯 세금을 피하려 하는 부자들을 돕는 산업은 여전히 번창하고 있다. 하지만 그 모든 것은 그저 규제가 허술한 환경에서 꽃을 피우고 있는 탈세에 지나지 않는다.

예컨대 1986년 세법 개정으로 인해 소득세 최고 한계 세율이 28퍼센트로 내려가면서, 부자들이 신고한 소득은 증가하는 모습을 보였다. 하지만 그 소득 증가의 원인은 대체로 탈세 전략의 변동에서 비롯한 것이었다. 파트너십을 통해 법인 명의로 얻는 소득에 적용되는 세율이 35퍼센트였던 탓에, 그걸 개인소득세의 대상인 개인소득으로 신고하는 편이 더 이득인 상황이었기 때문이다. 그러한 부자들의 소득 증가가 노동 공급의 증가로 이어지지 않은 것은 당연한 일이다.[5] 탈세에 대한 감시가 제대

그들은 왜 나보다 덜 내는가

로 이루어지고 있다면, 과세 대상이 되는 소득과 세율의 탄력성은 퍽 낮은 수준이라는 것이 오늘날의 연구를 통해 밝혀진 사실이다. 그러므로 적정 세율은 그만큼 높게 책정되어야 한다.

구체적으로 얼마나 높아야 할까? 100퍼센트까지 올릴 수는 없을 것이다. 대부분의 사람들은 그런 세율이 적용된다면 사회 전반에 돌아갈 혜택을 위해 일하기보다는 가족과 시간을 보내거나 텃밭에서 농사나 짓고 있을 테니 말이다. 그러나 일련의 연구들은 최고 소득구간의 한계 세율을 75퍼센트 이상 설정할 때 부자들로부터 얻을 수 있는 세수가 극대화될 수 있음을 시사하고 있다. 여기서 우리가 말하는 부자란 상위 1퍼센트로, 2019년 현재 연 50만 달러 이상의 소득을 올리는 사람을 뜻한다.[6] 이는 지난 20여 년 동안 수행된 수많은 경험적 연구에 기반하여 내릴 수 있는 최선의 예측이라 할 수 있다. 탈세의 가능성이 제한되어 있다면 부자들은 세율의 변화에 온건한 대응밖에 하지 않는다. 1달러를 벌었을 때 기존에 세후 소득 70센트를 얻던 사람이 70.7센트를 얻게 되는 식으로 세후 소득이 1퍼센트 올라갈 수 있게 된다면, 부자들은 더 열심히 일을 하여 세전 소득을 0.25퍼센트 더 끌어올리는 경향을 보여준다.[7*] 이는 부자들에게 적용되는 세율이 높다고 해서 과세표준이 줄어들지는 않음을 의미한

---

* 덴마크처럼 조세 회피의 기회를 거의 제공하지 않는 경우, 최상위 소득자라 할지라도 조세 변화에 대해 탈세로 대응하는 비율은 0.2~0.3퍼센트로 낮은 편이다(Kleven and Schultz, 2014).

다. 잔인하기 이를 데 없는 75퍼센트의 소득세 최고 한계 세율도 적정 세율일 수 있는 것이다.

이 결과를 두고 짚어보아야 할 지점이 몇 군데 있다. 우선 우리가 이야기하고 있는 세율이 '한계' 세율이라는 점이 중요하다. 한계 세율은 기준점을 지나쳤을 때 그 이상의 소득에 대해서만 적용되는 세율이다. 현재는 50만 달러가 최고 소득구간의 기준이다. 그와 연관하여 거론되는 '평균' 세율은 그보다 낮을 수밖에 없는데, 50만 달러라는 높은 기준점 이하의 소득에 대해서는 최고 한계 세율보다 낮은 세율이 적용될 수밖에 없기 때문이다. 엄청나게 많은 소득을 올리는 사람이라야 최고 한계 세율과 평균 세율이 같아진다. 그러니 설령 내일 당장 50만 달러 이상의 소득에 대한 '한계' 세율이 75퍼센트로 오른다 해도, 미국에서 가장 부유한 상위 1퍼센트에게 적용되는 평균 세율은 가까스로 60퍼센트에 도달할 것이다.* 달리 말하자면 최고 소득구간에 속하는 납세자들에게 적용될 최적의 '평균' 세율은 60퍼센트여야 한다. 상위 1퍼센트 중에서 저소득층에 속하는 이들은 60퍼센트보다 낮은 평균 세율을 적용받을 것이고 아주 꼭대기에 있는 엄청난 슈퍼리치들은 75퍼센트에 거의 근접한 평균 세율

---

* 50만 달러 이상 구간의 평균 소득은 약 150만 달러다(Piketty, Saez, Zucman 2018). 그러므로 최상위 구간 납세자들은 (50만 달러를 초과한) 100만 달러의 75퍼센트를 내고 50만 달러 이하에 대해서는 그보다 낮은 세율을 적용받을 것이다. 그 50만 달러에 적용되는 세율을 평균 거시경제 세율인 30퍼센트로 잡는다면, 최상위 소득구간 납세자의 총 세율은 다음과 같다. (2/3)×75+(1/3)×30=60퍼센트.

을 보일 테니, 상위 1퍼센트의 평균 소득세율은 60퍼센트가 될 수 있는 것이다. 세율에 대해 이야기할 때에는 평균 세율을 가지고 논하는 것이 여러모로 합리적이다. 그래야 각 소득집단이 공동체의 재정적 필요에 얼마나 기여하고 있는지 좀더 확실한 그림을 그려볼 수 있기 때문이다. 미국인들의 평균 거시경제 세율을 30퍼센트 전후로 잡는다면, 상위 1퍼센트에 적용되는 평균 세율 60퍼센트는 부자들이 그들의 소득 중 60퍼센트, 즉 보통 사람들의 두 배 정도의 세율을 적용받는 평범한 사람이 된다는 말과 같다.

둘째, 이 적정 세율은 모든 단위의 정부에서 부과하는 모든 세금에 적용되는 것이다. 부자들에게 적용되는 이상적인 세율 60퍼센트란 단지 연방소득세뿐 아니라 주소득세, 자산에서 비롯한 법인세 등의 일부와 급여세, 판매세, 기타 등등 모든 세금을 통틀어 얻어지는 세율인 것이다. 급여세는 비례세로 세율을 높일 수 없고 판매세의 부담은 최상층에게는 있으나마나한 수준이므로, 연방소득세, 주소득세, 법인소득세를 포함하여 최상위 소득구간의 이상적 한계 소득세율이 75퍼센트에 이르러야 하는 것은 당연한 일일 것이다.

마지막으로 분명히 해 두어야 할 것이 있다. 세법에 강제 조항을 두지 않거나 집행 방식을 고려하지 않고 그저 상위 구간의 세율만을 높이는 것은 현명한 생각이 못 된다는 것 말이다. 현재 통용되고 있는 탈세 산업은 너무도 공급이 활발하다. 부자들에게 실질적으로 더 많은 세금을 내게 하려면 먼저 탈세의 가능성을 차단해 두어야 한다. 이 극심한 불평등의 시대에도, 단호한 조세 체계를 지속가능하게 하는 기구를 만들어 장기적으로 유지해야만 하겠다.

부자들의 탈세를 막는 방법: 공공수호국이 필요하다

그 첫 단추는 탈세산업의 규제를 전담하는 부서를 신설하는 것이다. 여기서 우리는 그 조직을 공공수호국Public Protection Bureau이라고 부르기로 하자. 미국이 소비자금융보호국을 두어 금융 분야를 규제하고 항공 분야에서는 연방항공청이 전담하고 있으며 제약산업에 대해서는 식품의약국이 하는 것과 같은 기능을 맡는 부서가 있어야 한다. 그 부서가 세금과 관련된 업무를 담당하는 비즈니스를 감시하고 그들의 영업이 공공 이익을 침해하지 않도록 해야 하는 것이다.

이 책을 통해 살펴보았다시피 온갖 탈세 및 절세 기법은 납세자들 스스로가 만들어낸 것이 아니다. 탈세 산업에서 공급을 통해 수요를 창출한 것이다. 탈세가 창궐하고 있을 때 그 이면을 들춰보면 언제나 탈세산업 종사자들이 폭발적인 창의력을 과시하고 있다는 사실을 알 수 있다. 자세한 내용은 나중에 살펴보게 되겠지만, 현행 법 체계 속에는 수많은 탈세의 구멍들이 존재하며 국가는 이 구멍들을 막아야 한다. 하지만 탈세의 구멍을 막는 것만으로는 문제의 핵심을 찌르고 들어가지 못한다. 1980년대에 벌어진 소득세 회피의 폭증 현상도 그랬다. 그것은 새롭게 도입된 조세 감면의 결과가 아니었다. 그보다는 탈세산업의 혁신이 소

그들은 왜 나보다 덜 내는가

득세 회피를 폭발적으로 증가시킨 직접 원인이라고 보는 편이 합당하다. 1990년대와 2000년대 법인세 회피에 대해서도 같은 현상을 관찰할 수 있다. 기업 내부 거래와 이전가격에 대한 규정은 1920년대 이래 그냥 그 모습 그대로 쭉 있어 왔을 뿐이었다. 조세 부정의를 바로잡기 위해서는 세금 꼼수를 공급하는 업자들을 박멸해야만 한다.

불행하게도 국세청은 탈세산업을 규제하기에는 힘이 부친다. 상대 방은 총을 겨누고 있는데 칼을 들고 덤비는 꼴이다. 일이 이렇게 된 데에 는 몇 가지 이유가 있다. 가장 먼저 눈에 띄는 것은 국세청의 조세 집행 관련 예산이 극단적으로 줄어들었다는 것이다. 지난 10년간의 물가상승 을 감안하여 보정해 보면 국세청의 예산은 20퍼센트나 줄어들었다.[8] 예 산이 부족하니 세무조사도 줄어들 수밖에 없다. 2017년 국세청이 수행 한 세무조사는 9510건으로 2010년의 1만 4000건에 비해 대폭 줄어들 었다. 국세청이 1만 건 이하의 세무조사만을 시행했던 가장 최근 사례는 1950년대의 일인데, 그때만 해도 미국 인구는 오늘날의 절반 정도에 불 과했다. 두번째 문제는 세무조사의 난이도가 높아졌다는 것이다. 성공적 인 탈세 루트를 하나 만들기만 해도 주어지는 보상이 매우 큰 탓에, 4대 회계법인은 탈세와 맞서 싸우는 공공기관에 비해 훨씬 더 많은 비용을 지불해 가며 일하고 있는 것이다.

게다가 국세청은 정치적 상황이 급변할 때 취약할 수밖에 없다. 이것 이 마지막 문제점이며 가장 심각한 문제이기도 하다. 국세청을 향해 매일 같이 내려오는 업무 지시는 가장 큰 문제가 아니다. 더 민감하고 근본적인 것은 따로 있다. 의회와 집권 여당이 세무 집행에 영향력을 미치고 있는 것이다. 그들은 세무조사를 위해 어떤 자원을 동원할 수 있을지 여부를 결정하고, 세금을 낮추려 드는 부자들의 전략에 맞서 국세청이 얼마나 공격적으로 대응할 수 있을지 여부에 영향을 미치며, 실질과세 원칙의 적용에 대해서까지 여파를 남기고 있는 것이다.[9] 설령 대통령이 직접 이러저러한 방향의 조치를 내리라고 지시하지는 않을지라도, 워싱턴을 지배하는 이념적 영향력에 의해 국세청은 흔들리고 있다. 가령 집권당이 상속세를 신성한 사유재산권에 대한 공격으로 여겨 십자포화를 퍼붓고 있다면 국세청으로서는 상속세를 집행하기 위해 많은 자원을 할애하기 곤란해지는 것이다(앞서 3장에서 살펴보았다시피 실제로도 1980년 이후 상속세 심사는 많은 경우 수포로 돌아가고 말았다). 이런 식으로 물밑에서 세무 집행을 저해하는 것은 민주주의에 반하는 일이다. 그 어떤 누진적 조세 체계에도 위협이 될 수밖에 없다. 레이건 식의 광란의 탈세축제가 21세기에 또 벌어지는 것을 막으려면, 우리에게는 대중과 세무업계, 국세청이 공히 신뢰할 수 있으며 어떤 정당이 권력을 갖건 법의 정신에 따라 움직이는 새로운 조직이 필요하게 된 것이다. 국세청은 언제나 국가와 납세자 중 국가의 편에서만 움직이는 조직으로 여겨져 온 만큼, 새로운 기관은 중립적인 위치에서 중요한 역할을 담당해야만 한다.

공공수호국은 크게 두 가지 목적을 갖게 된다. 첫째, 가장 중요한 역할은 실질과세의 원칙이 지켜지도록 하는 것이다. 세금을 피하기 위한 목적만으로 이루어지는 모든 거래는 불법임을 확실히 하고 처벌해야 한다.

조세 정의의 집행은 필수적인 정보의 수집에서 시작한다. 공공수호국은 기업집단 내에서 벌어지는 지적 재산권의 거래, 가짜 파트너십 하에서 이루어지는 투자 행위, 대를 물려 넘어오는 신탁자산 등, 조세설계 산업이 어떤 새로운 탈세 방법을 개발하여 상품화하건 그에 필요한 정보를 자동적으로 취득할 수 있어야 한다. 그렇게 공공수호국은 부유층과 기업의 탈세를 돕기 위해 만들어진 새로운 탈세 상품을 적절하게 발견해낼 수 있다. 자신들의 내부 거래와 관행 등을 밝히지 않는 기업에는 엄격한 처벌이 가해질 필요가 있다. 또한 실질과세의 원칙을 위반하는 모든 절세 상품은 즉각 불법으로 처리되어야 한다.

둘째, 공공수호국은 외국의 세무 집행을 추적하면서 미국의 과세표준에 빨대를 꽂고 있는 조세 도피처에 재무부가 제재를 가하도록 인도해야 한다. 돈세탁을 원하는 범죄자들에게 영국령 버진아일랜드가 푼돈을 받고 임의의 법인 설립을 가능하게 해 줄 때, 혹은 룩셈부르크가 다국적 기업에 군침 도는 비밀 계약을 제안할 때, 그 나라들은 외국의 예산을 훔치고 있는 것이나 다름없다. 자유무역 이론을 아무리 뒤져 봐도 이런 식의 도둑질을 정당화하는 내용은 등장하지 않는다. 타국의 재정에 무임승차하는 조세 도피처에 대한 금융 거래에 세금을 물리는 방법 등의 방법으로, 주권의 상업화는 더욱 엄격한 규제의 대상이 될 필요가 있다.[10]

탈세의 구멍을 막자: 동일 소득 동일 세율

조세 회피를 막기 위한 다음 단계는 같은 액수의 소득을 올리는 사람은 같은 액수의 세금을 내야 한다는 단순한 상식을 현실화하는 것이다. 이 명백해 보이는 상식은 21세기가 시작된 후 지난 20여 년 동안 이루어져 왔던 온갖 종류의 세제 개혁 중 대부분의 방향과 정반대되는 것이었다. 2003년에는 배당수익에 우선세율이 적용되었고 2018년에는 사업소득에 대한 소득세율이 낮아졌다. 미국에서 법을 만드는 사람들은 자본에 노동보다 낮은 세율을 적용해야 한다는 선입견에 사로잡혀 있는 듯하다. 같은 경향은 프랑스에서도 발견된다. 2018년 에마뉘엘 마크롱은 이자와 배당소득에 비례세를 적용하는 세법 개정안을 채택했던 것이다. 다른 유럽 국가들도 사정은 마찬가지다.

같은 소득액을 보이는 사람들이 같은 세액을 내도록 하는 것은 이른바 "탈세의 구멍 막기"의 핵심이라고 할 수 있다. 그와 같은 정책 방향은 다양한 함의를 지닌다.

첫째, 그러한 방향의 개혁은 모든 종류의 소득이 누진적인 개인소득세의 대상이 되어야 함을 뜻한다. 임금·배당·이자·임대료·사업소득뿐이 아니라, 미국과 프랑스를 비롯한 많은 나라에서 현재 낮은 세율의 비례세가 적용되고 있는 양도세까지 포함하는 것이다. 양도소득을 다른 소득원과 구분하여 낮은 세율을 적용해야 할 합리적인 이유는 찾기 어렵다. 그러한 관행은 부유한 이들로 하여금 그들의 근로소득과 사업소득을 양도소득으로 포장하게끔 하는 유인동기를 제공할 뿐이다. 수많은 나라

그들은 왜 나보다 덜 내는가

에서 양도소득세를 단일 세율의 비례세로 규정했던 이유는 역사적 맥락에서 찾아볼 수 있다. 주식·채권·주택 등 거래의 대상이 되는 모든 자산의 매입 가격을 세무당국이 모두 추적할 수 없으므로, 양도소득에는 다른 방식으로 과세하는 것이 매우 어렵기 때문에 선택했던 차선책이었던 것이다. 미국의 경우 2012년이 되어서야 국세청이 그와 같은 정보를 체계적으로 관리하기 시작했다. 하지만 오늘날은 전산화로 인해 거래 가격을 저렴하고 간단하게 관리할 수 있게 되었으므로, 양도소득세를 누진적 과세의 대상으로 삼는 일 또한 가능해졌다. 한 세대를 넘어 물려받은 재산에 대해서도 누진적 과세가 가능해진 것이다.* 자산의 매매는 결국 하나의 사건이므로, 양도소득세는 자산이 매각될 때 단 한 번 내는 세금이다. 그러니 양도소득세의 세율을 높이는 것은 지나치게 가혹하다는 반론이 늘 제시되고 있지만, 그런 경우라면 상속세의 경우와 같은 차원에서 분할 납세가 가능하도록 법이 개정될 수도 있을 것이다.

한 걸음 더 나아가, 오늘날의 정부는 자산을 매입한 시점을 알고 있다고 가정한다면, 자산소득을 산정할 때 물가상승의 영향을 자동적으로 계산하고 물가상승분을 제하여 세액을 산정하는 세법 개정이 가능할 것

---

* 현행 미국법 하에서 자산이 상속되면 해당 자산의 가격은 상속이 이루어진 시점에 다시 매겨진다. 이는 악명 높은 탈세의 구멍으로, 흔히 단계적 기준stepped-up basis이라 불린다. 누군가 죽을 때까지 자산을 손에 쥐고 있다가 상속한 뒤에 매각하면 양도소득세를 적용받지 않게 되는 것이다. 대부분의 경제학자들은 이 탈세의 구멍을 반드시 막아야 한다는 데 동의하고 있다.

으로 보인다. 현행 세법 체계 하에서는 2012년에 100달러를 주고 샀던 자산을 2020년에 150달러에 팔면 50달러가 양도소득세의 과세표준이 된다. 이건 다소 문제가 있는 계산법이다. 그 50달러 중 20달러는 전반적인 물가상승을 반영하고 있다고 가정한다면, 오직 30달러만이 진정한 양도소득일 것이기 때문이다. 하지만 제외해야 할 20달러에까지 세금을 매긴다면, 그 정체가 모호하고 어떻게 분류해야 할지 애매하지만 아무튼 부에 대해 따라붙는 부유세인 셈이 되고 그 부유세는 물가상승률에 의해 결정되고 마는 것이다. 이렇게 숨어 있는 부유세는 수면 위로 드러내어 없애야 한다. 30달러의 순수한 양도소득에 대해서만 누진적인 소득세의 일부로서 과세해야 마땅하다. 저런 부유세를 없애는 감세 개혁이라면 모든 사람이 동의할 수 있을 것이다!

소득세 통합: 법인세라는 출구를 없애자

"동일 소득 동일 과세" 원칙이 두번째로 적용되어야 할 영역으로는 법인세를 꼽을 수 있다. 법인 명의의 소득세와 개인소득세는 통합되어야 한다. 여러 유럽 국가들에서 과거에 그래 왔으며, 오스트레일리아나 캐나다 같은 나라들은 여전히 그런 방향을 택하고 있다. 법인세와 개인소득세를 통합한다는 것은, 기업의 이익이 주주에게 분배되어 개인소득세를 낼 때 법인 차원에서 냈던 소득세액을 감안하여 개인이 내야 할 소득세액을 산정한다는 뜻이다. 부유한 주주로서 50퍼센트의 한계 소득세율에 맞춰 세

그들은 왜 나보다 덜 내는가

금을 내야 하는 존의 경우를 가정해 보자. 존이 주주로서 보유하고 있는 회사가 100달러의 이익을 냈고 20달러의 법인세를 냈으며, 나머지 80달러는 존에게 배당하였다. 통합된 소득세 체계 하에서 존이 내야 할 세금은 80달러의 배당금뿐 아니라 100달러의 기업 이익 전체를 대상으로 한다. 존은 한계세율 50퍼센트의 적용 대상이므로 그가 내야 할 세금은 100달러의 50퍼센트인 50달러가 된다. 하지만 그가 소유한 회사가 이미 20달러를 법인세 명목으로 지불하였으므로 존이 받는 개인소득세 고지서에서는 그가 내야 할 총액 50달러에서 20달러가 빠진 30달러가 적혀 나오게 되는 것이다.

이는 법인소득세란 그저 개인소득세를 먼저 낸 것에 지나지 않는다는 기본적인 진실에 입각한 체계라고 할 수 있다. 여기에는 많은 이점이 존재한다. 우선 기업 입장에서 보자면 법인세를 회피해야 할 이유가 크게 줄어든다. 애플이 4대 회계법인의 섬세한 조언에 따라 단 한 푼도 법인세를 내지 않았다고 가정해 보자. 소득세가 체계적으로 통합되어 있다면 애플을 소유하고 있는 부유한 주주들은 앞서 제시한 존의 사례처럼 기업이 먼저 낸 법인세액을 차감받는 혜택을 누릴 수 없게 된다. 따라서 그들은 50퍼센트의 한계 소득세율에 따라 애플로부터 얻은 이익 중 50퍼센트를 세금으로 내야 하는 것이다. 반면 애플의 이익에 대해 애플이 기업으로서 먼저 세금을 내면 정확히 그 액수만큼 주주들이 내야 할 소득세가 줄어든다. 세법이 저렇게 작동하는 곳이라면 애플이 조세 회피에 쓰는 예산을 대폭 삭감할 것은 불 보듯 훤한 일이다.

통합된 소득세 체계가 갖는 또 다른 이점은 왜곡을 방지해 준다는 것이다. 어떤 사업이 법인의 형태로 이루어져 법인세의 대상이 되건, 미국에서 파트너십이 규정된 방식대로 그 사업의 이익이 소유자 개인의 명의로 들어가 개인소득세의 대상이 되건, 전체 소득세에 영향을 미치지 않는다. 기업으로서는 부채를 늘리거나 증자하거나 둘 중 어떤 선택을 해도 무방하게 된다. 통합된 소득세 체계 하에서 이자와 배당은 세무적으로 같은 의미를 갖게 되기 때문이다. 좀더 크게 보자면 통합된 소득세 체계는 자본이 노동처럼, 노동 이상도 이하도 아닌 무언가처럼 과세 대상이 되도록 해 준다. 앞서 언급한 존의 사례를 다시 생각해 보자. 그가 올린 100달러에 대한 전체 세액이 50달러임을 우리는 알고 있다. 20달러는 기업이 냈고, 30달러는 존이 냈다. 그것이 세율 50퍼센트로 인해 내게 된 세액인데, 만약 존이 수익을 배당하는 대신 자신에게 임금으로 지불했다 하더라도 마찬가지로 세금은 50달러가 되었을 것이다. 세금을 걷겠다는 목적은 같은데 노동과 자본을 별도로 취급하는 것은 언제건 어떤 식으로건 좋은 발상일 수가 없다. 그렇게 나누는 순간 조세 회피의 여지가 어김없이 발생하기 때문이다. 그리고 조세 회피는 전체 세수를 줄일 수밖에 없다. 누진적 조세 체계를 갖추고자 하는 목표는 노동에 비해 자본에 더 큰 세금을 물리는 식으로 달성될 수 없다. 모든 종류의 소득에 누진적 세율을 적용하며 최상위 구간에 높은 한계 세율을 책정하는 것이 해법이다.

미국은 단 한 번도 소득세를 통합하여 운영해 본 적이 없는 나라지만, 통합된 소득세 체계는 20세기 대부분의 기간 동안 유럽에서 통용되던 표준적인 방식이었다. 영국, 독일, 이탈리아, 프랑스와 그 외 여러 국가들이 이러한 방식에 의존하고 있었던 것이다. 하지만 소득세 통합은 서서히 사라져 갔다. 왜일까? 간단히 말하자면 세계화에 대한 잘못된 대응의 결과였다고 할 수 있다. 1990년대까지만 해도 외국 기업에 투자하는 사람은 거의 없었다. 그런데 1990년대와 2000년대에 이르러 국경을 넘어 투자하는 사례가 빈번해지자 정부로서는 외국 기업 주식을 보유함으로써 외국에 법인세를 낸 자국민의 소득세액을, 외국에 낸 법인세를 이유로 상계해 주게 되는 결과를 목격하게 되었고, 이를 용납할 수 없다는 결론에 도달했다. 예를 들자면 프랑스는 프랑스인 주주들이 미국 기업인 제너럴모터스의 주식을 갖고 있다고 해서 제너럴모터스가 낸 법인세액을 소득세 신고시 감안해 주지 않았고, 그리하여 그들은 프랑스 기업 르노의 주식을 가진 프랑스인들보다 많은 세금을 내야 했던 것이다. 2004년 유럽사법재판소는 외국 기업에 대한 이와 같은 처분은 불평등하다고 판결하였고, 그에 따라 프랑스와 다른 국가들은 2005년 통합된 소득세 체계를 포기하기에 이르렀다.[11]

이 문제에 대한 해법은 간단하다. 외국 기업이 낸 세금도 국내 기업이 낸 세금처럼 공제의 대상으로 취급하면 되는 것이다. 프랑스는 프랑스인이 미국 기업의 주식을 보유하고 있을 때 미국에서 낸 법인세에 대해 공제해 주고, 미국은 같은 방식으로 미국인들이 프랑스 기업 주식을 보유한 경우 그 기업이 낸 법인세를 공제해 주면 된다. 이와 같은 상호주의적 방식은 누군가가 어떤 나라에서 일하지만 다른 나라에 살고 있을 경우,

근로소득에 세금을 매길 때 이미 적용되고 있기도 하다. 이 문제는 양국 간의 세금 협정을 통해 쉽게 협상 가능하며, 더 좋은 방법은 앞서 논의한 국제적인 세금 공조의 일환으로 다루는 것이다. 세계화가 진행되고 있다 하여 이미 잘 작동하고 있던 통합된 소득세 체계를 멈출 필요는 전혀 없었다.

　여기서 우리는 "동일 소득 동일 과세" 원칙의 세번째 함의를 찾아볼 수 있다. 법인세와 개인소득세를 통합하여 얻을 수 있는 큰 이점은 임금의 형식으로 얻는 1달러와 배당으로 얻는 1달러의 소득이 언제나 동일한 과세의 대상이 된다는 데 있다. 이것은 올바른 방향을 향한 발걸음이지만 통합된 소득세 체계에는 여전히 목에 걸린 가시처럼 해결되지 않은 문제가 내재되어 있다. 기업이 벌어들였지만 배당의 형태로 분배하지 않은 돈, 즉 사내유보금은 여전히 다른 소득원에 비해 덜 과세된 상태로 남아 있게 되는 것이다. 존의 입장에서 보자면 배당을 하지 않고 이익을 회사에 그대로 투자함으로써, 100달러의 이익 중 20퍼센트만 법인세의 대상이 되게끔 하고, 나머지에 대해서는 개인소득세를 내지 않는 것이 더 나을 수도 있다. 언제건 어디서건 부유한 주주들은 이익을 사내유보금으로 보유하고 있을 만한 동기가 충분하다. 배당에 따르는 조세 부담을 줄이면서 세금 한 푼 내지 않고 저축을 하는 것과 다를 바 없기 때문이다. 실제로 이런 위험은 경영진과 소유주의 거리가 가까울수록, 다시 말해 기업이 소수의 손에 의해 좌우되고 있기에 그들이 자신들의 이익에 따라 배당 정책을 움직일 수 있을 때 매우 커진다고 할 수 있다. 이 문제를 해

그들은 왜 나보다 덜 내는가

결하기 위해서는 기업이 자신들의 이익을 소유자에게 넘겨 올바로 세금을 내도록 하는 수밖에 없다. 주식시장에 상장되지 않은 비공개기업은 파트너십과 동등하게 취급되는 것이 마땅하다. 파트너십은 법인세의 대상이 아닌 대신 파트너십에서 발생하는 모든 이익은 소유자의 누진적인 개인소득세의 대상으로 보고 있는 것이다. 비공개 비상장기업 중에는 그 규모가 크고 복잡한 것들도 상당히 포함되어 있는데, 1986년 세법 개정 이후 대부분은 패스스루회사*로 분류되고 있다. 미국의 경험을 통해 알 수 있듯이 비공개 비상장기업의 경우 법인세를 주주 차원에서 부담시키는 것이 기술적으로 편리하다고 할 수 있다.**

이와 같은 규정을 통해 부자들이 기업에서 벌어들이는 소득에 아무 세금도 내지 않고 재투자하는 것을 불가능하게 만들 수 있다. 오늘날의

---

* [옮긴이주] 패스스루회사pass-through business는, 기업 대신 투자자가 전적으로 납세 의무를 지는 형태의 회사로, 수익을 투자자에게 연결해 주는 통로 역할을 한다는 뜻이다. 법인세를 전혀 내지 않는 대신 투자자가 조세 부담을 넘겨받는 형식의 기업을 뜻한다. 주로 소규모 개인사업자 등이 채택하는 방식이다. 도관회사라고도 부른다.

** 개인이 아닌 주주(가령 연금이나 재단 등)에 귀속되는 이익은 여전히 법인세의 대상으로 남을 수 있다. 실현된 자본이익은 누진적인 소득세의 과세 대상이 될 수 있지만 그렇다고 이러한 자본이익이 이중과세의 대상이 된다는 뜻은 아닌데, 그 이유는 다음과 같다. 우리가 묘사하고 있는 통합된 조세 체계 하에서 사내유보이익은 주주로부터 들어온 새로운 투자로 간주되며 따라서 (현재 미국에서 소규모 회사를 취급하는 바와 마찬가지로) 주주의 자산으로 처리된다. 그 결과 자본이익은 사내유보이익을 반영하지 않고 대신 순수한 자산 가격의 변동만을 반영할 수 있게 된다.

조세 부정의를 빚어내는 가장 큰 원천 중 하나를 제거하는 것이다. 또한 이로써 1980년대 이후 풍선처럼 부풀어오른 유령회사 설립 사업을 터뜨려 버릴 수도 있을 것이다. 유령회사가 소유주에게 그 어떤 세제상 이점도 가져다 주지 못하게 되는 것이니 말이다. 유령회사가 제대로 된 기업이 아니라는 것은 말할 필요도 없다. 조세 정책상 유령회사를 회사로 인지하고 기업이 받는 세제 혜택을 누리게 하는 것은 부당한 일이며 반드시 근절되어야 한다.

상위 1퍼센트는 얼마나 세금을 낼 수 있을까?

조세 회피가 최소한으로 줄어들었다고 할 때, 부자들로부터 거둬들이게 될 세수가 어느 정도일지에 대해서 폭넓은 합의가 존재하고 있다. 그렇다면 그게 과연 정확히 얼마일까? 우리가 계산한 바에 따르면, 2019년 현재 미국의 경우 국민소득의 4퍼센트포인트, 혹은 매년 7500억 달러가량의 세금을 더 걷을 수 있다.

이 수치에 도달하게 된 과정을 설명하자면 이렇다. 앞서 우리는 상위 1퍼센트의 구성원을 하나의 집단으로 놓고 볼 때 그들이 버는 돈은 국민소득의 20퍼센트를 차지한다고 언급한 바 있다. 또한 우리가 1장에서 살펴본 바와 같이 모든 종류의 세금을 포괄해 보면 그들이 부담하는 평균세율은 오늘날 30퍼센트 정도에 해당한다. 미국의 국민소득 중 20퍼센트를 차지하는 집단이 30퍼센트의 세율을 부담하고 있다면 그들이 내는

그들은 왜 나보다 덜 내는가

세금은 국민소득의 6퍼센트 정도가 될 것이다.《월스트리트저널》의 논설
위원들이 매일같이 떠들어대는 소리에 귀를 기울이지 않더라도 알 수 있
다시피, 저 부자들이 공공 재정에 기여하고 있다는 사실 자체는 부정할
수가 없다.

《월스트리트저널》논설위원들은 그러니 부자들이 충분히 높은 실효
세율을 부담하고 있다고 주장하고 싶을 것이다. 미국의 부자들은 미국의
평균 거시경제 세율과 거의 비슷한 세율의 적용 대상이 되어 있다고 말
이다. 하지만 우리는 그 말을 믿지 않는다. 미국에서 부자들은 엄청나게
많은 소득을 벌어들이고 있기 때문이다.

앞서 우리가 살펴본 바와 같이, 탈세의 가능성을 봉쇄한 상태로 최상
위 1퍼센트로부터 최대의 세수를 걷기 위한 세율을 계산해 보면 현재의
30퍼센트보다 훨씬 높은 세율이 나온다. 거의 60퍼센트에 근접하게 되
는 것이다.

물론 갑자기 세율이 두 배가 되면 부자들은 어떻게든 신고되는 소득
을 줄이려고 할지도 모를 일이다. 탈세에 대한 감시가 버젓이 살아 있다
해도, 전직 대통령이나 고위급 인사들이 강연료를 받고 하는 연설의 횟수
를 줄인다거나, 기업 경영자들이 일찌감치 은퇴해 버린다거나, 하는 등의
방식으로 행동할 수도 있기는 할 것이다. 그렇다 해도 세전 소득의 불평
등이 줄어드는 결과가 나오는 것은 마찬가지다. 현재 동원할 수 있는 최
선의 추정치에 따르면 그러한 경우 세전 소득을 기준으로 했을 때 상위 1
퍼센트가 국민소득에서 차지하는 비중은 20퍼센트에서 16퍼센트로 줄

어든다.* 산수 문제를 하나 더 풀어보자. 평균 세율이 두 배가 되었을 때, 미국의 부유한 가계는 국민소득의 16퍼센트 가운데 60퍼센트를 부담하게 되므로, 국민소득의 약 9.5퍼센트를 세금으로 내게 된다. 표준적인 경제학 이론에 따르자면, 그러므로 상위 1퍼센트가 부담할 수 있는 최대한의 세율에 따른 세액은 국민소득의 9.5퍼센트에 해당하게 되는 것이다. 가령 법인세율을 올리는 등의 방식으로 상위 1퍼센트에 살짝 못 미치는 이들에게 적용되는 세율도 높인다면 0.5퍼센트 정도의 세수 추가 확보는 어렵지 않다. 이로써 우리는 여유 있는 이들로부터 국민소득의 10퍼센트에 해당하는 세금을 받게 되는 것이다. 이는 오늘날의 수치보다 4퍼센트포인트 높다.

최상위층의 평균 세율을 30퍼센트에서 60퍼센트로 두 배 높인다는 발상이 현실적으로 가능할까? 전에 이런 일이 한 번도 없었던 것은 아니라는 걸 우리는 이미 잘 알고 있다. 1950년대 소득 최상위 0.1퍼센트의 평균 세율은 60퍼센트에 달했고 1950년 소득 최상위 0.01퍼센트에 적용되는 세율은 70퍼센트에 육박했다. 높은 법인세가 정부에 막대한 세수

---

*   우리가 소득의 탄력성을 계산한 방법은 이렇다. 상위 1퍼센트에게 적용되는 한계 세율을 1에서 빼면 0.25가 나온다. 현행 체계 하에서 상위 1퍼센트는 평균 세율 30퍼센트를 부담하며 평균 한계 세율은 35퍼센트다. 한계 세율을 75퍼센트로 변경하면 상위 1퍼센트의 세전 소득은 이러한 계산에 의해 변하게 된다. $[(1-0.75)/(1-0.35)]^{0.25}=79$ 퍼센트. 따라서 상위 1퍼센트의 소득 비율은 20퍼센트×79퍼센트=15.8퍼센트로 줄어든다.

                           그들은 왜 나보다 덜 내는가

를 가져다주었으며 자산 소유는 여전히 고도로 집중되어 있던 시절이었다. 20세기 중반만 해도 부자들에게는 부자가 아닌 사람들보다 훨씬 높은 세율이 적용되고 있었다. 1950년, 소득 하위 90퍼센트는 소득의 18퍼센트를 세금으로 냈는데 이는 최상위 0.1퍼센트에게 적용되는 세율보다 40퍼센트포인트 낮은 수치다. 높은 누진세율을 소득 상위 계층에게 적용하면 극적인 탈출이 벌어지고 말 것이라는 주장은 회의적인 시선을 피하기 어렵다.

논쟁의 여지가 있긴 하지만, 누진적 소득세가 가장 잘 돌아가던 그 좋은 시절에도 상위 0.1퍼센트가 아닌 1퍼센트 정도에 해당하는 부자들에게 적용된 평균 세율은 40퍼센트 정도였던 것이 사실이다. 그 결과 전체 상위 1퍼센트의 평균 세율은 50퍼센트에 가까운 선에 머물렀던 것이다. 오늘날 적정하다고 여겨지는 60퍼센트에 훨씬 못 미치는 수준이다. 하지만 20세기 중반 부자들이 전체 국민소득에서 차지하는 비중은 오늘날에 비해 훨씬 작았다. 과거에 비해 소득이 더 집중되어 있는 지금, 경제학적 원칙에 따르면 부자들은 세금도 더 내야 한다.

오늘날 더욱 누진적인 조세 체계를 도입하는 일은 그저 시간을 거슬러 올라가는 식으로 해결될 수 있는 문제가 아니다. 2차 세계대전 이후 누진적인 조세 체계는 가장 좋은 면만 평가하더라도 완벽함과 거리가 멀었다. "동일 소득 동일 과세" 원칙은 침해되어 있었고, 자본소득에 적용되는 세율은 그 외의 소득보다 낮았다. 개인소득세에는 탈세 구멍이 뚫려 있었다. 부자들은 이 모든 약점들을 활용해 세금을 피해 왔다. 현대 기술

[7-1] 한때 부자들에게 무거운 세금을 물린 미국(상위 0.1퍼센트와 하위 90퍼센트의 평균 세율)

이 그래프는 세전 소득 기준 상위 0.1퍼센트와 하위 90퍼센트에게 적용되었던 평균 세율을 나타낸
것이다. 세전 소득에 대한 세금의 비율을 나타낸 것으로 연방세, 주세, 지방세가 모두 포함되어 있다.
오늘날 재정을 최대한 확보하기 위해 최상위 0.1퍼센트에게 적용되어야 할 세율은 65퍼센트 전후로,
이는 20세기 중반 도달했던 실효세율과 유사하다. 자세한 내용은 taxjusticenow.org를 참고할 것.

의 힘을 빌리고 과거로부터 그리고 다른 나라로부터 교훈을 얻음으로써,
오늘날 우리는 좀더 잘 해낼 수 있을 것이다.

부유세: 억만장자들에게 세금을 걷는 바람직한 방법

21세기 현재 부자들에게 세금을 걷는 방법, 특히 이상적인 세율인 60퍼
센트를 달성하는 방법은 크게 세 가지 핵심적이고 상호보완적인 요소로

이루어져 있다. 누진적인 소득세, 법인세, 그리고 누진적인 부유세가 그것이다. 법인세의 존재로 인해 기업이 배당을 하건 하지 않건 모든 이익에는 세금이 붙도록 보장할 수 있다. 부자들에게 사실상 최소한의 세금 역할을 수행하는 것이다. 누진적인 소득세는 고소득자들이 더 많은 세금을 내도록 만들어 준다. 그리고 누진적인 재산세를 통해 슈퍼리치들이 그들의 진정한 납세 능력에 걸맞은 액수의 세금을 내어 공공 재원에 기여하도록 유도하는 것이다.

소득세로는 충분하지 않다. 왜일까? 사회에서 가장 큰 혜택을 누리며 살고 있는 구성원들 사이에서는 막대한 부를 소유하고 있으면서도 소득세의 대상이 될 만한 소득은 그리 많이 벌지 않는 것이 일반화되어 있기 때문이다. 가령 (제프 베이조스처럼) 당장은 그리 큰 이익을 남기고 있지 못하지만 언젠가 막대한 수익을 창출해낼 것이라고 모든 사람이 예상하고 있는 그런 값진 기업을 소유하고 있을 수도 있다. 혹은 (워런 버핏처럼) 큰 수익을 남길 수 있는 기업을 가지고 있지만 과세 가능한 소득은 아주 적게 만들어내도록 구조를 짜놓았을 수도 있고, 이 경우가 사실 더 흔하다. 어느 쪽이 됐건 이 억만장자들은 오늘날 거의 세금을 내지 않는 것과 마찬가지로 살고 있다. 앞서 우리가 5장에서 살펴보았다시피, 순전히 경제학적인 효율만 놓고 따져보더라도, 이 엄청난 슈퍼리치들이 수십억 달러가 넘는 재산을 굴리면서 자신이 속한 사회 공동체의 필요에는 거의 기여하지 않는 이 현상을 우리가 용납해야 할 합당한 이유를 찾기란 쉽지 않은 일이다.

부유세가 없다면 부의 사다리에서 가장 높은 곳에 올라가 있는 이들에게 평균 세율 60퍼센트를 부과하는 일은 매우 어려워지고 말 것이다. 소득세 최고 한계 세율을 아무리 높인다 한들 제프 베이조스나 워런 버핏에게 날아드는 세금고지서에 확연한 변화를 가져올 수는 없다. 그들 중 누구도 애초에 과세 가능한 소득을 충분히 많이 만들어내지 않기 때문이다. 상속세 같은 다른 세금의 세율을 높인다 해도 영향이 없기는 마찬가지다. 세상에서 가장 부유한 사람, 제프 베이조스도 언젠가는 세상을 뜰 것이고 그의 막대한 부는 상속세의 대상이 될 것이다. 하지만 아마존의 창업자는 2019년 현재 55세이니, 그의 상속세 납부는 (아마도) 2050년 이전에는 벌어지지 않을 가능성이 크다. 1984년에 태어난 마크 저커버그를 빼놓으면 곤란할 것이다. 그가 공공 재정에 제대로 기여할 때까지, 가령 2075년 정도까지 기다리는 수밖에 없는 것인가? 이 문제를 해결하는 방법은 저 먼 언젠가의 미래가 아니라 오늘 당장, 그들이 가진 부 자체에 과세하는 것이다.[12]

부유세는 결코 소득세를 대체할 수 없다. 슈퍼리치들이 그 밖의 사람들보다 세금을 덜 내는 일을 막고자 하는, 좀더 제한된 목적을 지닌 세금이기 때문이다. 최고경영자, 운동선수, 영화배우 같은 이들은 많은 소득을 올리지만 포괄적인 소득세를 통해 적절한 과세의 대상이 될 수 있다. 부유세가 반드시 필요한 것은 엄청난 양의 부를 소유하고 있지만 과세 가능한 소득은 매우 낮게 가져가는 슈퍼리치들 때문이다.

가장 부유한 미국인들이 평균 실효세율 60퍼센트에 도달하게 하려

그들은 왜 나보다 덜 내는가

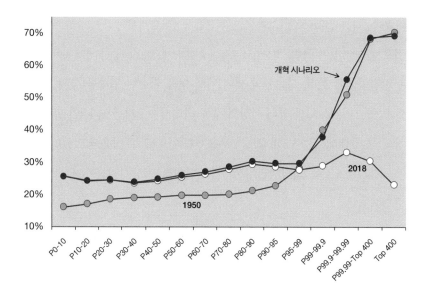

[7-2] 가능한 목표: 트루먼·아이젠하워 시절 조세 누진성 회복하기(세전 소득구간별 평균 세율)

이 그래프는 1950년부터 2018년까지 소득집단별 평균 세율을 나타낸 것이다. 또한 법인세를 인상하고 개인소득세의 누진성을 강화하며 누진적인 부유세를 더하는 조세 개혁 시나리오 하에서의 변화도 나타내고 있다. 계획대로 조세 개혁이 진행될 경우 이는 1950년 조세 체계의 누진성을 회복하는 결과를 낳는다. 자세한 사항은 taxjusticenow.org를 참고할 것.

면 부유세와 누진적 소득세, 그리고 법인세를 어떤 비율로 조합해야 할까? 그 방법은 실로 다양하다.* 그래프 [7-2]에서는 법인세의 실효세율을 두 배로 높였다(이는 2018년 세제 개혁 이전으로 돌려놓기만 하면 되는 것이

---

*   관심 있는 독자는 taxjusticenow.org에 접속하여 원하는 방식대로 세금을 조합해 보기를 바란다.

니 불가능하지 않다). 또한 소득세는 (자본을 노동처럼 다루는 식으로) 훨씬 포괄적으로 짜여져야 하며 (최상위 소득구간의 한계 세율을 60퍼센트까지 높이는 등) 누진적이어야 한다. 상속세의 세액 역시 더욱 확실한 집행을 통해 두 배로 늘렸으며, 5000만 달러 이상의 부에 대해서는 2퍼센트, 10억 달러 이상의 부에 대해서는 3.5퍼센트의 부유세가 연 단위로 적용되고 있다.

결과는? 소득 최상위권에서 1950년대를 연상시키는 조세 체계가 만들어졌다.

1950년대의 조세 체계와 가장 차별화되는 부분은 누진적인 부유세에 있다. 1950년대에는 그런 게 없었고, 대신 법인세에 매우 높은 누진율을 적용하여 같은 효과를 달성해냈다. 최고 한계 세율이 52퍼센트에 달했던 것이다. 당시에는 기업들이 많은 이윤을 냈고, 상대적으로 소수에 의해 소유되고 있었다. 대체로 기관투자자보다는 개인들이 주를 이루었다.* 오늘날은 상장되어 있는 미국 주식의 20퍼센트 이상을 외국인들이 소유하고 있으며 30퍼센트는 연금펀드가 가지고 있기에, 앞서 우리가 살

---

* 1950년대부터 1970년대까지 미국 내 부의 집중은 역사적으로도 매우 낮은 수준이었다. 누진적인 부유세의 제안은 늘어나는 부의 집중에 대한 경험적인 연구를 따르고 있다. 1980년대의 미국 내 부의 불평등 증가를 조사한 연구(Wolff, 1995)에 따라, Wolff(1996)는 (비록 온건한 수준이긴 하지만) 누진적인 부유세를 제안하고 있다. 보다 최근 사례로는 Piketty(2014)가 세계적인 부의 집중에 맞서 최고 5~10퍼센트에 달하는 국제적 누진적 부유세의 도입을 주장한 바 있다. Piketty(2019)는 다국적 억만장자들에게 최고 90퍼센트의 세율을 부과하여 마련한 재원을 통해 사회에 첫발을 내딛는 젊은이들에게 종잣돈을 제공하자는 주장을 하고 있다.

그들은 왜 나보다 덜 내는가

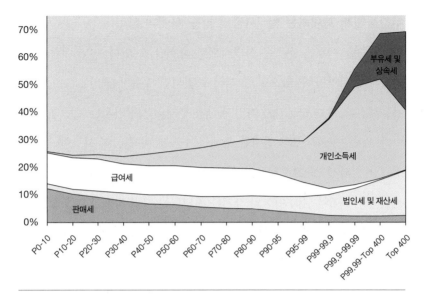

[7-3] 부유세: 누진적 조세 체계의 핵심 요소(세전 소득집단별 평균 세율)

이 그래프는 법인세를 인상하고 개인소득세의 누진성을 강화하며 누진적인 부유세를 더하는 조세 개혁 시나리오 하에서 소득집단별 평균 세율의 변화를 나타내고 있다. 누진적인 부유세는 최상층에서의 조세 누진성을 회복하기 위해 빠져서는 안 되는 구성 요소다. 자세한 사항은 taxjusticenow.org를 참고할 것.

펴보았던 것처럼 다국적기업이 내지 않은 세금을 체계적으로 징수하고 법인세율을 크게 끌어올린다 해도, 1950년대와 같은 수준의 누진적인 세율을 달성해낼 수는 없다.[13] 누진세가 아닌 법인세는 조세 정의를 구현하기에 너무도 무딘 칼일 뿐이다. 게다가 방금 살펴본 바와 같이 설령 지금보다 훨씬 강화된 소득세 체계를 동원하더라도 슈퍼리치들에게 올바로 과세하는 일은 가능하지 않을 수도 있다. 그러므로 어떤 식으로 개혁을 하건 부유세는 핵심적인 요소로서 꼭 들어가야만 하는 것이다.

부자들에게 과세하는 법: 시장의 힘을 지렛대 삼아

과세표준을 이루는 소득은 자의적으로 축소할 수 있다. 반면 부는 아주 명확하게 파악될 수 있으며, 그래서 누진적인 부유세를 만드는 일 또한 가능해진다. 부는 누군가가 가진 자산과 부채의 시장가치를 모두 합친 것이다. 워런 버핏은 그의 진정한 경제적 소득에 비해 극히 사소한 액수의 소득만을 과세표준으로서 국세청에 신고하고 있다. 하지만 그는 자신이 지닌 부가 500억 달러 이상의 가치를 지닌다는 사실 자체를 감출 수는 없다. 엘리자베스 워런 상원의원이 2019년 제안한 기준에 따라, 500만 달러 이상의 재산에 2퍼센트, 10억 달러 이상의 재산에 3퍼센트의 부유세를 부과한다면, 워런 버핏은 매년 18억 달러를 세금으로 내야 한다. 이는 그가 2015년에 납부한 소득세 180만 달러의 1000배 정도 되는 돈이다.

모든 종류의 부의 가치를 이렇게 쉽게 파악할 수 있는 것은 아니다. 버크셔해서웨이는 주식시장에서 거래되는 공개기업이므로 그 시장가치를 아주 명확하게 산출할 수 있으며, 워런 버핏의 부는 거의 전적으로 버크셔해서웨이 주식에 투자되어 있으니 그에게 과세하는 일 또한 어렵지 않다. 하지만 상장되지 않은 기업의 주식을 가지고 있는 부유층도 존재하게 마련이다. 예술작품이나 보석 같은 다른 유형의 부는 때로 가격을 매기는 것 자체가 어렵기도 하다. 하지만 전체적으로 보면 가치 평가가 어렵다는 걱정은 다소 기우에 지나지 않는다.

미국 같은 현대 자본주의 사회에서 소유권은 대단히 잘 정의되어 있으며 거의 모든 자산에는 가격이 형성되어 있다. 우리가 계산한 바에 따

그들은 왜 나보다 덜 내는가

르면 미국의 상위 0.1퍼센트 부유층이 지닌 부의 80퍼센트는 상장기업의 주식, 채권, 단체 투자 펀드의 지분, 부동산 등 쉽게 시장가격을 파악할 수 있는 자산들로 구성되어 있다. 나머지 20퍼센트는 대부분이 유한회사private company의 주식인데 그 가치를 평가하는 것은 흔히 생각하는 것만큼 어려운 일이 아니다. 비록 주식시장에 상장되어 있지는 않지만 큰 유한회사의 주식이 매매되는 일은 주기적으로 발생하기 때문이다. 심지어 리프트와 우버는 2019년 상장되기 전이었음에도 부유층은 그 승차공유서비스 회사의 주식을 구입하는 형식으로 투자하고 있었다. 유한회사가 은행, 벤처 투자자, 부유한 개인, 그 밖에 충분한 지불 능력을 지닌 "믿음직한 투자자"들을 상대로 신규 주식을 발행하여 판매하는 일도 흔히 벌어진다. 이런 거래를 통해 유한회사의 경우라도 사실상의 가격을 파악할 수 있는 것이다.

물론 수년 동안 단 한 번도 거래가 이루어지지 않는 경우도 있다. 소수의 소유주가 경영권을 쥐고 있는 유한회사의 사업이 궤도에 오른 경우라면 더더욱 자주 벌어진다. 농업 분야를 지배하는 대기업 중 하나인 카길의 경우를 살펴보자. 미국에서 가장 큰 유한회사인 카길의 주식은 90퍼센트 이상을 100명 남짓한 카길 및 맥밀런 가족이 소유하고 있다. 카길 주식이 마지막으로 거래된 것은 1992년의 일로, 그때 카길 주식의 17퍼센트가 7억 달러에 매각되었다. 그에 따라 전체 회사의 가치는 40억 달러를 조금 넘길 것으로 추산된다.[14] 이는 부유세를 추진하고자 하는 이들에게 절망을 안겨 주는 충격적인 사례라고 할 수 있다. 마지막 거래 이후 거의 30년 동안 매매되지 않은 카길의 가치는 대체 얼마란 말인가? 어떤 식으로 가치를 산정하건 잘못될 가능성은 셀 수 없이 많지 않겠는가?

　카길과 맥밀런 가문의 자산에 과세하는 일은 그러나 불가능하지만은 않다. 세무 당국은 일단 1992년 매매가를 토대로 카길의 가치를 산정한 다음, 이후에 그 기업이 낸 수익의 변화에 따라 업데이트할 수 있다. 만약 카길이 오늘날에는 1992년에 비해 세 배 더 많은 이익을 올리고 있다면 그 기업의 가치가 세 배 높아졌다고 봐도 크게 잘못된 것은 아닐 것이다. 물론 신뢰성 있는 가치 평가를 위해서는 훨씬 더 많은 자료가 동원되어야 한다. 가령 주식시장에 상장되어 있는 기업 중 카길과 직접적인 경쟁관계를 이루는 아처대니얼스미들랜드와 번지를 조사하는 것이다. 카길의 가치를 더욱 명확히 파악하기 위해 국세청은 카길의 경쟁자들이 올리는 수익이 주식시장에서 해당 기업의 주가에 어떤 영향을 주는지 참고할 수 있을 것이다. 1992년 이후 아처대니얼스미들랜드와 번지의 주가 대 수익 비율이 변화해 온 바를 연구할 수도 있다. 이런 식으로, 혹은 더 섬세한 방법을 통해 유한회사의 가치를 평가하는 일이라면 수백 명도 넘는 금융분석가들이 매일같이 하고 있다. 미국은 그런 분야의 전문가가 부족한 나라가 아니다. 민간 영역에서 사용하는 표준적인 방식을 차용한다면 국세청이 카길의 적정한 시장가격을 매년 합리적으로 추산해내는 것은 생각처럼 끔찍하게 어렵거나 불가능한 일이 아니라는 것이다.

　그런데 여기서 가장 흥미진진한 대목이 등장한다. 카길과 맥밀런 가족들이 국세청에 의해 우롱당했다고, 세무 당국이 자신들이 가진 기업의 가치를 과대평가했다고 생각하고 있는 상황을 가정해 보자. 혹은 1992년 이후 카길이 근본적으로 달라진 탓에 예술의 경지에 올라 있는 유한회사의 가치 평가 방식으로도 포착할 수 없는 무언가가 되었을 수도 있다. 어쩌면 카길에는 경쟁사가 갖고 있지 않은 약점이 있을 수도 있을 것이다. 그렇다면 어떻게 해야 할까?

문제의 핵심은 시장의 부재에 있다. 아처대니얼스미들랜드나 번지 같은 회사의 주식은 생기 있고 유동적인 시장에서 매매되고 있는 반면, 카길의 주식은 그 어떤 주식시장에서도 유통되고 있지 않은 것이다. 우리는 이 문제에 대한 해법으로서, 정부가 나서서 그 부족한 시장을 만들어 주는 것이 바람직하다고 주장한다. 국세청은 카길의 주주를 상대로 부유세를 현금이 아닌 카길의 주식으로 납부하는 선택지를 제시할 수 있을 것이다. 국세청이 카길의 가치를 과대평가하고 있다고 생각한다면 카길의 주주로서는 이 선택지를 받아들일 수 있다. 그 경우 세무 당국은 벤처 투자자, 사모펀드, 재단, 혹은 농업 분야의 거대기업의 주식을 인수하는 데 관심을 갖게 된 다른 가문의 가족 등 모든 이들에게 입찰 자격을 부여하는 공개 경매를 열어 가장 높은 가격을 부른 이에게 카길의 주식을 매각하게 되는 것이다.

우리가 알고 있는 한 이와 같은 해법은 이전에 제시된 바 없다. 이 방법은 부유세의 도입에서 중요한 시사점을 제공한다. 마치 잘 작동하는 소득세라면 모든 종류의 소득을 동등하게 취급해야 마땅한 것처럼, 좋은 부유세는 모든 종류의 부를 같은 방식으로, 즉 해당 자산의 현재 시장가치에 따라 판단해야만 한다는 것이다. 일부 항목에 대해 가치를 매겨놓은 바가 없다면 가치를 책정해야 한다. 그리고 무언가의 시장가치를 평가하고자 할 때, 시장을 만드는 것보다 더 나은 방법은 존재할 수 없다. 평균 2퍼센트의 세율로 부유세가 신설된다면 카길의 주주들은 매년 자신들이 가진 주식의 2퍼센트를 내놓거나, 회사의 경영권을 온전히 유지하는 쪽을 선호한다면 그에 상응하는 현금으로 세금을 납부해야 할 것이다. 워런 버핏의 버크셔해서웨이와 마찬가지로 가치 평가와 그에 따른 세금 납부를 피할 수는 없다.* 카길의 주식을 현금으로 바꾸는 것은 정부의 역할이 될 것이다.

이는 부유세에 반대하는 흔한 레퍼토리인 유동성 문제에 대한 좋은 반박이 되기도 한다. 많은 부를 소유하고 있는 엄청난 부자들이 세금을 낼 만큼 충분한 소득은 갖고 있지 못한 상황이 있다는 것이다. 수중에 현금이 없는 이들에게 강제로 세금을 내도록 하는 것은 불공평한 일 아닌가? 적나라하게 말하자면, 이런 식으로 유동성 문제를 들먹이는 것은 퍽 악의적인 것으로 보인다. 상식의 범위 안에서 생각해 볼 때 수억 달러의

---

* (가령 부부가 소유하고 있으며 다른 이를 고용하지 않는 식당처럼) 작은 기업의 경우라면 외국에서 가장 바람직한 사례를 따르는 것이 가장 단순하고 확실할 수 있다. 스위스는 장부상 자산 가치에 이익을 곱하는 계산식을 이용해 사장이 혼자 일하는 소규모 사업체에 대해 성공적으로 세금을 계산해 과세하고 있다. 미국의 경우 법인소득세 목적으로 이미 국세청이 소규모 개인 사업체의 자산과 이익에 대한 자료를 가지고 있으므로, 비슷한 계산식을 만들고 대입하는 일은 어렵지 않을 것이다.

그들은 왜 나보다 덜 내는가

가치를 지니는 자산을 지닌 사람이 세금으로 낼 100만 달러의 현금이 없다는 말은 곧이곧대로 믿어줄 수가 없는 것이기 때문이다. 슈퍼리치들이 수중에 세금 낼 돈이 없는 척할 때, 대부분의 경우 그들은 소득세를 피하기 위해 스스로 소득을 낮게 유지하는 편을 택했을 뿐이다. 그들은 스스로 유동성이 부족한 상황을 만들어놓고 있는 것이다.

하지만 유동성 부족이 현실인 상황도 없지는 않을 것이다. 가장 현실적인 상황을 가정해 보자면 대단히 높은 가치를 지닌다고 평가받고 있지만 아직 수익을 내고 있지는 못한 스타트업을 떠올려 볼 수 있다. 자신이 지닌 부의 주요 원천이 회사의 주식뿐인 사람에게 매년 현금으로 세금을 내라는 것은 복잡한 문제를 야기하거나 너무도 뼈아픈 일일 수 있다. 대체로 창업 초기의 회사들은 배당을 하지 않기 때문이다. 이와 같은 사례에서 납세자에게 자신이 보유한 주식으로 세금을 내도록 허락하는 것은 문제 해결에 도움이 될 수 있다. 부자들의 부는 대체로 주식으로 이루어져 있으며, 주식은 부동산과 달리 언제든 분할 매도가 가능하므로, 그와 같은 방식으로 세금을 낼 수도 있는 것이다. 만약 부유세를 현금이 아닌 현물로 납부하는 것이 가능해진다면 누진적인 부유세를 도입하는 일의 난이도는 누진적인 소득세를 도입하는 것 정도로 낮아진다.

중산층은 이미 중산층의 부유세, 즉 재산세를 내고 있다. 대부분의 부를 금융자산의 형태로 지니고 있는 부자들은 그렇지 않다. 금융자산은 재산세의 과세 대상에서 벗어나 있기 때문이다. 오늘날과 달리 19세기에는 대부분의 국가들이 부동산과 금융자산 등 모든 종류의 자산에 재산세를 부과했다. 20세기가 시작될 무렵 미국은 현재 고사상태에 이른 연방 상속세를 통해 부동산에 대한 누진적 과세의 길을 개척한 선구자격인 나라였다. 이 특출난 전통을 스스로 내팽개치기 전까지, 미국은 조세 체계를 통해 부동산에 대한 민주적 규제를 가하는 일에 앞장섰던 나라였다. 엄청난 부자들에게 누진적인 세금을 부과함으로써 미국은 그 선두주자의 자리를 다시금 차지할 수 있을지도 모른다.

경제성장의 열매는
공평하게 분배되는가

2015년 이래 워싱턴DC에서 국립 미국사박물관을 방문한 사람이라면, 아서 래퍼의 그 유명한 그래프가 그려진 헝겊 냅킨 앞에 경의를 표할 수 있다. 물론 그것은 1974년 레스토랑 투콘티넌츠Two Continents에서 그가 그래프를 그렸던 그 유명한 냅킨의 진품이 아니라 세월이 지난 후 만들어낸 것이겠지만, 핵심적인 내용은 모두 담겨 있다. 한 축은 세율을 나타내고 다른 한 축은 세율에 따른 세수를 나타낸다. 세율이 0이면 세수도 0이다. 당연한 일이다. 세율이 오를수록 처음에는 세수가 증가한다. 하지만 세율이 점점 더 높아지면 어느 시점부터 세수는 떨어지기 시작한다. 세율이 100퍼센트가 되면 세수는 0으로 되돌아간다. 이 그래프가 전하고자 하는 메시지는 간단하다. 세금을 너무 많이 걷으면 세금을 못 걷게 된다는 것이다. 이 냅킨은 제럴드 포드 대통령 시절인 1975~77년과 조지 W. 대통령 시절인 2001~6년에 국방부 장관직을 역임한 도널드 럼스펠드에게 헌정되었다.

도표라는 측면에서 평가해 보자면 박물관에 전시되어 있는 냅킨은 앞뒤가 맞지 않는 물건이다. 모든 것이 거꾸로 뒤집혀 있다. 가로축과 세로축의 위치가 바뀌어 있으며, 방정식에는 죄다 잘못된 기호가 적혀 있다. 하지만 래퍼는 프랭크 램지 같은 수학의 마술사가 아니었을지라도 요점은 잘 짚었다. 만약 내일 당장 모든 소득에 100퍼센트의 세금이 부과된다면 사람들은 자신이 버는 돈을 숨기기 위해 엄청난 노력을 기울이거나 아예 일을 안 해 버릴 것이다. 세율이 0퍼센트일 때와 100퍼센트일 때 모두 세수가 0이라면, 세수가 최고조에 이르는 어떤 한 지점이 두 극단 사이에 있어야만 한다. 그것을 흔히 래퍼 세율Laffer rate이라고 부른다.

물론 그 래퍼 세율이 얼마인지 알아내는 일은 어려울 것이다. 50퍼센트? 60퍼센트? 80퍼센트? 순수하게 논리적인 차원에서 보자면, 사람들이 조세에 얼마나 민감하게 반응하느냐에 따라 그 어떤 결과도 가능하다. 하지만 세수의 정점을 찍는 세율이 얼마가 됐건 우리가 그 이상으로 세율을 높이고 싶지 않으리라는 사실은 분명하다. 래퍼 세율 이상으로 세율을 높인다면 세금을 덜 걷을 때보다 세수를 '덜' 확보하게 된다는 뜻이기 때문이다. 그 어떤 사회도 그렇게 세율은 높지만 세수는 낮아지는 곳, 즉 래퍼 곡선의 "잘못된" 쪽까지 세율을 높이려 하지는 않을 것이다. 그렇지 않은가?

그들은 왜 나보다 덜 내는가

이번 장에서 우리는 왜 민주주의 국가의 정부라면 부자들의 세율을 래퍼 세율 이상으로 올려야 하는지, 그것이 왜 합리적인 선택인지에 대해 설명할 것이다. 일부 과세표준을 혁신하는 것이 어째서 공동체에 이익이 되는 선택인지 알아보도록 하자. 일부 독자들은 이러한 발상을 제정신이 아닌 소리라고 여길 수도 있겠다. 하지만 그런 생각은 지금껏 진행되어 온 세금에 대한 논의가 역사, 정치, 시장경제 속 권력관계에 대한 고려 없이, 그저 냅킨 한 장 위에 그려진 그래프에 의해 너무도 많이 좌지우지되었기 때문이다. 이제 우리는 래퍼 곡선을 넘어서야 할 때다.

1980년 이전까지 최상위 소득세가 거둔 성과

설령 세수가 조금 덜 걷히는 한이 있더라도 매우 높은 세율을 설정하는 것이 좋은 정책일 수 있다는 생각은 어떤 면에서 그리 놀랍지 않은 생각일 수도 있다. 특히 미국인 독자들에게는 낯설지 않을지도 모른다. 왜냐하면 그것은 미국 정부가 수십 년 동안 유지해 온 공식 입장이었기 때문이다. 우리가 2장에서 살펴보았다시피 1930년부터 1980년까지 최고 소득구간의 한계 세율은 평균 78퍼센트였다. 1951년부터 1963년까지는 90퍼센트에 달했다. 래퍼가 냅킨에 그래프를 그리기 훨씬 전부터 정책 결정자들은 이미 잘 알고 있었다. 한계 세율이 90퍼센트에 달하는 상황에 직면한 납세자들은 설령 아무리 돈벌이에 눈이 먼 사람이라 해도 그 이상의 소득을 올리는 일에 주저하게 된다는 것을 말이다. 프랭클린 루스벨트부터 드와이트 아이젠하워까지 모든 대통령들은 소득세 최고 한계 세율이 예산 확보에 도움이 안 된다는 것을 분명히 이해하고 있었다. 최상위층은 래퍼 곡선의 "잘못된" 쪽으로 넘어갔다. 최상위층은 소득을 올리는 대신 깎아먹었다.

이 결과는 정책적인 오류가 아니었다. 오히려 정책에서 의도하고 있는 바였다. 루스벨트와 그 후임자들이 옹호하던 사실상 압류에 가까운 최고 한계 세율은 슈퍼리치들의 소득을 줄임으로써 소득 불균형을 억누르기 위한 목적을 지니고 있었다. 그 이례적으로 높은 최고 소득세율이 오늘날의 가치로 보면 한 해 1000만 달러 이상을 넘어서는 소득에만 적용된다는 사실을 떠올려 보자. 애초에 엄청난 슈퍼리치들만이 그 소득세 구간에 들어갈 수 있다. 예컨대 1960년 최고 소득세 구간의 한계 세율은 91퍼센트였으며 이는 1인당 평균 국민소득의 100배 이상을 올리는 사람, 오늘날의 화폐 가치로 670만 달러 이상의 연 수입을 올린 사람에게만 적용되는 것이었다.* 고소득 전문직, 중간 규모 기업의 경영진, 혹은 오늘날의 화폐가치로 수십만 달러 정도의 소득을 올리는 중상층 정도의 부자들에게는 25~50퍼센트 정도의 한계 소득세율이 적용되었다. 이것은 (가령 캘리포니아나 뉴욕 같은 주에서 주소득세를 포함시킬 경우) 오늘날에도

---

* 경제 논평가들은 흔히 경제성장이라는 요소를 고려하지 않은 채 물가상승만을 변수로 삼아 과거와 현재의 계층을 논하곤 한다. 이는 먼 과거의 실질임금을 지금보다 훨씬 낮게 잡아 조세 부담을 과장하는 결과를 낳는다.

그들은 왜 나보다 덜 내는가

일반적으로 통용되는 세율이라고 할 수 있다.

　현존하는 증거를 종합해 볼 때, 엄청난 소득을 올리는 이들에게 사실상 압류에 가까운 세율을 적용한 정책은 그 목표를 달성했던 것으로 보인다. 1930년대부터 1970년대 초까지 소득 불균형은 줄었기 때문이다. 상위 1퍼센트가 벌어들이는 세전 소득이 국민소득에서 차지하는 비중은 2분의 1로 줄어들었다. 2차 세계대전이 발발하던 무렵 20퍼센트에 달했지만 1970년대 초에는 10퍼센트를 가까스로 넘기는 수준으로 내려왔던 것이다. 예컨대 1960년에는 91퍼센트의 세율이 부과되는 과세표준 670만 달러 소득을 넘기는 가구는 고작 306가구에 지나지 않았다.[1] 그러면서도 경제는 확실히 성장하고 있었다. 게다가 우리가 2장에서 살펴보았다시피 불평등이 줄어드는 것은 통계의 착시가 아니었다. 실제로 벌어지고 있는 현상이었다. 물론 조세 회피가 없지는 않았다. 하지만 부자들이 국세청의 감시망을 피해 막대한 돈을 빼돌리는 일 같은 것은 없었다. 우리가 집계한 바에 따르면 상위 1퍼센트의 소득은 국세청에 신고하는 돈과 그렇지 않은 돈 양쪽 모두에 해당되는 것이었다. 기업 내에 남겨둔 사내유보금, 면세 채권에 투자한 금액, 그 외 당시 가능했던 기타 합법적 탈세 수단 등을 모두 따져보아도 그렇다. 압류에 가까운 소득세 최고 한계 세율은 세전 소득 집중을 진정으로 완화시키고 있었던 것이다.

　이와 같은 정책 방향을 추구한 나라는 미국만이 아니었다. 영국은 한 걸음 더 나아가, 1941년부터 1952년까지, 그리고 1970년대 중반에 소득세 최고 한계 세율을 최고 98퍼센트까지 끌어올렸고, 언제나 89퍼센트 내외를 유지했다. 미국에서와 마찬가지로 이와 같이 높은 세율은 실로 극소수의 사람들에게만 해당되는 것이었으며 예산 확보에 뚜렷한 도움이 되는 것이 아니었다. 또한 미국에서와 마찬가지로 영국에서도 1940년대부터 부와 소득의 집중이 급속도로 줄어들기 시작해, 1970년대 말까지 역사적으로 가장 낮은 수준을 기록하게 되었다.

압류에 가까운 최고 소득구간 세율을 옹호하며

이 시절 대서양의 서쪽과 동쪽에서 시행된 조세 정책은 같은 흐름을 타고 있었다. 극도의 불평등은 사회 공동체를 위협한다는 것, 지대 추구 행위자에게 실망을 안겨 줄 때 경제는 더 잘 작동한다는 것, 고삐 풀린 시장 경제는 부의 집중을 낳으며 그 결과 우리의 민주주의와 능력주의적인 이상을 위협하게 되리라는 것, 이런 공감대가 형성되어 있었던 것이다.

이와 같은 사고방식은 앵글로색슨 자유주의자들의 유산이라고만 치부할 수가 없다. 그 뿌리를 거슬러 올라가면 미국의 건국으로까지 이어지고 있다. 유명한 보수주의자들마저도 부의 집중이 사회계약에 위배된다는 사고방식을 공유하고 있었다. 18세기 말 제임스 매디슨은 다음과 같이 적었다. "[정당의] 위대한 목적은 악과 맞서 싸우는 것이다. 첫째, 모든 이들에게 정치적 평등을 보장함으로써. 둘째, 소수가 재산의 불평등을 부당한 수준까지 끌어올릴 수 있는 기회를, 특히 능력 없는 자들이 분별없이 부를 축적할 수 있을 기회를 차단함으로써."[2] 보수주의자들은 극단적

그들은 왜 나보다 덜 내는가

인 부의 집중이 "능력"에 따른 것이라고 흔히들 주장하곤 한다. (그런 주장을 할 때면 미국의 선한 억만장자들은 "일자리 창출"을 해내는 반면 러시아나 아프리카의 사악한 "도둑 정치가"들은 그렇지 않다는 이야기가 뒤따르는 경우가 많다. 이와 같은 주장을 하는 이들은 두 집단 모두 독점적인 힘을 이용하고 법을 만드는 데 영향력을 행사하는 존재라는 공통점을 애써 도외시하는 것이다.) 이렇듯 중대한 차이가 있음에도 불구하고, 심지어 보수주의자들조차 때로는 극도로 집중된 부에 나쁜 측면이 있으며 그 자체로도 나쁜 것일 수 있다는 사실을 인정한다. 아마도 그래서 루스벨트 대통령이 최상위 소득구간에 압류와 다를 바 없는 소득세를 책정한 후, 공화당으로 권력이 넘어간 다음에도 레이건 집권 이전까지는 그 정책이 유지될 수 있었던 것이 아닐까. 제임스 매디슨이 볼 때 극단적인 부의 집중은 전쟁만큼이나 민주주의에 유해한 영향을 미치는 것이었다. "또한 전쟁시에는 행정부의 재량권이 늘어난다. 정부가 관직·훈장·보수를 제공하면서 영향력이 배로 늘어나는 것이다. … 부의 불균형을 살펴볼 때에도 공화국에 미치는 동일한 측면의 악영향을 발견할 수 있다."[3]

부는 권력이다. 부의 극단적인 집중은 권력이 극도로 집중된다는 말과도 같다. 권력은 정부 정책에 영향을 미친다. 권력은 경쟁자의 목을 졸라 버린다. 권력은 그들을 위한 이념을 만들어낸다. 종합해 보면, 시장에서, 정부에서, 언론에서, 결국 누가 얼마만큼의 소득을 가져갈지 그 무게추를 기울이는 것은 권력이다. 왜 누군가가 극도로 많은 부를 독점하게 되면 그 밖의 우리들의 몫이 줄어들게 되는지, 그 핵심적인 이유가 바로 이것이며 이는 늘 그래 왔던 것이다. 왜 오늘날의 슈퍼리치들은 사회 전반의 희생을 바탕으로 소득을 올릴 수 있는가. 그것은 존 애스터, 앤드류 카네기, 존 록펠러, 그 외 도금시대의 산업가들의 묘비명에 "강도 남작rob-ber barons"이라는 말이 새겨진 것과 같은 이유에서다.

애플, 제프 베이조스, 샘 월튼의 유족들은 오늘 뭘 하고 있을까? 그들의 부를 지키고 있을 것이다. 자신들이 물려받은 위치를 사수하는 중이다. 자신들에게 위협이 될 만한 새로운 기업은 사 버린다. 그들은 경쟁, 규제, 국세청과 맞서 싸운다. 신문사도 매입한다. 수십억 달러를 쌓아 둔 사람들이라면 언제나 어디서나 그렇게 한다. 애플, 아마존, 월마트의 창업자들은 모두 대단한 혁신을 이루었고 새로운 제품과 서비스를 창출해 냈다. 그들 중 일부는 지금도 혁신을 멈추지 않고 있다. 하지만 그 성공적인 창업자의 후손들이나,《포브스》선정 500대 기업의 자리에 이미 오랜 세월 동안 머물러 있는 기업이, 내일의 위대한 혁신을 낳을 가능성은 과연 얼마나 될까.

래퍼 곡선을 넘어선 세금이 필요한 이론적 근거가 바로 여기에 있다. 극도로 집중된 부는 마치 탄소 배출처럼 우리 모두에게 부정적 외부효과를 불러일으키기 때문이다. 탄소세를 걷는 취지는 그 돈으로 재정을 충당하는 것이 아니라 탄소 배출을 줄이는 것이다. 같은 맥락에서 극히 높은 소득에 대해서도 높은 세율을 적용할 수 있다. 최고 소득구간에 대한 극히 높은 세율은 장기적으로 정부 재정에 도움을 받고자 적용되는 것이 아니다. 극히 부유한 이들의 소득을 줄이는 것이 목적이다. 대단히

그들은 왜 나보다 덜 내는가

많은 부가 고착되어 있을 때 발생하는 다양한 형태의 지대 추구를 방지하거나 퇴치하고, 불평등한 사회에서 시장경제가 처하게 될 현실을 개선하는 것이다.[*] 특정 소득구간을 넘어서는 소득에 대해서는 1달러를 벌었을 때 90센트가 국세청 것이 된다면, 2000만 달러를 연봉으로 받을지 협상을 하거나, 남에게 손해를 끼치는 금융상품을 만들어서 수백만 달러를 벌거나, 특허로 보호받는 의약품에 엄청난 가격을 매기는 따위의 행동을 해 가며 그런 돈을 벌 이유가 어디 있겠는가? 제대로 정착된다면 사실상 압류에 가까운 세율은 경제적인 힘을 재분산하고 세전 소득의 균형을 바로잡음으로써, 시장경제를 더욱 활기찬 경쟁의 장으로 만들어 줄 것이다.

자유시장경제를 가로막는 불평등을 시정한다는 논리는 고율의 소득세를 정당화하는 표준적인 논리로 자리잡고 있다. 순전히 논리적인 관점에서 보자면 이와 같은 논변은 반대 방향에서도 따져보아야 할 것이다. 어쩌면 극히 집중된 부와 막대한 소득은 긍정적인 외부효과를 창출하고 있는 게 아닐까. 어쩌면 슈퍼리치들은 그들이 개인적으로 벌어들이는 것보다 더 큰 기여를 사회에 돌려주고 있지는 않을까. 어쩌면 우리는 빌 게

---

[*]   Piketty, Saez, and Stantcheva(2014)는 이러한 맥락에서 조세 모델을 개발해냈다. 최상위 소득구간의 세율을 인상하여 최상위 소득자들의 지대 약탈을 줄일 수 있다면, 최상위 소득에 래퍼 곡선을 넘어 압류와 마찬가지인 세율을 적용하는 것은 바람직한 일일 수 있는 것이다. 이들은 최고경영자들이 받는 수당에 대한 국제적 증거를 통해, 소득세 최고 한계 세율이 최고경영자의 보수 결정에 중요한 영향을 미친다는 사실을 보여주었다.

이츠가 수십억 달러를 벌어들이는 덕분에 모두가 큰 혜택을 보고 있고, 그 수십억 달러가 과세의 대상이 되는 순간 그 혜택이 사라져 버리지는 않을까? 가령 어떤 사람들은 빌 앤 멜린다 게이츠 재단이 정부보다 더 알차게 돈을 쓰고 있다고 주장하는데, 빌 게이츠가 가진 부를 과세의 대상으로 삼는 순간 그 재단의 돈줄 역시 말라 버리게 되는 것은 아닐까. 이런 주장은 그 유명한 낙수효과 이론의 변용이라고 할 수 있다. 슈퍼리치들에게 모여든 부가 어떤 식으로건 흘러넘쳐 사회 전체에 혜택을 주게 된다는 논리다.

래퍼 곡선을 넘어서는 과세가 사회에 경험적으로 어떤 영향을 미칠지 이론적인 논의를 깊게 파고 들어가면 들어갈수록, 우리는 이 논의에서 뭔가 빠진 게 있다는 사실을 깨닫게 된다. 데이터를 놓고 봐야 할 때인 것이다.

극도로 집중된 부의 혜택: 주장은 있지만 근거는 없다

저 논쟁에서 우리가 끌어낼 수 있는 질문에 과학적인 관점으로 대답하려면 엄청나게 많은 데이터가 필요하다. 슈퍼리치들이 승승장구하며 공공 정책에 영향을 미치고 있을 때, 그 영향이 단지 경제 전체의 성장률뿐 아니라, 각 사회집단의 소득 변화에 미치는 동적 영향은 어찌 될 것인가? 부자들이 세금을 덜 내게 하면 노동계급의 소득이 넉넉하게 늘어날 것인가? 답을 찾기 위해 우리는 인구 전체를 다양한 집단으로 나눈 후 그 각

그들은 왜 나보다 덜 내는가

각의 소득 증가에 대해 연구를 시작해야 할 것이다.

불행하게도 국민계정은 전체 국민소득의 증가에 대한 정보만을 제공한다. 각각의 사회적 집단별로 어떻게 소득이 늘어나는지에 대해서는 자료를 제공하고 있지 않은 것이다. 정부가 제공하는 통계에 뚫려 있는 큰 허점이라고 하겠다. 몇 년 전 우리는 이 빈틈을 채워넣기 위한 여정에 나섰다. 목표는? 지난 수십 년의 경제성장에서 실제로 혜택을 입은 계층이 누구인지 추적하는 것이었다. 경제성장의 과실이 노동계급, 중간계급, 중상층, 슈퍼리치들 사이에서 어떻게 나누어지는지 알아보고자 했다. 큰 글씨로 새겨진 경제성장률은 참고 대상이긴 하지만 우리의 조사 목적에 부합할 만큼 세밀하지는 못하다. 여기서 문제는 교사와 은행가, 은퇴자와 노동 연령대의 성인 등, 온갖 직업을 가진 모든 사람들이 다양한 조건에서 어떻게 소득 증가를 경험하고 있느냐는 것이기 때문이다.

우리는 미국에 거주하는 모든 성인들에게 국민소득이 어떻게 분포되고 있는지 체계적으로 나타내는 데이터베이스인 "국민계정 분포distributional national accounts"를 만들었다. 모든 사람들이 매년 얼마를 버는지 정확하게 알 수는 없다. 그 어떤 정부기관도 그와 같은 정보를 집약하여 자료화하고 있지는 않기 때문이다. 그러므로 우리의 데이터베이스는 현실에 존재하는 어떤 사람의 구체적인 소득과 직접 상응하는 자료라고 할 수는 없다. 세무신고 자료, 가계 소득 및 자산 조사, 사회보장 통계, 그 외 수많은 공식 자료를 취합하여 종합한 결과물이라고 할 수 있다. 이렇게 우리가 데이터베이스에서 종합하여 얻어낸 가상의 미국인들은 실제 미국인의 경제생활 전부를 포괄하고 있다. 데이터베이스 속에서 미국인의 소득은 미국 경제 전체의 총 국민소득과 합산되며, 그 소득은 1980년 이래 평균적으로 매년 1.4퍼센트씩 증가해 왔고, 이는 거시경제 통계에도 부합한다.

우리의 계산이 전적으로 옳다고 단정할 생각은 없다. 우리는 다른 연구자들이 이 작업을 문제삼기를, 정부의 통계에 의해 보강되기를, 결국에는 공공기관이 직접 공식적인 국민계정 분포 자료를 펴낼 것을 기대하고 있다. 우리가 오늘날 사용하는 국민계정은 20세기 중반과 같은 방식으로 작성되고 있다. 우리의 연구는 거시경제성장률 위에서 소득 분위에 따른 성장을 논한 것이기에 일관성이 있다. 우리가 작성한 프로그래밍 코드와 투입한 자료는 모두 공개적으로 접근이 가능하므로 투명성 또한 확보되어 있다. 게다가 비슷한 통계적 방법론을 다른 나라에도 적용 가능하기에 보편적이기도 하다. 우리는 이러한 장점이 제대로 된 평가를 받기를 희망한다.[4]

높고 고른 성장

최상위 소득구간에 엄청난 세율을 적용해 사실상 압류하던 그 시절, 무슨 일이 벌어지고 있었던 걸까? 당시 경제성장을 통해 혜택을 보고 있던 이들이 누구인지 시각화하기 위해, 우리는 전체 인구 100퍼센트를 같은 크기의 100개 집단에 할당한 후, 시간의 흐름에 따라 그 각각의 평균 소득 상승률을 계산했다. 최상위 집단은 국민소득 중 큰 부분을 가져가므로 그

한 집단은 하위집단으로 세분화할 필요가 있었다. 상위 1퍼센트는 다시 열 개의 집단으로 나누어, 인구 중 0.1퍼센트를 나타내는 열 개의 하위집단으로 분할한 것이다. 이렇게 해서 우리는 최저임금으로 생활하는 노동자들부터 억만장자까지 소득 성장률을 계산할 수 있었다.

그 결과는 어떠했을까? 2차 세계대전 종전 후 수십 년 동안, 경제성장은 견고했고 그 과실은 고르게 분배되었다. 1946년부터 1980년까지 성인들의 국민소득 평균은 매년 2.0퍼센트씩 상승했는데, 이는 세계적으로 기술선도국이 한 세대 넘게 보여준 경제성장률로서는 최고치라고 할 수 있다. 거의 모든 집단이 거시경제성장률 2.0퍼센트에 걸맞은 소득 증가를 경험했다(그래프 [8-1] 참고). 예외가 있다면 상위 1퍼센트 소득집단인데, 이들의 소득 증가율은 전체 경제성장률보다 낮았다. 하지만 그 점 하나를 빼놓고 나면 다양한 사회집단이 비슷하게 성장의 과실을 맛보았다는 것은 실로 놀라운 일이다. 경제학에 관심이 있는 독자라면 왜 그 기간 동안 경제학자들이 단일한 "대표적 경제 주체representative agent"를 통해 경제 현상을 파악했는지 어렵잖게 이해할 수 있을 것이다. 거의 대부분의 사회집단은 경제를 단일한 실체로서 경험하고 있었으니 말이다.

노동계급이 경제성장에서 배제되다

1980년부터 2018년 구간까지는 전혀 다른 그림이 그려진다.

첫째, 평균 경제성장률이 둔화되었다. 레이건 시대의 미국 경제를 레

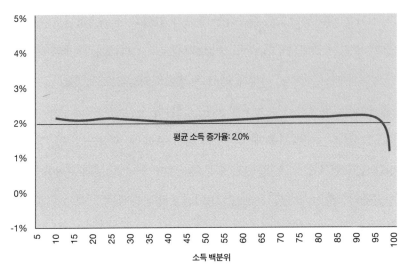

평균 소득 증가율: 2.0%

소득집단별 세전 소득 연간 증가(1946~80년)

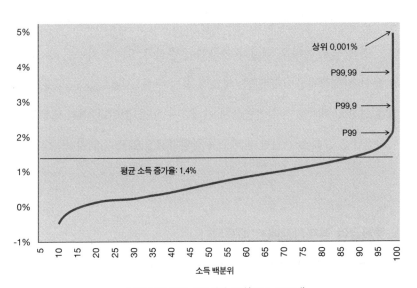

상위 0.001%

P99.99 →

P99.9 →

P99 →

평균 소득 증가율: 1.4%

소득집단별 세전 소득 연간 증가(1980~2018년)

그들은 왜 나보다 덜 내는가

이건 이전 시대와 구분짓는 가장 대표적인 특징은 경제성장률이 낮다는 것이다. 2008년 말부터 2009년까지 금융위기를 경험하고 난 후 경제성장률은 (특히 유럽에서 벌어지고 있는 상황과 비교해 볼 때) 다소 나아지고 있는 듯도 하다. 하지만 거품이 생기고 꺼지는 것, 불경기가 찾아오고 회복기가 오는 것 등을 모두 평균할 수 있을 만큼 긴 기간을 놓고 보면, 상황은 그다지 밝아 보이지 않는다. 1980년 이래 1인당 국민소득은 한해 평균 1.4퍼센트 성장에 머물고 있는 것이다. 게다가 21세기에 접어들고 나면 그 성장률은 더욱 둔화되어 해마다 0.8퍼센트 수준으로 줄어든다.

둘째, 사회 전체를 보면 1.4퍼센트의 경제성장률을 보이고 있었지만, 대부분의 사회집단이 경험한 소득 성장은 그 수치에 미치지 못했다. 90퍼센트 이상의 인구에게 소득 성장률은 그보다 낮았고, 많은 경우 훨씬 못 미쳤다. 오직 상위 10퍼센트만이 1.4퍼센트 이상의 성장률을 경험했다. 이 상황에서 전체 인구 중 임의의 집단을 선정한다면 그 집단의 소득 증가는 전체 경제 성적을 반영하고 있을 가능성이 거의 없다고 볼 수

[8-1] 밀물이 차오르면 모든 배가 떠오른다

이 그래프들은 모든 소득 분배 구간에 해당하는 성인들의 연간 실질 세전 소득 증가율을 나타낸 것이다. 위쪽 그래프는 1946년부터 1980년 구간을, 아래쪽 그래프는 1980년부터 2018년 구간을 나타내고 있다. 1946년부터 1980년까지 경제는 평균 2퍼센트씩 성장했고 그 과실은 모든 소득집단에 고르게 분배되었다. 예외가 있다면 상위 1퍼센트로 그들의 소득 증가는 평균 경제성장률을 따라가지 못했다. 1980년부터 2018년까지 경제성장은 고르지 않게 분배되어, 저소득층에게는 그리 많은 과실이 가지 않았고 중산층은 평범한 혜택을 누렸으며 최상위층은 아주 큰 몫을 가져가게 되었다. 자세한 사항은 taxjusticenow.org를 참고할 것.

도 있다. 경제성장률은 1.4퍼센트였지만 인구집단 각각의 소득 증가율을 평균해 보면 0.65퍼센트가 나온다. 경제성장과 소득 증가 사이에 큰 괴리가 있는 셈이다. "대표적 경제 주체"의 신화는 깨졌다.

한편으로 미국의 부유층은 번영을 구가하고 있었다. 그래프 [8-1]로 돌아가 삐죽 치솟아오른 모습을 관찰해 보자. 성인들 중 상위 1퍼센트, 오늘날의 가치로 50만 달러 이상의 소득을 올리는 부자들의 소득이 크게 증가했음을 알 수 있다. 작은 소수 집단의 소득이 하늘 높은 줄 모르고 치솟았다. 전체 소득자 중 상위 0.1퍼센트는 1980년 이래 320퍼센트의 소득 증가를 경험한 것이다. 상위 0.01퍼센트의 소득은 430퍼센트나 올랐다. 그리고 미국인 중 가장 부유한 2300명, 꼭대기의 꼭대기라 할 수 있는 0.001퍼센트의 소득은 600퍼센트 이상 상승했다.

같은 기간, 인구의 절반을 차지하며 낮은 소득을 올리고 있는 노동계급은 소득 상승을 거의 경험하지 못했다. 하위 50퍼센트의 평균 세전 소득은 2018년 1만 8500달러로 집계되는데, 이는 거의 늘어나지 않은 것이다. 물가상승을 감안해 보면 이는 1970년대 말의 가치로 1만 7500달러 정도가 된다. 이를 경제성장률에 대입해 보면 지난 40여 년 사이에 매년 0.1퍼센트씩 성장한 셈이다. 1980년 이래 최상위 소득자들의 소득은 비중 면에서만 늘어난 것이 아니다. 절대적인 소득 그 자체가 치솟아올랐다. 그동안 나머지 인구 중 절반의 소득은 '수평선'을 그리고 있었는데 말이다. 부자들의 소득이 노동계급에 "낙수효과"를 가져왔다는 증거는 어디에도 없다. 노동계급은 경제성장으로부터 배제되어 있었던 것이다.

그들은 왜 나보다 덜 내는가

이런 증거를 통해 낙수효과 추구 정책이 노동계급에 피해를 줬다는 주장을 증명할 수는 없다는 것을 우리는 인지하고 있다. 슈퍼리치들이 벌어들인 돈이 그 밖의 모든 사람들을 희생시켜서 얻은 것이라는 주장 또한 이런 자료만으로 입증되는 것은 아니다. 순전히 논리적인 관점에서 보자면, 부자들에게 유리한 방향으로 조세 정책이 시행되지 않았을 경우 노동계급이 더 큰 피해를 입었으리라고 주장할 여지가 있을 테니 말이다. 지난 40여 년 동안 노동계급의 소득은 0.1퍼센트씩 늘어났지만, 다른 방향의 정책을 추구했다면 실질소득이 감소했을지도 모른다. 대단히 설득력 있는 주장은 아니지만 경험적인 자료와 논의 없이 틀렸다고 치부할 수도 없는 노릇이다. 백분위에 따른 소득 증가 통계는 극히 유용한 도구지만, 그것만으로는 다양한 공공 정책의 긍정적 결과와 부정적 결과에 대해 결정적인 답을 내릴 수 없다. 하물며 우리는 1980년으로 돌아가 당시의 세율을 그대로 유지할 때 어떤 결과가 벌어질지 확인할 수도 없다.

하지만 2차 세계대전 이후 수십여 년의 소득 증가율을 비교해 보면, 낙수효과 이론에 설득력이 없다는 것 정도는 확인 가능한 것이다.

노동계급의 소득 증가: 두 나라 이야기

1980년 이후 낙수효과 이론을 따르지 않은 나라와 미국의 차이를 비교해 보는 것이 좋겠다.

유럽 대륙을 대표하는 나라 중 하나인 프랑스의 경우를 살펴보도록 하자. 1인당 평균 국민소득은 미국이 프랑스에 비해 높다. 현재는 30퍼센트 이상 높다. 이는 평균적으로 미국인들이 더 생산적이어서가 아니라 더 많이 일하기 때문이다. (어떤 면에서 보자면 값비싼 대학 학비로 인해) 미국인들은 프랑스인보다 이른 나이부터 일하기 시작하고, (어떤 면에서 보자면 사회보장 혜택이 적기 때문에) 더 늦게 은퇴하며, 그 사이 노동 연령 구간에는 휴일도 적고 출산휴가 역시 짧다. 생산성의 차원에서 보자면 미국과 프랑스는 같은 수준이다. GDP를 노동시간으로 나누는 것은 생산성을 측정하는 가장 유의미한 방법인데, 그 수치를 비교해 보면 미국과 프랑스 모두 1일당 75달러 정도가 나온다. 상당한 기간에 걸쳐 같은 추세가 이어지고 있는 것이다.[5]

그런데 미국인의 노동 시간이 더 긴 데도 불구하고, 분석 대상을 인구 중 소득 하위 50퍼센트로 제한해서 본다면, 성인 1인당 평균 소득은 미국보다 프랑스가 11퍼센트나 높다. (일을 덜 해서 얻는 건강상의 이득과 넉넉한 여가를 즐긴다는 점을 제외하고) 순수하게 금전적인 측면만 놓고 본다면 노동계급, 즉 인구의 절반은 프랑스가 미국보다 더 잘 살고 있는 것이다. 하지만 이런 우위는 프랑스의 복지 정책 덕분에 나온 성과가 아니다. 우리가 지금까지 이야기한 수치는 모두 정부에서 지급하는 연금과 정부 지출 등을 감안하지 '않은' 것이기 때문이다. 육아·건강·교육 등에 투입된 정부 재정을 감안하고 보면 프랑스 노동계급의 처지는 미국보다 훨씬 더 나아지는데, 이것이 그리 놀라운 결과는 아닐 것이다. 우리가 흥미롭게 봐야 할 것은 대부분의 사람들에게 '시장'을 통해 분배되는 임금 역시

그들은 왜 나보다 덜 내는가

미국보다 프랑스에서 훨씬 크다는 점이다.

프랑스의 노동계급이 미국의 노동계급보다 늘 잘 살았던 것은 아니다. 미국 노동계급의 소득이 지난 40여 년 동안 제자리걸음을 하는 사이에 프랑스에서는 늘어났기 때문이다. 프랑스 노동계급의 평균 소득 증가는 매년 0.8퍼센트로 그다지 눈부신 성적이 아니다. 2008~9년의 대침체 구간에는 성장이 멈춰 있기도 했다. 하지만 매년 0.8퍼센트씩 성장하며 한 세대를 보낸 것은, 그리 큰 성장은 아니어도 0.1퍼센트씩 늘어난 것보다는 낫다. 그 정도만으로도 프랑스의 노동계급이 미국의 노동계급보다 잘 살게 되기에는 충분했다. 1980년 미국의 노동 인구 중 하위 50퍼센트의 평균 소득은 프랑스보다 2000달러 높았지만, 이제는 미국이 프랑스보다 2000달러 낮은 처지가 된 것이다.

어떤 이들은 미국 노동계급의 소득 정체가 불가피한 일이었다고 주장한다. 기술의 발전과 국제교역의 증가 등 경제적 힘이 결합되어 노동의 생산성을 지속적으로 끌어내렸고 노동자들이 제공하는 단순 노동력의 수요를 떨어뜨렸다는 것이다. 이 문제에 더 명확한 답을 얻기 위해서는 미국과 프랑스를 비교해 보는 것이 좋겠다. 대서양의 서쪽에서 사용하기 시작한 컴퓨터를 동쪽에서 안 쓰고 있던 것은 아니니, 프랑스와 미국 모두 경제적으로 동일한 기술 변화의 파도를 맞닥뜨렸다고 볼 수 있을 테니 말이다. 두 나라 모두 신흥 개발도상국과 교역을 했다. 자동차 및 그밖의 산업 영역에서 두 나라 모두 자동화로 인해 노동자들의 실직을 경험했다. 하지만 프랑스에서는 노동계급 소득이 1980년 이래 30퍼센트

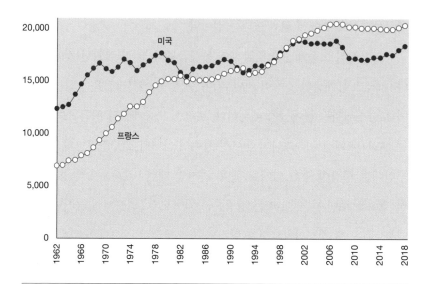

[8-2] 미국 노동계급의 고난(하위 50퍼센트의 평균 세전 소득: 미국 대 프랑스)

이 그래프는 1962년 이후 미국과 프랑스의 소득 하위 50퍼센트 성인의 평균 소득을 나타낸 것이다. 정부에서 제공하는 수당 등은 포함하지 않았다. 2018년 미국 달러를 기준으로 유로화를 미국 달러로 환산한 후 구매력에 따라 비교하였다. 프랑스의 경우 하위 50퍼센트의 소득이 미국보다 빠르게 증가하였고 이제는 미국보다 더 높다. 자세한 사항은 taxjusticenow.org를 참고할 것.

증가했는데, 이는 대단히 큰 수치는 아니지만 미국에서는 노동계급 소득이 정체되어 있었다. 여기서 우리는 핵심적인 교훈을 얻을 수 있다. 기술의 변화와 세계화의 압력은 미국 노동계급이 처하게 된 상황의 주요 원인으로 지목될 수 없다는 것 말이다.

미국 노동계급의 생산성이 갑자기 저하되었다는 발상은 신빙성이 떨어진다. 타국의 사례를 통한 증거는 정부의 정책이 소득 분배에 영향을 미치며 그리하여 노동계급의 소득을 상층으로 옮겼을 가능성을 시사하

그들은 왜 나보다 덜 내는가

고 있다. 1980년대 이래 정부가 바뀌었지만 이와 같은 방향의 정책적 선택은 유지되어 왔다. 연방 최저임금은 제정되지 않은 채 방치되었고, 부자들에 대한 세율은 더 낮아졌으며, 노동조합의 힘에는 재갈을 물렸고, 공립대학의 입학 및 수업료는 늘어만 갔던 것이다.[6] 프랑스와 대부분의 부유한 국가에서도 어느 정도 유사한 정책적 변화가 있었던 것이 사실이지만, 미국처럼 급격하게 시장 근본주의적인 태도로 돌변하지는 않았다.

성장은 저평가되었는가

한 세대가 넘도록 노동계급의 소득 증가가 정체되어 있었던 것은 미국 경제 역사상 가장 중요한 사건이라고 볼 수 있다. 여기에는 실로 막대한 정치적 · 경제적 함의가 담겨 있는 것이다. 너무도 충격적인 탓에 뭔가 잘못되었다고 믿고 싶을 지경이다. 통계와 달리 생활여건 등에서는 사실 진전된 바가 있는데 우리가 뭔가를 저평가했다고 생각하고 싶다. 본격적인 정책 방향에 대한 논의를 진행하기에 앞서, 이와 같은 반론에 대해 먼저 다뤄 보아야 할 필요가 있을 것이다. 반론을 펴는 사람들은 크게 세 가지 방향에서 논의를 진행한다.

그중 첫째는 공식적인 통계가 실제 물가상승률을 과대 반영함으로써 소득 상승을 저평가하고 있다는 것이다. 국민소득의 성장을 측정할 때 통계학자들은 무엇이 진짜 생산성의 향상으로 인한 것이며 무엇이 그저 전반적인 물가상승의 영향인지 구분하고자 조심스럽게 접근하며 고심한다. 이 분야가 과학적으로 완벽할 수는 없다. 만약 우리가 매년 정확히 같은 상품과 서비스만을 생산한다면 이 문제는 그리 복잡하지 않았을지도 모른다. 하지만 경제성장은 그 본질상 시간의 흐름에 따라 질적으로 더 우수한 상품을 생산한다는 뜻을 내포한다. 그러므로 우리는 묻게 되는 것이다. 제품의 가격이 상승한다면 그것은 제품의 질이 높아졌기 때문인가, 아니면 그저 전반적인 물가가 상승했기 때문인가? 가령 20년 전보다 오늘날의 우리가 보는 텔레비전의 화면이 훨씬 커진 것처럼, 어떠한 종류의 질적 변화는 직접적으로 관찰 가능하고 통계학자들은 그것을 어렵지 않게 구분해낼 수 있다. 하지만 보다 덜 침습적인 수술법이 개발되었다든가 좀더 사용자 친화적인 컴퓨터 소프트웨어가 개발되는 것처럼, 어떤 질적 변화는 양적 변화만큼 쉽게 눈에 들어오지 않는다. 어떤 기업들은 소비자에게 서비스를 제공하지만 그 대가로 직접 돈을 받지는 않는다는 점 역시 통계 작성에 있어서 어려움을 가져다준다. 가령 구글이나 페이스북 같은 회사들이 그렇다. 우리는 구글 지도를 통해 지리정보를 제공받지만 구글에 사용료를 내지 않으며, 따라서 구글 지도 서비스는 국민소득을 계산할 때 집계되지 않는 것이다.

일부는 이와 같은 까다로운 문제가 존재한다는 이유로 국민계정 통계(와 그에 기반하고 있는 우리의 국민계정 배분 통계)가 경제성장을 과소평가하고 있다고 주장한다. 지난 수십여 년 동안 경제 정책에 관여해온 고위층 전부, 혹은 새로운 경제 체제에 영향력을 행사하는 이들 대부분은, 정도의 차이만 있다 뿐이지 비슷한 말을 하고 있다. 레이건 대통령 재임 당

그들은 왜 나보다 덜 내는가

시 미국 경제자문위원회 의장직을 역임한 마틴 펠드스타인의 말을 들어보자. "공식 자료는 실제 생산과 생산성의 변화를 과소평가하고 있다."[7] 빌 게이츠는 이렇게 말했다. "GDP는 심지어 부유한 국가에서도 경제성장을 낮게 측정한다."[8] 이런 주장은 실리콘밸리와 얽혀 있는 경제학자들이 선호하는 것이기도 하다. 구글에서 수석 경제학자로 일하는 할 배리언Hal Varian에 따르면 "실리콘밸리에서 벌어지는 변화는 사람들에게 충분히 환영받고 있지 못하다. 왜냐하면 그걸 측정할 수 있는 좋은 방법을 확보하지 못했기 때문이다."[9] 이 모든 주장들이 가리키는 방향은 동일하다. 현재 경제는 기적적인 성장을 하고 있지만 그것을 제대로 측정할 방법이 없기 때문에, 그 기적이 감춰져 있다는 것이다.

원론적으로 보자면 이 모든 반론에는 나름의 정당성이 있다. 하지만 학계의 최신 연구는 이런 난점을 모두 감안한다 해도 정부의 공식 자료에서 제시되는 수치가 썩 개선되는 것은 아닐 수 있음을 시사한다. 심지어 1946년부터 1980년까지의 경제성장이 1980년 이후 둔화된 정도는 우리가 생각해 왔던 것보다 더욱 심각할 수도 있다.[10] 그 이유는 간단하다. 빌 게이츠나 다른 이들이 걱정하는 내용 자체가 그다지 새로운 것이 아니기 때문이다. 그런 걱정과 고민들은 이미 경제성장 그 자체의 과정 속에 포괄되어 있다. 기술의 발전으로 인한 긍정적 요소가 경제 통계에 반영되지 않을 것이라는 우려는 이미 1980년대 이전부터 제기되어 왔고, 사실 그보다 훨씬 전까지 거슬러 올라갈 수도 있다. 그렇다. 우리가 사용하는 스마트폰의 질적 측면이 개선되어 온 것은 사실이다. 하지만 그

것은 2차 세계대전 이후에 자동차와 주택의 질이 향상된 것과 마찬가지다. 그렇다. 실리콘밸리에서 무료로 새로운 서비스를 제공하고 있다. 하지만 라디오와 텔레비전 역시 틀면 공짜로 나오기는 마찬가지다. 종합해 보면 이와 같은 요소를 모두 반영했을 때 1980년 이후 평균 경제성장률은 정부의 공식 자료에서 말하는 1.4퍼센트가 아닌 1.5퍼센트라고 볼 수 있다. 하지만 같은 방식을 적용해 본다면 1946년부터 1980년까지의 경제성장은 매년 2.0퍼센트가 아닌 2.2퍼센트로, 우리가 생각했던 것보다 훨씬 더 빨랐을 수도 있는 것이다. 정부의 공식 통계를 모든 시간대에 걸쳐 같은 방식으로 보정해 본다면 경제성장 둔화 추세는 보정하기 전보다 훨씬 더 암울해진다. 게다가 노동계급에게 돌아간 경제성장의 과실은 연간 0.1퍼센트에서 0.2퍼센트로 아주 미세하게 늘어날 뿐이다.

정부의 공식 통계가 현실을 너무 어둡게 묘사하기는커녕 사실 다소 장밋빛으로 분석하고 있었을지도 모른다. 어째서일까? 질적 개선을 양적으로 측정하는 것이 때로 어려운 만큼, 질적 악화 역시 양적으로 측정되지 않고 간과되곤 하기 때문이다. 1980년대 이후 질적 측면이 저하된 서비스라면 역시 비행기 여행을 꼽아 볼 수 있을 것이다. 좀더 극적인 예시를 찾아보자면 기후 변화와 생물학적 종 다양성의 감소가 경제성장 통계에 잡히지 않고 누락되는 것을 꼽아 볼 수도 있다. 이렇게 통계에 잡히지 않는 요소들을 양쪽에 놓고 균형을 잡아 보면 좋은 것이 통계에 안 잡힌 것보다는 나쁜 것이 누락된 것을 더 많이 발견할 수 있지 않을까 한다. 구글 지도는 훌륭한 서비스지만 우리가 사는 이 행성의 미래만큼 중요한 것은 아닐 테니 말이다.

경제성장 통계가 노동계급의 실제 경제성장을 반영하고 있지 못하다는 취지의 두번째 주장은 사회적 이동을 그 근거로 삼고 있다. 소득 하위 50퍼센트에 속하는 이들의 구성은 해마다 달라진다. 일부는 소득 사다리를 올라 더 높은 곳으로 향하고 다른 이들은 위에서 아래로 내려오기도 한다. 미국으로 오는 이민자의 존재도 빼놓을 수 없다. 그러므로 만약 개별적인 집단의 소득을 매년 비교하는 대신 특정한 사람의 경제적 변화를 연 단위로 추적한다면, 노동계급의 경제적 여건은 통계로 확인되는 것보다 훨씬 나아졌을 수도 있다고 일각에서는 주장하고 있는 것이다. 이는 미국을 "기회의 땅"으로 보는 대중적 통념을 반영하고 있는 것이기도 하다.

하지만 이는 허상에 불과하다. 소득은 움직인다. 직업에서 숙련도가 높아지면 임금은 상승하고, 노동자들은 승진을 하며, 그 외에 여러 가지 이유로 사람들의 소득은 통상적으로 일생에 걸쳐 증가하는 형태를 띤다. 하지만 통계를 통해 확인되는 사실은 단순하고도 명료하다. 평균적으로 미국인들은 같은 연령대였을 때의 부모보다 더 많이 벌고 있지 못한 것이다.[11] 한 사람의 일생을 추적해 보면 노동계급이 경제적 풍요를 누리고 있다는 주장이 지니는 허구성을 간파하기 위해 이런 사고실험을 해 보도록 하자. 우리가 살고 있는 세상은 국민경제 성장이 0이고, 매년 죽는 사람만큼 같은 수의 사람이 태어나며, 새로 태어난 사람들은 상대적으로 적은 소득을 가지고 일생을 시작하게 된다고 가정하자. 이와 같은 세계 속에서는 설령 국민소득이 정체되어 있다고 해도 모든 사람들이 나이를 먹으면서 소득의 증가를 경험할 것이다. 경제성장이 0인 이런 세상을 두고 경제성장의 미덕을 찬미하는 것이 과연 말이 되는가? 그렇지 않다. 노동계급에 속하는 사람들의 소득이 그들의 인생과 함께 늘어난다고 해서, 그것은 노동계급 자체가 과거에 비해 더 잘 살게 된다는 것을 뜻하지는 않는다. 말이 되지 않는 주장이다.

이민은 어떤 영향을 미칠까? 미국의 노동계급 중 다수는 외국에서 훨씬 더 낮은 임금을 받다가 미국에 온 사람들 아니던가? 일부 미국인의 경우 이런 범주에 속한다고 볼 수 있겠지만, 전반적으로 보면 그들은 통계에 영향을 미치기에는 수적으로 너무도 미미한 존재다. 2010년부터 2016년까지 미국에 영구이민 온 사람들은 전체 인구의 0.33퍼센트로 캐나다, 독일, 스칸디나비아 국가, 영국에 비해 두세 배 적다고 할 수 있다.[12] 트럼프 시대가 도래하기 전부터 미국은 흔히 생각하는 것보다 이민자들이 훨씬 덜 정착하는 국가였던 것이다.

재분배의 한계

경제성장 통계만으로는 노동계급의 진정한 소득 증가를 제대로 반영할 수 없다는 주장의 마지막 근거를 살펴보자. 그들은 정부의 재분배 정책의 영향을 간과하고 있다고 주장한다. 반면 우리는 세금과 정부 이전 지출 등을 합치지 않았을 경우 노동계급의 평균 소득이 1980년 이후 매년

그들은 왜 나보다 덜 내는가

고작 0.1퍼센트씩 상승해 왔을 뿐이라고 추산하고 있다. 앞서 살펴보았듯이 세금은 늘어만 갔다. 하지만 정부의 지원금은 그보다 더 빨리 늘어났다. 결과적으로 세후 소득과 정부 이전 지출 등을 같이 놓고 보면 평균적인 노동계급의 소득은 조금 더 올랐다는 것이 그 반론의 내용이다.

하지만 그 영향은 그리 크지 않다. 세금과 정부 이전 지출을 합쳐놓고 봤을 때, 하위 50퍼센트의 소득 성장은 1980년 이후 약 0.6퍼센트씩 이루어진 것으로 파악된다. 그리고 정부 이전 지출이 사람들을 더욱 평등하게 만들어 준다고 칭송하기에 앞서, 잠깐 멈추고 생각해 볼 문제가 있다. 늘어났다는 정부 이전 지출이라는 것이 대체 무엇인가? 그 정체는 간단하다. 거의 대부분이 메디케어와 메디케이드인 것이다. 정부 이전 지출이라고 하지만, 가장 취약한 계층에게 정부가 현금을 지급하는 방식으로 그들의 생계를 보호하는 것과는 거리가 있다. 혹은 경제력이 부족한 부모에게 보조금을 지급하여 아이들이 자라날 수 있게 돕는 일을 하고 있지도 않다. 정부는 그저 미국이라는 나라에서 하늘 높은 줄 모르고 치솟는 의료비 중 적지 않은 부분을 대신 내 주고 있을 따름이다. 막대한 정부보조금의 "수혜자"들은 자신들이 쓰고 싶은 곳에 그 돈을 쓸 수도 없다. 그들의 은행계좌로 돈이 들어오는 것이 아니기 때문이다. 정부보조금은 의료서비스 제공자의 호주머니로 들어가는데, 그들은 이미 소득 상위 1퍼센트에 넉넉히 들어가는 이들이다. 소득 불평등을 감내하는 대신 저소득층을 좀더 평등하게 만들어 준다는 정부 이전 지출은, 과연 제 기능을 하고 있는 것일까?

마지막으로 시장근본주의로 인해 미국이 어떤 모습이 되었는지를 보여주는 가장 충격적인 자화상을 살펴보도록 하자. 미국의 기대수명에 대해서 말이다. 기대수명은 소득보다 더 측정하기 쉬운 지표라고 할 수 있다. 물질적인 관점에서 거론되는 웰빙 같은 개념보다 여러모로 훨씬 더 많은 정보를 전달해 준다고 볼 수도 있다. 대부분의 사람들은 그 무엇보다 길고 건강한 삶에 지대한 관심을 기울이기 때문이다. 평균적으로 미국인은 한 해에 5달러를 벌면 그 중 1달러를 의사, 병원, 제약회사, 보험회사 등에 지불한다. 미국인이 건강에 이렇게 많은 돈을 지불한 적은 일찍이 없었다. 또한 미국인은 세계 그 어느 나라 사람들보다 많은 돈을 의료비로 지불하고 있다. 하지만 그럼에도 미국인의 기대수명은 떨어지는 중이다. 2017년까지 3년 연속 내려앉았다. 1980년, 미국인의 기대수명은 다른 OECD 가입국 국민에 비해 1.5년 길었다. 오늘날은 다른 부유한 나라들에 비해 거의 2년 가까이 짧다.[13]*

이런 끔찍한 현실은 천천히 다가왔다. 미국인의 기대수명이 줄어든 것은 노동계급의 생활조건이 상대적으로 악화되기 시작한 것과 시기적으로 정확히 일치한다. 넉넉한 자들은 오래 살고 가난한 자들은 일찍 죽는다. 최근의 역사를 돌이켜보면 전쟁도 아닌데 국민들의 기대수명이 줄

---

* Case and Deaton(2015)은 이러한 사망률을 기록하며 미국의 사망률 증가는 대학 학위가 없는 백인 중년층에 집중되어 있음을 보여주고 있다. 이러한 사망률의 증가는 "절망사", 즉 경제적 전망이 없는 가운데 약물·알코올 중독 및 자살로 인한 사망으로 어느 정도 해석될 수 있음을 보여준다.

그들은 왜 나보다 덜 내는가

어든 사례로 비교할 만한 사례는 단 하나밖에 없다. 1990년대 초반, 러시아가 공산주의에서 자본주의로 체제 전환을 하던 그 고통스러운 시기에 나 있었던 일이다.

기대수명이 줄어들고 있다는 이 충격적인 사실은 미국의 노동계급의 소득 증가에 대한 우리의 통계가 사실을 과장하고 있지 않다고 믿을 만한 근거가 되어 준다. 실제로는 우리의 통계조차도 미국 노동계급의 열악한 현실을 온전히 반영하고 있지 못하다고 해야 할 것이다.

부의 집중을 막기 위한 급진적인 부유세

지금까지 우리는 래퍼 곡선을 넘어서야 할 경험적인 근거를 살펴보았다. 2차 세계대전 이후의 수십 년과 비교하건, 오늘날 동시대의 다른 국가와 비교하건, 미국이 겪은 지난 40여 년은 슈퍼리치들이 득세하고 그 밖의 사람들에게는 아무런 혜택이 돌아가지 않았으며, 오히려 노동계급에게는 희생을 강요한 시절이었다고 말할 수 있다.

돌이켜보면 이것이 그렇게까지 놀랄 일은 아니다. 공급주의 정책이 시행되었고, 그 결과, 공급이 늘어난 것뿐이다. 그런데 대체 무엇을 공급했단 말인가? 세금 감면을 통해 경제의 총공급을 늘린 결과 교사, 발명가, 과학자들이 더 열심히 일하게 되었던가? 어쩌면 그랬을 수도 있겠다. 그다지 설득력 있게 들리지는 않지만, 세율이 낮아지면 사람들이 이윤동기에 불타올라 더 열심히 일하게 된다는 논리에 따라, 누군가가 치열하게 일했을 가능성이 없지는 않으니 말이다. 하지만 세후 소득의 증가에 민감한 사람, 그런 금전적인 동기에 가장 크게 반응한 집단은 앞서 말한 평범한 사람들이 아니었을 것이다. 타인에게 손해를 전가하는 금융상품의 판매자, 치명적인 의약품 제작자, 탈세상품을 홍보하는 자들과 그런 상품에 법적 정당성을 부여해 주는 법조인, 가격을 왜곡하는 시장참여자, 특허를 휘두르는 독점사업가, 가짜 대학 학위를 찍어내는 사람 등, 세금이 줄어들 때 더 열심히 일하고 시장에 자신들의 상품을 공급하기 시작한 것은 바로 이런 자들이었다. 순수하게 이익만을 추구하는 이런 개인들은 더욱 과감한 개혁을 해댔다. 점점 더 빨리, 규제 기관이 그들을 더욱 잡기 어렵게 만들었고, 자신들이 판매하는 탈세상품의 허점이 드러나기 전에 새로운 것을 만들어 팔았다. 최고 소득구간 세율을 낮춘 것이 뭔가 혁신을 불러왔다면, 그 혁신이란 결국 지대 추구의 부활에 지나지 않았던 것이다.

부유층의 기득권을 억누르고 지대 추구자들의 권력을 제한할 수 있는 정책적 선택지는 많다. 압류에 가까운 소득세 최고 한계 세율은 역사적으로 그 효과가 입증된 처방이다. 하지만 그 처방에는 큰 한계가 있다. 앞서 살펴본 바와 같이 많은 부를 소유하고 있는 큰 부자들은 납세의 대상이 될 소득을 아주 적게 신고할 수 있기 때문이다. 소득세 최고 한계 세율을 90퍼센트로 다시 설정한다 한들 현재 미국의 억만장자들이 받아들게 될 세금고지서에는 그다지 큰 차이가 나지 않을 것이다.

이 한계를 극복하기 위해서는 엄청난 부 그 자체에 높은 세율을 적용해야 한다. 지난 장에서 논의했던 것처럼, 5000만 달러 이상의 부에 대

그들은 왜 나보다 덜 내는가

해 2퍼센트의 한계 세율을 적용하고, 10억 달러 이상에 대해 3퍼센트의 한계 세율을 적용하는 온건한 부유세를 신설하는 것만으로도, 우리의 추산에 따르면 매년 GDP의 1퍼센트에 달하는 많은 예산을 확보할 수 있다. 이 정도 세율은 래퍼 곡선을 대보더라도 "좋은" 세금인 셈이다.

그렇다면 10억 달러 이상에 대해 10퍼센트의 한계 세율을 부과하는 급진적 부유세가 도입된다면 어떨까. 10억 달러의 부를 소유하고 있다고 해도 그가 내야 할 부유세는 온건한 부유세가 시행될 때와 마찬가지로 매년 1900만 달러에 지나지 않는다.* 급진적인 부유세는 억만장자가 되는 것을 어렵게 만들기 위한 것이 아니다. 다만 수십억 달러의 자산을 유지하는 걸 힘들게 할 뿐이다. 20억 달러의 자산을 보유한 사람은 그중 약 5퍼센트를 부유세로 내게 되며, 자산이 100억 달러 상당인 조지 소로스는 9퍼센트, 1000억 달러에 달하는 제프 베이조스는 10퍼센트를 부유세로 내야 한다. 루스벨트가 최상위 소득구간에 90퍼센트의 한계 세율을 부과하면서 현재 화폐가치로 1000억 달러 이상의 소득을 올리는 이들이 급격하게 줄어들었던 것과 마찬가지로, 급진적인 부유세는 수십억 달러의 자산을 가진 이들의 수를 줄여 나가게 될 것이다. 세수를 늘릴 뿐 아니라 부의 탈집중화를 이루어내는 것이다.

---

* 5000만 달러를 넘는 자산에 2퍼센트의 세율이 부과되므로, 10억 달러를 가진 사람의 자산 중 9억 5000만 달러에는 2퍼센트의 세율이 적용되고, 따라서 세액은 1900만 달러가 된다.

그럼에도 불구하고 수십억 달러의 자산을 가진 이들은 여전히 남아 있을 것이다. 그건 의심할 필요가 없다. 앞서 말한 고도의 부유세가 지난 수십 년간 시행되고 있었다 해도, 물론 《포브스》에서 추측한 610억 달러 보다는 적지만, 마크 저커버그는 여전히 2018년 현재 210억 달러의 자산을 보유하고 있을 테니 말이다. 어떻게 이런 일이 가능할까? 저커버그의 재산은 그가 처음 억만장자 반열에 오른 2008년 이래 매년 40퍼센트 씩 늘어났기 때문이다. 매년 10퍼센트의 부유세를 부과한다 해도 그의 재산이 대기권을 뚫고 솟아오르는 것을 막을 수는 없는 것이다. 하지만 거대한 부를 쌓은 지 오래된 억만장자인 빌 게이츠의 경우, 급진적인 부유세가 시행되고 있었다면 그의 자산은 2018년 현재 970억 달러가 아닌 "고작" 40억 달러에 머물고 말았을 것이다. 1982년 이래 급진적인 부유세가 시행되었더라면, 그렇다 해도 가장 부유한 400명의 미국인은 여전히 자신들의 상대적 위치를 지킬 수 있었겠지만, 그들이 가진 부는 현재의 자산과 비교해 약 3분의 1가량으로 줄어들었을 것이다. 그 정도 비중을 차지했던 것이 1982년 미국의 정상적인 모습이었다. 막대한 부의 불평등이 미국을 강타하기 전에는, 그랬던 것이다.

최상위 400인의 부호에게 급진적 부유세를 적용하면 2018년 한 해만 놓고 보더라도 GDP의 1퍼센트가 넘는 2500억 달러의 세수가 발생한다. 반면 그러한 세금이 1982년 이후 쭉 유지되어 왔다면 2018년에 가장 부유한 미국인 400명과 그 가족에게서 걷을 수 있는 세금은 660억 달러에 지나지 않는다. 온건한 부유세를 1982년 이래 적용했을 때 2018

그들은 왜 나보다 덜 내는가

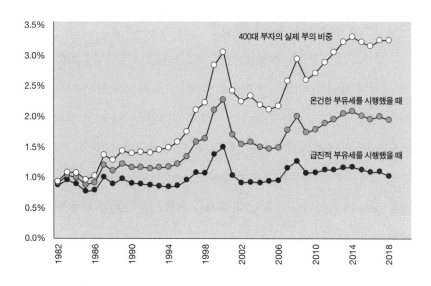

[8-3] 부유세의 목적은 불평등 완화인가, 부의 탈집중화인가?(미국 400대 부자들의 부 비중)

이 그래프는 《포브스》에서 선정한 미국 400대 부자들이 보유한 부의 비중을 나타낸 것이다. 또한 이 그래프에는 1982년 이후 온건한 부유세와 급진적 부유세가 시행되었을 때 그들의 부가 차지했을 비중의 변화 역시 가상으로 나타나 있다. 온건한 부유세는 10억 달러 이상의 자산에 3퍼센트의 한계 세율을 적용하며, 급진적 부유세는 10억 달러 이상의 자산에 10퍼센트의 한계 세율을 적용한다. 현실에서 최상위 400대 부자가 소유한 부의 비중은 1982년 1퍼센트 미만이었으나 2018년에는 거의 3.5퍼센트까지 늘어났다. 1982년 온건한 부유세가 시행되었다면 2018년 부자들이 차지한 부의 비중은 2퍼센트 근처에 맴돌고 있었을 것이다. 급진적 부유세가 시행되었다면 그 비중은 2018년에도 1퍼센트대에 머물러, 1980년대 초와 같은 수준을 유지했을 것이다. 자세한 내용은 taxjusticenow.org를 참고할 것.

년에 발생할 것으로 예상되는 부유세 500억 달러보다 조금 많지만 그리 큰 액수는 아닌 것이다. 장기적으로 보자면 급진적 부유세는 최상위 부유층의 자산을 잠식함으로써 그들이 낼 수 있는 세금의 총액을 감소시킨다.

래퍼 곡선을 넘어서는 세금인 것이다.[14]

급진적인 부유세는 시행할 가치가 있는 세금일까? 10억 달러 이상의 자산에 매년 10퍼센트의 세율을 부과함으로써 거대한 부의 집중을 막는 것은, 설령 그 결과 결국에는 더 걷을 수 있는 세금을 못 걷게 된다 해도, 시행할 만한 가치가 있는 정책일까? 노동계급의 소득이 정체된 가운데 엄청난 부를 쌓는 극소수가 출현하고 있는 현실 속에서, 우리의 고민은 점점 더 깊어져만 가고 있다. 독자들 역시 많은 고민을 하게 되지 않을까 싶다.

그들은 왜 나보다 덜 내는가

건강·교육·노후를 책임지는
사회국가를 향하여

공공 정책에 대해 토론할 때면 꼭 튀어나오는 흔한 말이 있다. 지금까지
이 책을 읽어 온 독자라면 아마 깜짝 놀라게 될지도 모르겠다. 누진적 조
세 체계가 있건 없건 큰 차이가 없다는 주장을 하는 사람들이 있는 것이
다. 정부는 언제든 공적 지출을 통해 재분배를 할 수 있다는 것이 그들의
입장이다. 공적 지출을 통해 가장 취약한 계층을 도울 수만 있다면 누구
에게 얼마나 세금을 걷느냐 하는 문제는 크게 중요하지 않으며, 다만 세
수만 확보하면 그만이라는 것이다. 미국과 유럽에 널리 퍼져 있는 이와
같은 관점은 국제통화기금과 세계은행이 지난 수십 년 동안 제시한 조세
정책 조언의 토대가 되었다. 아시아와 아프리카에서는 그에 따라 가난한
이들에게 더 큰 부담이 되고 부자들에게는 상대적으로 가벼울 수밖에 없

는 부가가치세 등을 올려 사회복지에 투자하는 일이 흔히 벌어지고 말았다. 누진적 소득세? 상속세? 부유세? 이런 것들은 불필요할 뿐 아니라, 어쩌면 심지어 정치적으로 위험한 선택일 수 있다.

이런 식의 조세 전략에 이점이 없는 것은 아니다. 부가가치세로 큰 세수를 꾸준히 확보한 후 그것으로 교육·보건 등 공적 재화에 투자하여 삶의 질을 높일 수 있기 때문이다. 문제는 이 똑똑한 전문가들이 제안하는 개발 전략의 기저에 깔린 관점에 있다. 경제개발이란 단지 기계적으로 세금을 걷어 공적 지출을 늘리는 것만이 아니다. 그 지출이 아무리 유용하다 해도, 제도에 대한 신뢰를 구축하고 특히 가장 중요한 정부에 대한 믿음을 쌓아 나가지 못한다면 그것은 올바른 개발이 아닌 것이다. 정부가 부자보다 가난한 이들로부터 더 많은 세금을 징수해 가고 있을 때 지속 가능한 신뢰는 불가능해진다.

중세에 벌어졌던 숱한 세금 반란부터 2018년 프랑스의 "노란 조끼" 시위대까지, 세금의 역사를 이해하려면 이와 같은 시각을 염두에 두고 있어야 한다. 앞으로도 그 시각은 유용한 것으로 남아 있을 것이다.* 환경세에 대해 생각해 보자. 기후 변화에 맞서기 위해서는 탄소 배출에 가격을 붙이는 것이 필수적이다. 하지만 연료를 구입하고 생산 과정에 탄소가 많

---

* Kuziemko et al. (2015)은 미국의 경우, 정부에 대한 신뢰가 낮아질 때 불평등이 고도화된 상황에서도 재분배 정책에 대한 대중의 지지도가 훨씬 약해진다는 것을 보여주었다.

이 배출되는 상품을 구입하는 것은 부자들보다 가난한 이들의 소득에서 큰 부분을 차지하는 지출일 수밖에 없다. 따라서 탄소세는 전형적인 역진세라고 할 수 있다. 이런 난점을 극복하려면 기후 변화와의 투쟁에는 추가적인 누진세가 필수적으로 요구된다. 이런 기본적인 진실을 잊은 정부는 고통스러운 방식으로 다시 배울 수밖에 없을 것이다.

혹은 건강보험의 경우도 그렇다. 미국에서 보편적인 건강보험을 도입하려는 집중적인 시도는 1993년 클린턴 정권 당시, 그리고 2014년 실패로 돌아간 버몬트주의 단일보험자체계single-payer까지 두 차례나 있었지만 모두 실패했다. 대중 전반의 지지가 부족했기 때문이 아니었다. 사람들의 입맛에 맞는, 공정한 재원 확보 방식이 마련되지 않았던 탓이 가장 컸다. 돈을 어떻게 쓰느냐가 문제지 모으는 방식은 관계없다는 시각으로 추진하는 정책에는 이런 미래가 기다리고 있다. 게다가 제대로 지출조차 하지 못하는 경우가 흔히 벌어진다. 클린턴 정부의 1993년 보편적 건강보장 계획이 실패한 후, 수천여 명의 미국인들이 제대로 된 보험에 가입하지 못해 죽었고,* 수백만 명은 언제 건강을 잃을지 모른다는 공포 속에 살아가고 있다.

7장에서 보았다시피 미국은 부자들에게 더 많은 세금을 물림으로써 국민소득의 4퍼센트에 해당하는 세수를 추가 확보할 수 있는 나라다. 그

---

* (정확한 양적 측정이 어렵기는 하나) 공공 건강보험이 인명을 보호하는 데 도움이 됨을 보여주는 경험적 연구가 다수 존재한다. 가령 Card, Dobkin, and Maestas(2009).

정도 금액이라면 현재 보험에 가입하지 못하고 있는 수백만의 미국인에게 건강보험을 제공하기에 충분할 것이다. 하지만 그와 같은 변화는 미국을 사회국가social state로 탈바꿈시키는 더욱 야심찬 시도의 첫걸음이 될 수 있다. 모든 이를 위한 건강보험, 그리고 아주 어린 시절부터 대학까지 모든 이를 위해 교육의 기회를 제공하는 것에 공공 재원의 중심이 맞춰져 있는 그런 나라 말이다. 미국이 이렇듯 사회국가로 확장해 나가기 위해서는 부자들로부터 추가적인 세수를 확보하는 것보다 좀더 나아갈 필요가 있다. 이제 우리는 그러한 재원을 확보하는 또다른 잠재적인 경로를 제안해 보고자 한다.

사회국가의 등장

사람들은 정부가 건강보험과 교육의 재원을 제공해야 한다고 생각한다. 왜일까? 은퇴 이후의 삶은 많은 부분에서 정부가 재원을 마련한 자금에 의존할 수 있어야 한다고 믿는 것과 같은 이유에서일 것이다. 적절한 삶의 질을 유지하는 것은 근본적인 인권 문제로 받아들여지고 있다. 현실적으로 교육이 없다면, 노후의 소득 지원이 없다면, 그리고 건강보험이 없다면, 적절한 삶의 질을 유지할 권리는 공허한 말장난이 되어 버리고 말 것이다.

20세기 이전까지만 해도 노인과 환자를 돌보는 일은 정부가 아니라 가족의 몫이었다. 부모는 자녀의 교육비를 제공했고, 자녀들은 늙은 부모

그들은 왜 나보다 덜 내는가

를 돌보았다. 가족의 도움을 받지 못하는 이들은 종교단체가 지원했다. 하지만 대부분의 사람들이 제대로 교육을 받지 못했고, 의료 지원은 투박하기 짝이 없었으며, 노인들은 오래 살 수 있으리라 기대하기 어려웠던 것이 현실이었다. 기술이 발전함에 따라 기대수명이 올라갔고, 의학이 발전했으며, 교육·은퇴·건강 비용도 늘어났다. 집단적인 재원 마련이 필요해진 것이었다.

미국에서 (인구의 절반을 차지하는) 노동계급의 소득은 2019년 현재 성인 한 명당 1만 8500달러다. 2019년 미국은 국민소득의 20퍼센트, 혹은 성인 한 사람당 1만 5000달러를 의료비로 지불하고 있었다. 모든 선진국에서는 의료비를 통제하기 위해 각고의 노력을 기울이고 있지만, 그래도 적어도 국민소득의 10퍼센트 이상을 의료비로 지불하고 있다.[1] 미국이 그들을 따라 의료비를 국민소득의 10퍼센트 정도로 묶어둔다 하더라도, 이는 액수로 따져 보면 성인 한 사람당 7500달러 정도가 된다. 1인당 한 해에 1만 8500달러를 버는 사람들이 감당할 수 있는 돈이 아니다.

가난한 이들에게는 할인된 가격으로 의료와 교육을 제공하고, 그들이 그것을 구입하는 식으로 처리할 수는 없을까? 그럴 수는 없다. 현실적으로 값싼 의료와 값싼 교육이란 필요할 때 제공되지 않는 의료와 교육을 뜻할 뿐이기 때문이다. 어떤 이들은 의료를 마치 이발이나 식당처럼 가격에 따라 제품의 질과 양을 맞춰서 제공할 수 있는 서비스처럼 바라보곤 한다. 그럴 수 있다는 생각은 허상에 불과하다. 가난한 이들이 필요로 하는 의료와 교육은 부자들에게 필요한 그것과 다르지 않다. 거의 모든 미국의 아이들에게는 그 배경과 상관없이 최소한 12년의 교육이 제공되어야 하며 고등학교 졸업장이 주어져야 한다. 또한 우리는 불리한 환경에서 자란 아이들이 더 많이 대학에 갈 수 있는 세상을 원한다. 누구라도 다리가 부러지면 깁스를 하고 치료를 받아야 한다. 아무리 경제가 발전한 국가라 해도 질 좋은 의료복지와 교육을 싼 값에 제공할 수는 없는 것이다.

모든 선진국이 20세기 전반에 걸쳐 같은 경로를 밟은 데에는 이유가 있다. (유치원 이전 단계의 아이 돌봄까지 포함한) 교육에 대한 투자를 늘려 나가고, 노인 돌봄 사업을 확대하고, 의료 서비스를 확충하는 데 정부가 점점 더 많은 재원을 투입한 것은 그런 이유 때문인 것이다. 물론 이런 공적 서비스에 정부가 얼마나 지출하는 것이 바람직한지, 개인 스스로의 부담은 어느 정도여야 하는지, 교육·은퇴·의료 서비스를 제공하는 이들에게 어떤 규제가 가해져야 하는지 등에 대해서는 논의의 여지가 있으며 그러한 토론은 정당하다. 하지만 세금 혹은 준조세에 해당하는 막대한 재원을 투입하지 않고 은퇴·교육·의료 제공에 성공한 사례는 찾아볼 수 없다. 모든 선진국에서 같은 현상이 발견된다. 1900년 무렵에는 모든 세금을 합쳐도 국민소득의 10퍼센트 이하에 지나지 않았지만, 오늘날은 국민소득의 30~50퍼센트가량이 세금이다. 그 가장 중요한 목적은 젊은이들을 교육하고, 노인에게 은퇴 이후의 삶을 보장하며, 모든 이의 건강을 지켜 주는, 사회국가의 세 기둥을 떠받치기 위한 것이다.*

---

* 싱가포르는 경제적으로 발전한 나라가 낮은 세율을 유지하는 사례로 자주 언급되곤

민간 건강보험: 거대한 인두세

미국도 예외는 아니다. 1935년 도입되었고 급여세로 재원을 충당하는 사회보장은 오늘날 연간 국민소득의 6퍼센트를 차지하며 은퇴자와 장애인에게 혜택을 제공하고 있다. 중등 및 고등 단계의 대중교육 역시 언제나 일차적으로 정부를 통해 운영되어 왔으며 그 재원은 전반적인 세수에서 나오고 있다.[2] 고등교육으로 넘어갈수록 학비가 높아지며 많은 이들에게 학자금 대출이 큰 짐이 되고 있는 것이 사실이지만, 정부는 여전히 미국의 전체 교육비 중 3분의 2를 지불하고 있다. 또한 정부는 (메디케이드를 통해) 가난한 이들에게, (메디케어를 통해 65세 이상의) 노인과 퇴역 군인에게 의료 서비스를 제공한다.

그러나 미국은 사회국가로서 큰 허점을 지니고 있다. 정부가 아동 돌봄과 학령전 교육에 투입하는 예산이 극히 낮다. 국제 순위를 매겨 보면 거의 꼴찌 수준이다. 대부분의 선진국은 여성에게 1년 이상의 유급 출산 휴가를 제공하지만, 미국에서는 산모에게 아무것도 보장해 주지 않는다. 예외적으로 앞서 나가는 몇몇 도시를 제외하면 미국에서는 5세 이전 아

한다. 2016년 현재 싱가포르의 GDP 대비 조세 비율은 13.5퍼센트에 불과하다. 하지만 싱가포르는 건강, 퇴직 연금, 교육비 목적으로 노동자들의 급여에서 많은 돈을 강제로 징수하고 있으므로 실제 세율을 낮다고 보는 것은 착시일 수 있다. 저 목적의 기금을 중앙공제기금Central Provident Fund(www.cpf.gov.sg)이라 부르는데 본질적으로는 급여세와 같다. 사용자와 피용자가 합쳐 고령이 아닌 노동자들의 수입 중 37퍼센트를 내야 하므로 세율은 매우 높은 편이다(Organisation for Economic Co-operation and Development, 2019d, Global Tax Statistics Database 참고).

동을 대상으로 한 공립학교가 존재하지 않으며, 공공 탁아소는 어디에도 없다. 다른 부유한 국가는 어린이 교육을 포함한 교육의 제공에서만큼은 공동체가 시장보다 더 우수하고 효율적인 공급자가 될 수 있다는 사실을 일찍부터 이해하고 있었지만, 미국은 아직 그 단계에 도달하지 못했다.

아동 보육 서비스는 가난한 이들이 엄두를 내기 어려울 정도로 비싸다. 전일 돌봄 서비스의 가격은 신생아 한 명당 연간 2만 달러에 달한다. 그러다 보니 많은 가계는 부모가 직접 돌보는 쪽을 택하지 않을 수 없다. 현실적으로 아이를 돌보는 과제는 일차적으로 엄마들에게 넘겨진다. 정부가 비용을 지불하고 있지 않은 관계로 사실상 여성들의 시간을 세금으로 거둬가는 결과를 낳는다. 이는 존재할 수 있는 모든 세금 중 가장 원시적인 세금이라고 봐도 무방할 것이다. 여성들은 그 세금을 내느라 경력 개발에 큰 지장을 받으며 성별간의 격차는 더욱 커져만 간다. 미국의 경우 첫째아이를 낳고 나면 엄마들의 수입은 아빠들에 비해 평균 31퍼센트가량 추락한다. 여성들이 남성들보다 더 많은 교육을 받고 대학 졸업률도 남자들보다 높은데도 여전히 소득에서 남자들이 훨씬 더 많이 버는 성별 격차가 여전히 존재하는 이유도 바로 여기에 있다.[3] 고등교육에 그렇게 많은 자원을 투입하는 나라에서, 아이들의 초기 교육에 국가가 비용을 지불하지 않음으로써, 그 고등교육을 받은 젊은 엄마들이 경력을 쌓아 나가야 할 핵심적인 시기를 낭비하는 것이다. 순전히 효율성의 관점에서 보더라도 이는 실로 납득하기 어려운 일 아닌가?

미국을 다른 선진국과 구분지어 주는 또다른 특징이 있다면, 공공 의

그들은 왜 나보다 덜 내는가

료보험이 보편적으로 제공되지 않는다는 것이다. 미국의 의료비 중 절반가량, 국민소득의 20퍼센트 중 10퍼센트포인트가 공공 재정에서 나온다. 미국인들 중 많은 이들은 민간 보험에 가입해야만 한다. 이러한 민간 보험 체계는 수백만의 미국인을 배제할 뿐 아니라 노동자들에게 엄청난 부담을 지게 하고 있다.

앞서 5장에서 살펴보았다시피 민간 보험료는 민간 영역에서 걷는 엄청난 세금과 흡사하다. 노동자들이 내는 보험료는 사용자 측을 통해 지불된다. 명목상 고지서를 받고 돈을 내는 것은 사람을 고용하고 있는 이들인 것이다. 그러니 급여세와 마찬가지로 보험료 역시 노동 비용으로 분류된다. 또한 급여세처럼 보험료 역시 궁극적으로는 피용자가 부담하는 돈이다. 차이가 있다면 보험료는 급여세보다 훨씬 더 역진적이라는 것이다. 급여세와 달리 보험료는 수입과 무관하게 책정되기 때문이다. 보험료는 피용자의 수에 따라 정해지며 피용자의 나이 및 가족관계 등만이 변수일 뿐이다. 이런 방식은 인두세와 다를 바 없다.* 비서가 내는 보험료는 사장이 내는 보험료와 말 그대로, 숫자까지 같다.

인두세는 인기 있는 세금이 아니다. 놀랄 일은 아닐 것이다. 1988년 마거릿 대처가 부동산세를 폐지하는 대신 인두세를 도입하고자 했을

---

* 역사적으로 볼 때, 식민지 시절의 미국 그리고 1964년 이전의 몇몇 주에서는 "투표"세를 낸 사람에게만 투표자 등록이 가능하도록 되어 있었다. 이 책에서 말하는 인두세란 모든 성인이 소득이나 가용 자산과 무관하게 내야 하는 세금인, 고전적 의미의 인두세를 뜻한다.

때, 그는 전례 없던 저항에 맞부딪혔고 결국 1990년 총리직을 잃게 되었다. 의료비를 충당하기 위해 갑자기 인두세를 도입할 수 있는 정부는 세상 어디에도 없을 것이다. 인두세는 평범한 소득을 올리는 가계에 막대한 부담이 될 것이기 때문이다. 그런데 실상을 놓고 보면 미국에서 벌어지는 일이 바로 그런 식이다. 사용자측이 정부를 대신하여 막대한 인두세를 걷고 있는 셈이니 말이다. 2010년 통과된 건강보험 개정안으로 인해 50인 이상 사업장을 운영하는 사용자들은 2019년 현재 자신이 고용한 노동자에게 건강보험을 제공하거나 노동자 1인당 2500달러의 벌금을 내야 할 의무를 지게 되었다. 현재 건강보험료는 노동자 한 사람당 평균 1만 3000달러 수준으로 이것이 얼마나 비싼지 생각해 본다면, 이런 시스템에 지속 가능성이 없다는 사실은 분명해 보인다.

이러한 인두세의 무게가 어느 정도인지 짐작해 보기 위해, 앞서 살펴보았던 미국 조세의 구성을 되짚어보자. 우리는 반드시 내야만 하는 민간 보험료를 조세의 구성 요소로 포함시켰다. 1장에서 살펴보았던 것처럼 정규적인 세금만을 놓고 본다면 미국의 조세 체계는 거대한 비례세를 이루고 소득 최상부에 이르러서야 역진적으로 변한다. 하지만 의료비를 조세로 간주하고 포함시킬 경우 소름끼칠 정도로 역진적이라는 사실이 드러나게 된다. 민간 건강보험료를 같이 놓고 보면 가장 낮은 소득 분위에서 부담하는 세율은 30퍼센트 미만이고, 중산층은 40퍼센트 가까이 올라가지만, 억만장자에 이르기도 전에 23퍼센트까지 내려가게 되는 것이다.

인두세는 노동계급과 중산층에게 묵직한 타격을 입힌다. 최하위층

그들은 왜 나보다 덜 내는가

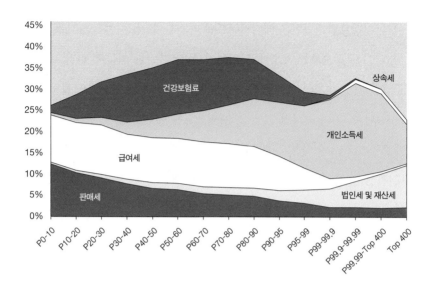

[9-1] 미국 조세 체계: 비례세인가, 엄청난 역진세인가?(의무 납부 건강보험료를 포함한 세율)

이 그래프는 2018년 현재를 기준으로 소득집단별 평균 세율과 세금 유형 구성을 나타낸 것이다. 연방세, 주세, 지방세가 모두 포함되어 있다. 이 그래프에는 사실상 의무적인 사용자 지원 건강보험료가 노동자의 추가적인 세금으로 계산되어 포함되어 있다. 이러한 준조세를 포함할 경우 미국의 조세 체계는 급격한 역진성을 보인다. 노동계급, 특히 중산층이 부자들에 비해 많은 세금을 내고 있다. 자세한 사항은 taxjusticenow.org를 참고할 것.

에 속하는 이들에게 건강보험료는 판매세나 급여세만큼 큰 부담이 되지는 않는다. 하지만 그것은 많은 노동계급 미국인들이 직장에서 제공하는 건강보험 혜택조차 받고 있지 못하기 때문이다. 최하위층은 자신들에게 건강보험 혜택을 적용해 줄 가족에게 의지하거나 메디케이드의 도움을 받는 식으로 보험 문제를 스스로 해결하거나, 보험에 가입하지 않은 채 남아야 한다. 어떤 식으로건 보험 문제를 스스로 감당해야만 하는 것이다. 건강보험개혁법은 메디케이드에 가입할 수 있는 여건을 대폭 완화했고, 다른 식으로는 보험에 가입하지 못할 가난한 이들이 민간 보험을 구입할 경우 보조금 혜택을 주는 방안도 마련했지만, 그럼에도 불구하고 2019년 현재 미국 성인 인구 중 14퍼센트는 여전히 건강보험이 없는 상태로 살아가고 있다.[4] 게다가 중산층에게 건강보험료의 부담은 소득세보다 훨씬 더 클 수밖에 없는데, 이렇듯 인두세를 통해 자신의 의료비를 지불해야 하는 피용자들에게 건강보험개혁법은 아무런 위안이 되지 못하고 있다.

사회국가의 재정: 급여세와 부가가치세를 넘어서

경제적으로 풍요로운 다른 나라들은 보편적인, 혹은 거의 보편적인 건강보험을 제공하고 있다. 공공 육아 역시 훨씬 광범위하게 시행하고 있다. 이런 나라들은 어떤 식으로 사회적 수요에 요구되는 재원을 마련하고 있을까?

대체로 급여세나 부가가치세를 통해 마련한 정부 재정을 통해 건강보험을 충당하는 것이 일반적이다. 물론 없는 것보다야 낫겠지만 이런 식의 재원 조달은 이상적인 것과 거리가 멀다.

인두세에 비하면 급여세는 공정한 세금이다. 임금의 특정 비율을 세금으로 내는 것이니만큼 적어도 상한선이라는 것이 존재하니 말이다. 하지만 급여세에는 중대한 한계가 내재되어 있다. 근로소득에만 과세되는

그들은 왜 나보다 덜 내는가

전형적인 세금이라는 점에서 그렇다. 자본소득은 급여세의 대상에 포함되지 않는다. 자본소득 중 일부를 급여세의 과세표준에 포함시키고자 시도했던 나라들이 몇몇 있지만, 그런 노력에도 불구하고 여전히 의료비는 노동을 통한 소득에 부여되는 큰 부담으로 남아 있다.[5]

근로소득자건 자본소득자건 의료 서비스를 제공받는 데에는 차이가 없다면, 노동으로 버는 돈만이 의료 재정을 뒷받침하는 상황을 지속할 이유는 없다. 게다가 이미 우리가 아는 바와 같이 자본소득은 대부분의 국가에서 국민소득보다 빠르게 증가하고 있음에도 점점 더 세금의 부담을 덜 지고 있는 반면, 근로소득은 국민소득에 비해 느리게 상승하거나 때로는 정체되어 있음에도 점점 더 많은 세 부담을 지고 있다. 종합해 보면 의료 재정을 마련하는 데 자본으로부터의 과세를 고려하지 않는 것은 합리적이지 않을 뿐 아니라 지속가능성도 없는 일이다.

경제적으로 발전해 있는 모든 나라는 미국을 제외하면 급여세 외에도 부가가치세를 시행하고 있다. 20세기 초, 독일의 산업가인 빌헬름 폰 지멘스Wilhelm von Siemens와 미국의 경제학자 토머스 애덤스Thomas Adams가 각각 독립적으로 부가가치세의 원칙을 고안해냈다. 최초로 부가가치세 실험을 한 국가는 프랑스이며, 1948년 시범 운영을 한 이후 1954년부터 폭넓게 도입했다.

부가가치세는 1960년대에 큰 호응을 얻기 시작해 이후 수십 년에 걸쳐 대부분의 국가에서 확대 시행되었다.[6] 부가가치세는 특별소비세 excise tax, 판매세sales tax, 그리고 부가가치세와 유사하지만 소비자가 내는 것이 아니라 상품 가격에 직접 포함되는 매출세turnover tax*와 같은 기존 소비세의 자리를 대체했다.

부가가치세가 오늘날까지 미국에 남아 있는 여러 종류의 소비세를 밀어낼 수 있었던 것은 분명히 여러 장점을 지니고 있기 때문이었다. 부가가치세는 상품뿐 아니라 서비스에도 과세된다. 매출세는 생산 단계에 따라 세금이 누적되는 효과가 있는 반면 부가가치세는 그렇지 않다. 중간 단계의 생산자가 타 기업으로부터 원료를 구입할 때 내는 부가가치세는 그들이 제품이나 서비스를 판매할 때 받는 부가가치세를 통해 공제될 수 있기 때문이다. 부가가치세는 최종적인 판매 단계뿐 아니라 생산의 모든 단계마다 징수되기 때문에 소비세에 비해 탈세가 어렵다. 프랑스가 선두에 선 이후 전 세계 수많은 나라들이 부가가치세를 도입한 것은 이런 이유 때문이었다.

어떤 이들은 미국 역시 가야 할 길이 정해져 있다고 이야기한다. 부가가치세를 도입하여 사회국가로 발돋움하기 위해 필요한 재원을 충당해야 한다는 것이다. 우리는 그러한 관점이 잘못되었다고 생각한다. 부가가치세에는 두 가지 큰 결함이 있다. 역진적일 뿐 아니라, 급여세에 비하면 크기는 해도 과세표준 자체가 너무 작기 때문이다.

---

* 매출세는 거래의 상대방이 최종 소비자인지 또다른 기업인지 여부와 무관하게 기업이 매출을 올렸을 때 부과되는 세금이다. 미국의 몇몇 주는 여전히 매출세를 과세한다. Watson(2019) 참고.

그들은 왜 나보다 덜 내는가

부가가치세는 소득이 아닌 소비에 붙는 세금이기 때문에 역진적이다. 노동계급과 중산층 중 적잖은 이들에게는 저축을 할 여력이 없다. 벌어들이는 만큼 쓰고, 사정이 좋지 않을 때에는 버는 것보다 더 쓰기도 하니 말이다. 부가가치세는 이런 집단에 큰 타격을 준다. 반면 누군가가 소득 피라미드의 높은 곳으로 올라가면 올라갈수록 그의 소득 중 소비되는 비중은 상대적으로 점점 작아진다. 아무리 흥청망청 써댄다 해도 소비할 수 있는 액수에는 한계가 있기 때문에 슈퍼리치들은 그들의 소득에 비해 거의 부가가치세를 내지 않는 것과 마찬가지인 것이다. 때로는 부자들도 저축한 돈을 써 버리곤 하지만, 그것은 은퇴 자금을 마련하기 위한 저축을 소비하는 것처럼 소득이 발생하고 수십 년이 지난 후, 혹은 저축액이 다음 세대의 상속자에게 넘어간 수백 년 후의 일일 수도 있다. 소득세와 달리 소비세에는 근본적인 불의가 내재해 있다. 부유한 자들은 저축함으로써 소비세의 지출을 유예할 수 있는 반면, 가난한 자들은 손에 잡히는 대로 써야 하므로 더 많이 낸다는 것이다. "지연된 정의는 짓밟힌 정의"*라는 말은 세금에 대해서도 타당하다고 볼 수 있다.

흔히 믿고 있는 바와 달리, 부가가치세는 경제의 큰 부분을 과세 대상에서 누락시키고 있다. 우리가 살아가는 현대 경제 체제에서 가장 큰 세 영역이라 할 수 있는 금융 · 교육 · 의료 모두 전형적으로 부가가치세

---

* 마틴 루서 킹 주니어는 "지연된 정의는 짓밟힌 정의"라는 말을 〈버밍엄 감옥에서의 편지〉에 인용했다. 그 편지는 1963년 감옥에서 밀반출되었다.

가 적용되지 않는 대상이다. 금융은 경제의 다른 그 어떤 영역보다도 미국의 소득 불평등이 치솟는 데 큰 기여를 하고 있는 분야다. 의료비 역시 그 목록에서 상위권에 들어간다.[7] 이러한 영역을 제외하고 새로운 세금을 부과하는 것은 불평등과 싸우기 위한 좋은 방법이라고 보기 어려울 것이다. 금융산업이 "부가"하는 "가치"가 무엇인지 계산할 방법이 마땅치 않기 때문에 금융에는 부가가치세가 붙지 않는다. 일반적인 산업의 영역에서 부가된 가치란 소비자에게 제공되는 가격에서 투입된 중간재의 가격을 뺀 것과 같다. 금융산업은 은행계좌나 뮤추얼펀드, 연금펀드 등을 통해 우리가 맡긴 돈을 관리하고 그중 일부를 수당으로 가져간다. 금융산업은 신용카드나 학자금 대출, 주택담보대출 등을 통해 우리에게 돈을 빌려주고 높은 이자를 받아간다. 하지만 이런 서비스 각각에 개별적으로 정해져 청구되는 가격이 있거나 한 것은 아니다.

1950년대에 부가가치세가 처음 도입될 때만 해도 금융·의료·교육은 경제에서 작은 부분만을 차지하고 있었다. 하지만 그때부터 빠른 속도로 성장해 나갔다. 게다가 (올바른) 부가가치세는 역진세가 되는 구조이므로, 식품 같은 생활필수품에는 우대 세율preferential rate이 적용될 수밖에 없다. 프랑스나 독일처럼 처음에는 20퍼센트와 19퍼센트의 표준 부가가치세율을 적용했던 국가들도 현재 국민소득의 8퍼센트만을 부가가치세로 거둬들이고 있는 것은 그런 여러 가지 이유가 종합된 결과다.[8] 달리 말하자면 부가가치세는 국민소득 중 40퍼센트에 대해서만 적용되는 세금일 수밖에 없는 것이다. 의료와 금융 분야가 유럽보다 더 크지만, 사람들이 소득 중 소비하지 않고 저축하는 비중은 더 낮은 미국의 경우, 부가가치세의 과세표준은 전체 국민소득 중 일부에 한정될 수밖에 없을 것으로 보인다. 결국 국민소득의 6퍼센트에 해당하는 세수를 올리려면 미국은 15퍼센트의 부가가치세율을 적용해야 하는 것이다.

불평등이 고도에 달한 시기에 사회국가를 건설하기 위한 재정을 충당하기 위해 만들어진 것은 아니기에, 부가가치세와 급여세애는 한계가 있을 수밖에 없다. 두 가지 세금 모두 2차 세계대전 이후 불평등이 역사적으로 유례없을 정도로 느슨했던 시점에 인기를 끌었다. 하지만 이제는 구시대의 산물이라고 할 수 있다. 우리에게는 세금 혁신이 필요하다.

21세기 사회국가의 재정 조달: 국민소득세

미국은 부가가치세를 뛰어넘어갈 수 있다. 미국은 21세기에 부합하는 재정기구를 설립하기 위한 길을 개척해 나갈 수 있다. 20세기에도 그랬던 것처럼 말이다. 어떤 방법이 있을까? 국민소득세National Income Tax를 신설하는 것이다.

기본적인 발상은 간단하다. 국민소득세는 모든 소득에 대한 세금이다. 노동을 통해 얻건 자본에서 얻건 개의치 않으며, 제조업이든 금융업이든 비영리사업이나 그 외 경제의 어떤 영역에서 발생하는 것이든 가리지 않는다. 저축 또한 과세 대상에서 제외하지 않는다. 저축은 형편이 넉넉한 사람들에게 집중되어 있다. 저축을 장려하고 싶다면 세제 혜택을 주는 것보다는 연금저축 자동 납입이나 기타 금융 규제와 같은 방식으로 정부가 구체적인 규제를 하는 편이 더 효율적이다. 국민소득세는 간단한 방식으로 운영된다. 그 어떤 공제도 없고 모든 이에게 단일한 세율이 적용되는 것이다.

한 가지 분명히 해 두어야 할 사실이 있다. 국민소득세는 기존의 소득세나 그 외의 누진세를 대체하고자 하는 것이 아니다. 누진세의 부족한 점을 보완하며 미국의 노동계급과 중산층에게 무거운 짐을 지우는 불공정한 역진세를 대체하는 것이 목적이다. 그 역진세 가운데 가장 문제적이라 할 수 있는 민간 보험에 지불하는 보험료를 표적으로 삼고 있다.

국민소득세는 진정한 비례 소득세다. 경제학자 로버트 홀Robert Hall과 앨빈 라부시카Alvin Rabushka가 1985년에 제안한 "비례세"는 많은 보수주의자들의 환영을 받았는데, 그 실상은 부가가치세처럼 동일한 세율이 적용되는 소비세라고 할 수 있다. 하지만 더 많은 호응을 받기 위해 소득세로 위장하는 것이 일반적이다.* 누군가의 소득이 소비될 때와 저축될 때의 차이를 두지 않고 과세하므로, 국민소득세는 부가가치세보다 더욱 짜임새 있고 공정한 세금이라고 할 수 있다.

---

* Hall and Rabushka(1985)는 "비례세"를 제안했다. Viard and Carroll(2012)는 다양한 유형의 소비세의 개요를 제시한 바 있다. 그들은 소득세를 가장한 비례세의 제안은 대중들에게 호응을 얻기 힘들 것이라고 명확하게 지적한 바 있다. 왜냐하면 비례세는 이자소득, 배당소득, 현실화된 양도이익 등을 포함하지 않는 "소득세"가 될 것이기 때문이다. 그와 같은 유형의 소득은 부자들에게 고도로 집중되어 있다.

국민소득세의 작동 방식을 알아보자. 국민소득은 근로소득, 영업이익, 이자소득의 합이라는 사실을 잘 기억해 둘 필요가 있다. 결과적으로 국민소득에 세금을 부과한다는 것은 이러한 소득 흐름에 세금을 부과한다는 말과 같다.

근로소득의 경우 국민소득세를 신고하고 송금하는 것은 사용자의 역할이다. 영리기업이건 비영리단체건 정부건 타인을 고용하고 있는 사람은 피용자 전원에 해당하는 노동비용 전체에 비례하여 세금을 내게 된다. 이는 사용자가 급여세를 처리하는 것과 마찬가지지만 비급여혜택이 모두 해당되며 세액의 상한선이 없다는 점에서 과세표준이 훨씬 크다. 피용자에게 제공되는 모든 보상 내역은 법인세와 영업세를 신고하는 과정에서 이미 모두 국세청에 보고되어 있고, 그에 기반하여 국민소득세를 처리하게 되는 것이다.

다음은 영업이익이다. 부부가 단 둘이 운영하는 식당부터 거대한 기업까지, 모든 사업체는 이익에 대해 국민소득세를 내야 한다. 그 어떤 공제나 예외도 없기 때문에 과세표준은 최대한의 크기로 적용될 것이다. 정상적인 영업손실이 반영되어 자본이 잠식되고 있는 기업일지라도 국민소득세에서만은 그 어떤 공제나 예외도 허용되지 않는다. 기업의 이익은 이미 기업이나 사업자 소득신고 과정에서 확인되어 있으므로 그에 따라 국민소득세를 처리하면 된다.

국민소득세는 또한 이자소득에도 부과될 것이다. 기업이 빌린 돈과 발행한 채권의 이자는 영업이익을 계산할 때 이미 공제되어 있다. 그러니 그 이자를 받아간 이들은 소득세를 내야만 하는 것이다. 이렇듯 기업은 본래부터 이자를 통해 얻는 수익을 소득에 포함시키도록 되어 있다. 여기서 남는 것은 개인과 비영리단체가 올린 이자수익을 어떻게 과세표준에 합산하느냐 하는 것인데, 이 문제를 행정적으로 처리하는 일에는 그다지 어려운 부분이 없다. 개인과 비영리단체가 해외의 기업에서 받는 배당금 역시 해외에서 발생하여 국내로 유입하는 다른 종류의 소득과 마찬가지로 국민소득세의 과세표준에 포함되어야 할 것이다.

이와 같은 방식으로 정의된 세금은 모든 종류의 소득원에 단 한 차례 부과되는 것이다. 따라서 기업이 이미 이익에 대해 국민소득세를 냈으므로 미국 기업으로부터의 배당에는 부과되지 않는다. 퇴직연금을 붓기 전에 이미 근로소득에 대해 과세했으므로 퇴직연금을 받을 때에는 국민소득세를 내지 않는다. 사회보장급여나 실업급여처럼 정부 이전 지출의 경우도 국민소득세의 대상이 아니다. 부가가치세와의 결정적인 차이가 바로 여기에 있다. 국민소득세는 정부 이전 소득에 생계를 의존하는 이들, 소득 분포 피라미드에서 가장 아래쪽에 있게 마련인 이들에게 부담을 주지 않는 것이다. 이런 특성으로 인해 국민소득세는 부가가치세에 비하면 훨씬 누진적인 세금이 된다.

우리가 계산한 바에 따르면 국민소득세의 과세표준은 국민소득의 거의 100퍼센트에 달한다. 집 주인이 스스로에게 임대료를 지불한다면 그 또한 국민소득의 일부가 되지만 과세하기는 쉽지 않다. 그 경우는 국민소득세의 과세표준에서 제외된다. 하지만 국민소득세의 과세표준에는

그들은 왜 나보다 덜 내는가

주택담보대출의 이자 지출이 공제되지 않는다. 현실적으로 탈세가 없을 수는 없으므로 국민소득세의 과세표준은 국민소득의 100퍼센트에 약간 미치지 못할 것이다. 사람을 고용하고 돈을 주면서도 장부에 기록하지 않는다거나, 자영업자들이 현금으로만 계산을 하는 식으로 만들어내는 지하경제 역시 완전히 파악할 수는 없으며, 몇몇 기업은 이익을 과소신고할 것이다. 가능한 자료를 통해 계산해 보면 그러한 지하경제는 국민소득세의 과세표준을 국민소득 대비 7퍼센트가량 잠식할 수도 있다.[9]*

대단히 광범위한 세금인 관계로 국민소득세는 잠재적 예산 총액을 낮은 수준으로나마 끌어올릴 수도 있을 것이다. 국민소득은 해가 바뀐다고 해서 급격하게 줄어들거나 늘어나지 않으므로, 국민소득세는 사회국가를 만들기 위한 과제 중 핵심적이고 장기적으로 필요한 일에 안정적인 자금원으로 기능할 수 있다. 가끔 탄소세를 통해 의료나 아동 보육에 필요한 재원을 마련하자는 주장이 나오곤 하지만 그것은 잘못된 생각이다. 물론 기후 변화와 싸우기 위해 탄소세는 필수불가결하다. 하지만 탄소세의 목적은 오직 기후 변화와 싸우는 것뿐이어야 한다. 탄소세를 향후 발생할 탄소 배출을 줄이는 것 외에 중기적인 관점에서 운영하며 예산을 확보하기 위한 목적으로 운용해서는 안 된다. 성공적인 탄소세는 결국 세

---

* 2015년 862억 달러의 임금, 법인화하지 않은 영업이익 6720억 달러, 3670억 달러의 기업이익이 신고되지 않았다. 이를 합산하면 1조 1250억 달러로 이는 2015년 국민소득의 7.2퍼센트에 해당한다. 자세한 사항은 Saez and Zucman(2019c)를 참고할 것.

수가 0으로 수렴해야만 하는 것이다.

독자는 한 가지 의문을 품을 수 있다. 만약 국민소득세가 그렇게 훌륭한 것이라면 왜 진즉에 누군가 제안하여 현실 속에서 시행하지 않았단 말인가? 국민소득세는 법인에게 부과되는 세금 또한 늘리는 것인 만큼, 국제적인 세율 인하 경쟁으로 인해 도입되지 않았다고 생각해 볼 수도 있겠다. 하지만 우리가 이미 6장에서 살펴봤던 바와 같이 다국적기업에 적절한 방식으로 세금을 부과한다면 세율 인하 경쟁에 대한 우려는 접어둘 수 있을 것이다.

우리의 건강과 자녀, 교육 그리고 번영을 위한 길

국민소득세는 다른 세상의 가능성을 열어준다. 미국의 경우 국민소득세를 통해 보편적 건강보험, 아동 보육, 공립대학에 대한 추가적인 자금 지원을 통한 고등교육에 대한 보다 평등한 접근권 등을 실현할 수 있을 것이다. 특히 미국에서 고등교육은 불평등이 도드라지는 분야 가운데 하나다. 가난한 집안에서 자란 젊은이 중 오직 30퍼센트만이 22세에 대학에 다니고 있는 반면, 부유한 집안의 청년들은 같은 나이에 거의 100퍼센트가 대학에 다니고 있는 것이다.[*] 또한 가난한 집안의 학생들은 엄청난 학

---

[*]   Chetty, Friedman et al. (2017)은 가계소득별 대학 진학률에 대한 분석을 제공한다. 소득 하위 32퍼센트부터 상위 95퍼센트까지 22세 자녀의 대학 진학률은 부모의 소득

자금 대출을 짊어지고 사회에 나오게 되는데, 그리하여 중산층 진입을 위한 자산 축적의 기회를 놓치거나 매우 늦게 시작하게 된다. 미국의 판매세는 구시대적인 것으로 잘 알려져 있고 대단히 역진적이다. 이를 국민소득세로 대체함으로써 연방정부가 나설 수 없는 분야에 주정부가 힘을 보태어 각 주마다 사회적 가치를 실현할 수도 있을 것이다. 다른 나라들 역시 부가가치세나 노동소득에 부과되는 급여세를 줄이기 위해 국민소득세를 도입함으로써 자국의 조세 체계의 역진성을 조금이라도 줄여 나갈 수 있을 것이다.

예컨대 미국에서 6퍼센트의 국민소득세가 도입되고, 부자들에게 좀더 높은 세율을 적용한다면, 국민소득의 10퍼센트에 해당하는 정부 예산을 확보할 수 있다. 그 중 6퍼센트포인트를 의료에, 1퍼센트포인트를 보편적 아동 돌봄 서비스 확충에, 1.5퍼센트포인트를 고등교육에 투입한다면 미국은 21세기에 걸맞은 사회국가의 면모를 갖추게 된다. 남은 세수는 현재 노동계급에게 부담이 되고 있는 고리타분한 판매세와 트럼프가 만든 관세를 없애는 용도로 사용하면 될 것이다.

사회에 건강하고 잘 교육받은 노동력이 공급되면 발생하는 경제적 효과를 양적으로 계산하는 것은 쉽지 않은 일이지만, 경험적 자료에 따르면 경제성장에 긍정적인 영향을 미치는 것으로 판단되고 있다. 직장에서

과 선형적으로 비례하고 있음을 그들은 보여주고 있다(Appendix, Figure I). 또한 부유한 집안의 아이들은 가난한 집 아이들보다 더 좋은 학교에 진학한다.

세수		
	세금의 유형	세수(국민소득 중 %)
부유세	5000만 달러 이상에 2%	1.2%
	10억 달러 이상에 3.5%	
소득세	배당과 자본소득에 대한 완전한 과세,	1.7%
	최상위 소득 구간 한계 소득세율 60%	
법인세	미국 기업에 대한 실효세율 30%	1.2%
	국가 단위 최저 법인세율 25%	
국민소득세	비례세율 6%	5.6%
합계		9.8%

지출		
	지출 유형	비용(국민소득 중 %)
보편적 건강보험	현재 보험에 가입한 노동자들이 내는 연간 8000달러	6.0%
	현재 보험이 없는 노동자들을 위한 8000달러	
보편 교육	공공 육아 및 학령전 교육 1.0%	1.0%
	공립대학 무료 학비 0.5%	0.5%
판매세 삭감	판매세와 트럼프 관세 폐지	2.3%
합계		9.8%

[9-2] 21세기 사회국가의 재원 계획

우리는 모든 이를 위한 의료보험과 학령전 교육에서 대학까지 포괄하는 모든 이를 위한 교육, 역진적이고 구시대적인 판매세를 폐지하는 개혁안을 제시한다(단 대부분 휘발유·술·담배에 부과되는 특별소비세는 그대로 두었다). 이 개혁을 위한 재원은 누진적인 부유세, 더욱 누진적인 소득세, 강화된 법인세 등 부자들에 대한 추가적인 과세 및 국민소득세로 충당하고 있다. 국민소득세는 부가가치세보다 훨씬 과세표준이 크고 공정하다. 자세한 내용은 taxjusticenow.org를 참고할 것.

제공하는 건강보험을 잃을까 걱정하지 않아도 되는 상황이 오면 더 많은 이들이 적극적으로 창업에 나설 것이다. 더 많은 이들이 대학에서 교육을 받으면 생산성이 향상될 것이다. 보편적인 아동복지가 일반화되면 여성

그들은 왜 나보다 덜 내는가

의 노동 참여가 늘어난다. 결과적으로 소득이 높아지고 이는 세수의 증대로 이어져, 정부의 재정적자도 줄어들게 될 것이다.

6퍼센트의 국민소득세를 의료에 투입한다고 할 때, 그 구체적인 배분에 대해 살펴보기로 하자. 4.5퍼센트를 투입하면 현재 사용자 측을 통해 건강보험에 가입한 모든 노동자들이 필요로 하는 모든 의학적 치료와 처치를 포괄할 수 있는 표준적인 건강보험을 위한 재원이 확보될 수 있을 것이다. 또한 의료보험개혁법에 의해 민간 건강보험 가입비를 지원받고 있는 모든 이들에게 그들 가족의 소득과 무관하게 지원을 연장해 줄 수 있다. 국민소득세 6퍼센트 전부를 의료에 투입하면 현재 건강보험에 가입하지 못하고 있는 3000만 명의 미국인 전원에게 건강보험을 제공할 수 있다. 진정 보편적인 건강보험의 이상을 실현할 수 있게 되는 것이다.

6퍼센트의 국민소득세로 건강보험을 충당하게 된다면 대부분의 미국인의 삶은 한결 나아진다. 물론 그런 세금이 도입된다는 말은 근로소득이 6퍼센트 줄어든다는 말과 같다. 하지만 바로 지금, 수많은 노동자들은 소득의 6퍼센트 이상을 건강보험료로 지불하고 있다. 매년 4만 달러를 벌고 사용자를 통해 1만 2000달러의 보험료를 내고 있다고 가정해 보자. 그 경우 실제로 버는 근로소득은 5만 2000달러지만, 그 중 23퍼센트가 세금이나 다를 바 없는 건강보험료로 나가고 있는 셈이다. 소득의 6퍼센트 이하에 해당하는 금액만을 보험료로 낸다면 건강보험에 가입되어 있는 노동자들 대부분의 소득은 크게 개선될 것이다. 그런데 직장을 통해 건강보험에 가입해 있는 사람들의 90퍼센트 이상이 바로 그런 경우에 해당한다. 반대로 뒤집어보면 고소득자와 자본소득으로 살아가는 이들은 건강보험에 더 많은 돈을 내야 한다는 뜻도 된다.

"모든 이에게 건강보험을"이라는 구호에 대해 현실적인 차원에서 들려오는 반박을 종합해 보면 대략 이런 식이다. 현재 민간 보험에 가입해 있는 피용자 중 많은 이들은 새로운 공공 보험 프로그램에 가입하기 위해 자신의 현재 보험 프로그램을 포기할 의향이 없다는 것이다. 노동자들에게 현재 보험을 유지할지 선택권을 주는 것은 이 문제를 해결하는 한 가지 방법이 될 수 있다. 한 해 4만 달러를 버는 사람이 사용자를 통해 1만 2000달러에 해당하는 민간 보험에 가입되어 있다고 해 보자. 그리고 8000달러에 해당하는 공공 건강보험이 정부를 통해 마련되어 있다. 그리고 정부는 그 8000달러를 사용자 측에 제공하는 것이다. 따라서 사용자로서는 피용자가 원하는 건강보험을 유지해 주는 비용이 1만 2000달러에서 4000달러로 줄어들게 된다. 정부에서 나오는 8000달러는 피용자에게 직접 전해져야 한다고 법적 의무사항으로 만들 수도 있을 것이다. 그 경우 피용자가 받는 임금에 8000달러가 덧붙는 셈이며 이는 20퍼센트가 늘어나는 것과 같다. 건강보험 비용의 부담은 사용자 입장에서 이와 같이 희석될 수 있고 노동자들은 즉각 소득이 늘어나는 경험을 하게 된다.

그래프 [9-3]은 우리가 제안한 개혁안을 따랐을 때 미국의 조세 체계가 어떤 모습이 될지를 나타낸 것이다. 래퍼 곡선의 꼭대기에 도달할 때까지 부자 증세를 하고, 부가가치세보다 더 과세표준이 넓으며 공정한 국민소득세를 도입하며, 판매세를 없애고, 건강보험료라는 이름의 무지

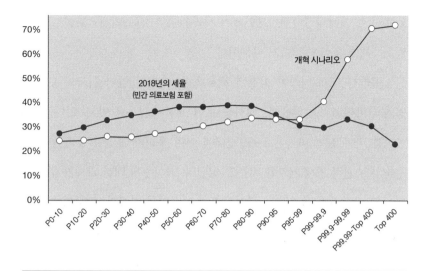

[9-3] 21세기를 위한 누진적 조세 체계(세전 소득 대비 세율)

이 그래프는 2018년 현재 소득집단별 평균 세율을 나타내고 있다. 사용자 측이 지원하는 건강보험료를 세금으로 간주하였다. 모든 판매세와 사용자 제공 건강보험료를 없애고, 6퍼센트의 국민소득세를 도입하며, 누진적인 부유세를 신설하고, 법인세율을 높이며, 개인소득세의 누진성을 강화한 개혁안이 제시되어 있다. 자세한 내용은 taxjusticenow.org를 참고할 것.

막지한 인두세를 없앤 세상의 모습을 이렇게 그려 볼 수 있다.

소득 피라미드의 가장 아래쪽부터 상위 5퍼센트에 이르기까지, 거의 모든 사회집단은 우리가 제안하는 바를 따른다면 건강보험료를 포함한 세금을 훨씬 덜 내면서 살아갈 수 있다. 많은 판매세를 부담하는 노동계급, 현재 무지막지한 건강보험료를 내고 있는 중산층은 그들의 소득을 갉아먹던 요소가 사라지면 큰 해방감을 느끼게 될 것이다. 중위값만 놓고 본다면 세율은 38퍼센트에서 28퍼센트로 내려간다. 건강보험료 13퍼센트포인트, 판매세 3퍼센트포인트가 사라지고, 대신 6퍼센트포인트의 국민소득세가 들어올 것이기 때문이다.

이러한 조세 개혁이 성장에 해로울까? 우리가 알던 미국의 모습을 영영 뒤바꿔놓지는 않을까? 역사를 보면 그렇지 않음을 알 수 있다. 앞서 살펴본 바와 같이 미국은 1950년대에 이미 우리가 제안한 것과 유사한 수준의 누진적 조세 체계를 갖추고 있었다. 최상층에 대한 과세가 무너지고, 건강보험료가 폭증하며, 급여세가 늘어나면서 미국의 조세 체계는 정의롭지 않은 미래를 향해 달리는 폭주기관차가 되어 버리고 만 것이다. 부유한 나라들이 부자가 된 것은 교육 · 의료 등 공공재에 대한 집단적인 지출에 힘입은 바였지, 극소수의 슈퍼리치들이 신성한 힘을 발휘한 덕분이 아니었다. 우리가 역사에서 무엇인가를 배울 수 있다면, 모든 이의 성공을 위해 투자하는 나라만이 미래에도 꾸준한 번영을 이어갈 수 있다는 교훈일 것이다.

그들은 왜 나보다 덜 내는가

에필로그

지금 당장 정의로운 세금을

이 책을 쓰기 위해 조사하는 과정에서 우리는 한 가지 핵심적인 결론을 이끌어낼 수 있었다. 사회는 자신들이 원하는 수준의 누진세를 선택하고 부과할 수 있다는 것이다. 세계화는 다국적기업과 부자들에 대한 과세를 어렵게 만든 측면이 분명히 있지만, 국제적 개방성을 전제한다 해도 우리가 세율 0을 향한 정의롭지 못한 경쟁을 해야만 하는 운명에 처한 것은 아니다. 탈세업자들을 제지하지 못하게 가로막는 기술적 요소는 어디에도 없었지만, 1980년대 이후로 정부는 탈세를 눈감아주기 시작했다. 지금 세율 0을 향한 경쟁이 벌어지고 있는 가운데 누진적 조세 체계는 위험에 처했다. 하지만 한 세기 전에 누진적 조세 체계를 선구적으로 개척해 나갔던 것처럼, 미국은 새로운 재정적 기구와 방법론을 창출해내 21세기의 도전에 맞설 수 있을 것이다.

이 책에서 우리는 바로 그 21세기의 도전에 맞서기 위한 몇 가지 방법을 제시해 보았다. 급격히 높아지는 누진율을 가진 부유세를 도입함으로써 극도의 부가 고도로 집중될 때 발생하는 다양한 형태의 약탈적 지대 추구 행위에 맞설 수 있다. 국경을 넘나드는 기업들에게 실질적인 과세를 함으로써 세계화와 조세 정의가 공존할 수 있는 방안을 찾아야 한다. 국민소득세를 통해 현대적 사회국가를 향한 재원을 마련하고 납득할 수 없을 만큼 높은 건강보험료를 억눌러야 한다. 우리가 내놓은 제안이 완벽하지는 않다. 당연하겠지만, 유일한 해법인 것도 아니다. 미래지향적인 조세 체계를 갖추는 방법은 하나가 아닐 것이며, 세상은 다양한 가능성을 향해 열려 있다. 역사가 우리에게 가르쳐 주는 것처럼, 인간 사회의 놀라운 점은 그 한계가 없다는 것이다. 경제학은 절대 바꿀 수 없거나 물리법칙처럼 확고한 어떤 규칙이 아니다. 그렇게 보는 것은 경제학자들뿐이다. 경제학의 쓸모는 우리가 택할 수 있는 가능한 미래 중 좀더 나은 길을 택하는 데 도움을 줄 수 있다는 점에서 나온다.

우리가 taxjusticenow.org를 개설한 이유도 그래서이다. 이 책에서는 가능한 해법 중 한 가지 경우만을 제시했을 뿐이다. 웹사이트에 접속하면 수없이 많은 미래의 경로를 독자 스스로 더듬어 볼 수 있다. 처음 접속하면 현행 조세 체계와 그에 따른 사회적 분배가 나타난다. 우리가 1장에서 살펴보았던 것처럼, 거대한 비례세지만 가장 높은 곳으로 올라가면 도리어 세율이 낮아지는 미국의 조세 체계가 드러나는 것이다. 하지만 웹사이트는 아무리 긴 책도 보여줄 수 없는 것을 보여줄 수 있다. 현존하는 세금의 세율을 마음껏 조절해 볼 수 있고, 그중 일부를 없앨 수도 있으며,

완전히 새로운 세금을 도입하거나 실효세율을 높이기 위해 세무 집행을 더욱 확실하게 하는 변화를 주어 볼 수도 있다. 이로써 최저임금을 받는 노동자부터 억만장자까지 어떤 영향을 받게 되는지 관찰 가능하다. 부유세를 도입하거나, 소득세 최고 한계 세율을 높이거나, 대기업에 대한 세금 징수를 더욱 엄격히 수행할 경우 정부 재정은 어떻게 변화하며 조세체계의 누진성에는 어떤 영향을 미치는지, 누구라도 즉시 그 결과를 확인할 수 있다.

우리가 만든 시뮬레이터의 핵심적인 장점은 세금의 변화가 장기간에 걸쳐 불평등에 어떤 영향을 미치는지 동적으로 확인 가능하다는 면에 있다. 적당한 부유세를 1980년에 도입했다면 그 세금이 제프 베이조스, 빌 게이츠, 워런 버핏, 그 외 억만장자들의 현재 재산에 어떤 영향을 미칠지 궁금하지 않은가? 만약 소득세 최고 한계 세율이 내일 당장 70퍼센트가 된다면 그것은 상위 1퍼센트의 소득 비중에 어떤 영향을 미칠까?

말해 두건대, 웹사이트에서 볼 수 있는 것은 밑그림에 지나지 않는다. 앞서 말한 질문에 완벽하게 정확한 답을 제공하는 일은 불가능할 것이다. 경제적 평등이 무엇에 좌우되며 경제적 행태에 세금이 어떤 역할을 하는지 또한 어떤 경제적 힘이 그러한 변화를 불러오는지 등에 대해 설령 경제학자들이 좀더 잘 이해하게 되었다 하더라도, 여전히 우리는 불평등에 세금이 미치는 영향을 완벽하게 내다볼 수 있을 정도에 도달하지는 못했다. 하지만 우리가 지금까지 알고 있는 바를 무시할 필요도 없을 것이다. 조세 체계가 변화하면 가장 큰 영향을 받는 영역은 전체 경제의 성장률이 아니다. 경제적 자원의 분배 방식과 수준이 가장 크게 달라진다. 각각의 사회집단에게 주어진 가용 소득이 달라지기 때문이다. 게다가 더 중요한 것은, 소득을 벌어들이고 부를 축적하고자 하는 이윤동기에도 영향을 미치기 때문이다. 세금에 대한 진지한 논의에는 반드시 불평등에 대한 고민이 전면에 드러나야 하며 그것을 중점에 두어야 마땅하다. 특히 오늘날처럼 부의 집중이 심화되는 세상이라면 더욱 그렇다.

우리가 taxjusticenow.org를 개설하여 하고자 했던 일이 바로 그 것이다. 우리의 목적은 정부 정책과 불평등 사이의 복잡한 상호관계를 규명할 수 있는 결정적인 모델을 제공하는 것이 아니었다. 현존하는 지식을 모아 민주적인 재정 정책에 대한 토론을 이끌어내는 것이었다. 우리가 만든 시뮬레이터는 투명하며 소스코드가 공개되어 있다. 우리가 사용한 프로그래밍 코드, 자료, 프로그램 등은 모두 온라인에서 확인 가능하다. 우리가 제시한 모든 결과들은 재사용이 가능하다. 우리가 제시한 가설 역시 수정해도 좋다. 우리가 내린 선택은 최신 연구 결과를 반영하도록 되어 있다. 하지만 이 모든 내용을 활용하기 위해 경제와 세금의 전문가가 되어야 하는 것은 아니다. taxjusticenow.org는 평범한 사람들을 위해 만들어진 도구다. 우리가 함께 행동하여 만들 수 있는 미래에 대해 고민하는 사람들을 위한 도구인 것이다.* 향후 우리는 그 도구를 계속해서 수정

---

*   연방의회 예산국, 재무부, 조세 합동위원회 같은 정부기구와 조세정책센터 같은 싱크탱크에는 조세 시뮬레이터가 존재한다. 세법의 세부사항을 빠르게 파악하고 연방정

해 나가고자 한다. 세금과 불평등에 대한 우리의 지식은 점점 더 나아질 테니 말이다. 독자 여러분의 반응과 제안에 대해 미리 감사의 말씀을 드리는 바이다.

taxjusticenow.org에서 만납시다!

부의 제도적 변화가 미칠 영향을 정교하게 분석하기 위한 것이지만, 일반 대중에게 공개되어 있지는 않다. 우리가 개발한 도구는 모든 이에게 공개되어 있으며 세금과 불평등의 관계에 집중하고 있다. 현존하는 여타 조세 시뮬레이터와 우리 것의 두 접근 방식을 함께 사용할 수 있다면 매우 유의미할 것이다. 우리는 그러한 작업에 빠른 시일 내로 동참할 수 있기를 희망한다.

감사의 말

세금과 불평등에 대한 우리의 오랜 연구를 읽고 의견을 제시해 준 수많은 동료들이 없었다면 이 책은 세상에 나올 수 없었을 것이다. 특히 우리의 학문적 고향인 캘리포니아대학 버클리캠퍼스에 감사의 말씀을 전한다. 특히 헤더 부시Heather Boushey, 뤼카 샹셀Lucas Chancel, 킴벌리 클라우싱Kimberly Clausing, 카미유 랑데Camille Landais, 클레르 몽티알루Claire Montialoux, 그리고 이 책의 초고를 읽고 꼼꼼하게 지적해 준 토마 피케티에게 감사의 인사를 전한다. 우리의 연구 조교인 아칸 발키르Akcan Balkir, 케이티 도널리 모런Katie Donnelly Moran과 클랜시 그린Clancy Green, 그리고 출판 에이전트인 래퍼얼 세이걸린Raphael Sagalyn에게도 감사의 뜻을 전한다. 이 책의 편집자인 브렌던 커리Brendan Curry 및 그와 함께 값진 작업을 해준 W. W. 노턴의 동료들에게도 특별한 감사의 말씀을 드린다.

미주

1장

1 Barbier(2014).

2 Reeves(2017).

3 Alveredo et al.(2018). 모든 자료는 wid.world의 World Inequality Database에서 확인 가능하다.

4 US Treasury(2018).

5 그 지점에 대한 자세한 논의는 Saez and Zucman(2019).

6 프랑스의 급여세에 대한 자세한 설명은 Organisation for Economic Co-operation and Development(2019)를 참고할 것.

7 Institute on Taxation and Economic Policy(2018)는 주세와 지방세의 누진성에 대해 가장 자세한 설명을 제공한다.

8 Landais, Piketty, and Saez(2011); Bozio et al.(2018).

2장

1 Einhorn(2006).

2 Einhorn(2006).

3 Huret(2014), p. 25.

4 Huret(2014), p. 40-41.

5 US Bureau of the Census(1975), series Y353 – 354.

6 Holmes(1893).

7 Sparh(1896); Pomeroy(1896); Gallman(1969).

8 Lindert(2000).

9 Seligman(1894).

10 Huret(2014), p. 85.

11 Mehrotra(2013); Scheve and Stasavage(2017)를 참고.

12 Fisher(1919).

13 Einhorn(2006), Chapter 6.

14 Plagge, Scheve, and Stasavage(2011), p. 14.

15 이와 같은 이론적 모델 및 오늘날의 자료를 이용한 계산에 대해 더 알고 싶다면 Piketty, Saez, and Stancheva(2014)를 참고할 것.

16 우리가 과세되지 않은 소득을 어떻게 집계했는지, 그리고 연구의 온전한 결과가 어떤지에 대해서 자세히 알고자 한다면 Piketty, Saez, and Zucman(2018)를 참고할 것.

17 Norton-Taylor(1955).

3장

1 Crystal(1992)은 1986년 세금개혁법 이후 경영자에 대한 보상이 치솟았음을 보여준다. Hubmer, Krusell, and Smith(2016)는 1986년 세금개혁법이 미국에서 부의 집중을 낳는 핵심 역할을 수행했음을 보여준다. 또한 Piketty, Saez, and Zucman(2018)을 참고.

2 가령 1987년《저널 오브 이코노믹 퍼스펙티브스Journal of Economic Perspectives》에 실린 1986년 세금개혁법에 대한 토론을 참고할 것(https://www.aeaweb.org/issues/256에서 온라인으로 열람 가능하다).

3 몽펠르린 소사이어티에 대해서는 Burgin(2012)를, 부자들의 세금 반란에 대해서는 Martin(2015)를, 골드워터에 대해서는 Perlstein(2001)을, 보수주의 재단의 역할에 대해서는 Mayer(2017)와 Teles(2012)를 참고할 것.

4 Margaret Thatcher,《우먼스 온Woman's Own》과의 인터뷰. 1987년 9월.

5 탈세와 세금 집행에 대한 논의로는 Slemrod(2007) 그리고 Slemrod and Bakija(2017)의 Chapter 5를 참고할 것.

6 Hall(1951), p. 54. Lewellen(1968). 이는 1960년대 이후 경영자들이 받는 보수에 대한 고전적인 연구라 할 수 있지만, 회사에서 제공하는 온갖 특전을 사소한 것으로 간주하고 있다.

7 US Joint Committee on Tax Evasion and Avoidance(1937).

8 Fack and Landais(2016), Figures 4.5 and 4.7.

9 Wang(2002), p. 1252.

10 우리는 IRS의 Statistics of Income division에 공개되어 있기에 활용 가능한 소득세 자료를 이용하여 이와 같은 계산을 수행했다.

11 Thorndike(2003).

12 Johnston(2003)은 부유층의 탈세가 1970년대 중반 이후 급격하게 퍼져 나가는 모습을 묘사하고 있다.

13 Ventry(2006).

14 이 세무조사 통계는 매년 국세청에 의해 출간되며 온라인으로 접근 가능하다(US Treasury, Internal Revenue Service, 2018, Table 9a for year 2018 and US Treasury, Internal Revenue Service, 1975, Table 2, p. 89 for year 1975). Gutting the IRS(ProPublica, 2018 – 2019)라는 연속 보고서는 이 통계를 통해 IRS의 집행 기능이 최근 수십 년 동안 계속 축소되어 왔음을 보여주었다.

15 Raub, Johnson, and Newcomb(2011).

16 1960년대와 1970년대의 상속세 회피에 대한 자세한 논의는 Cooper(1979)를 참고할 것.

17 Kopczuk and Saez (2004), Table 1, column 2.

18 《뉴욕 타임스》에서 기록하고 있는 바와 같이, 도널드 트럼프는 상속세 회피에 대한 생생한 사례를 제공해 주고 있다(Barstow, Craig, and Buettner, 2018).

19 이는 현재 IRS National Research Program으로 알려져 있으며, 이전까지는 Taxpayer Compliance Measurement Program으로 통했다. 가령 US Treasury, Internal Revenue Service(1996)를 참고할 것.

20 Guyton et al.(2019).

21 미국과 관련해서는 IRS National Research Program(see, e.g., US Treasury, Internal Revenue Service, 1996)에 기록되어 있다. 덴마크의 맥락에서 이 문제에 대해 자세히 분석한 내용은 Kleven et al.(2011)을 참고할 것.

22 Alstadsæter, Johannesen, and Zucman(2019); Zucman(2019).

23 International Consortium of Investigative Journalists(2016).

22 Zucman(2013, 2015); Alstadsæter, Johannesen, and Zucman(2018).

24 Johannesen and Zucman(2014)은 은행의 정보가 자동으로 교환되기 전 정보 교류가 미약했던 시기에 대한 연구다. 국가간 정보 교환이 완전하지 않은 것은 정보 교류에 동참하지 않는 역외 조세 도피처를 이용하는 탈세를 조장하는 효과를 낳을 수 있다.

4장

1 Zucman(2014).

2 Organisation for Economic Co-operation and Development(2017).

3 Wright and Zucman(2018).

4 Zucman(2014).

5 https://www.sec.gov/Archives/edgar/data/1288776/000119312504143377/d424b4.htm.

6 Drucker(2010); Kleinbard(2011), pp. 707-714.

7 Bowers(2014).

8 Wright and Zucman(2018).

9 See US Treasury, Internal Revenue Service, Country-by-Country Report(Form 8975) (2018, Tax Year 2016, Table 1A).

10 Tørsløv, Wier, and Zucman(2018); Clausing (2016, 2019).

11 Tax Cut and Jobs Act가 발효되기 전《포춘》지 선정 500대 기업이 얼마나 많은 이익을 역외로 돌리고 있었는지에 대해 추산한 연구로는 Phillips et al.(2017)를 참고할 것.

12 가령 Hodge(2018)를 참고할 수 있다.

13 Cook(2016).

14 Wearden and Elliott(2018).

15 국가 주권의 상업화라는 개념에 대해서는 Palan(2002)를 참고할 것.

16 Tørsløv, Wier, and Zucman(2018).

5장

1 거시경제 차원에서 국가별로 시간의 흐름에 따라 노동과 자본의 비중이 변화하는 양상에 대한 체계적인 분석은 Piketty and Zucman(2014)을 참고할 것.

2 Kaiser Family Foundation Employer Health Benefits Survey, 2018; 또한 Kaiser/HRT Survey에서 사용자가 비용을 지불하는 건강보험에 대한 통계를 1999년부터 2017년까지 확인할 것.

3 Dafny(2010).

4 Organisation for Economic Co-operation and Development(2018c, 2019c).

5 OECD 국가들의 거시경제 세율에 대해서는 Organisation for Economic Co-operation and Development(2018c)를 참고.

6 Piketty, Saez, and Zucman(2018).

7 자본 과세, 자본 수익률, 장기간에 걸친 부의 불평등 사이의 상호관계에 대한 분석으로는

그들은 왜 나보다 덜 내는가

Piketty(2014)를 참고.

8 Piketty and Zucman(2014).

9 지난 한 세기에 걸쳐 하위 90퍼센트의 저축과 부가 변화해온 것에 대한 자세한 논의로는 Saez and Zucman(2016)을 참고.

10 행동경제학의 중요 연구를 반영하고 요약하였으며, 행동경제학이 공공 정책에 미치는 함의를 다룬 두 권의 대중서로는 Thaler and Sunstein(2008)와 Thaler(2015) 참고.

11 이 결과는 Madrian and Shea(2001)에서 처음으로 확립된 것이다. 그 후 (가령 Beshears et al., 2009 등) 다양한 후속 연구를 통해 재확인되었다.

12 Chetty et al.(2014).

13 경험적 연구에 대한 조사로는 De Mooij and Ederveen(2003) 참고.

14 McCormick(2018).

15 Agostini et al.(2018).

16 이스라엘의 경우는 Romanov(2006) 참고. 스웨덴의 사례는 Edmark and Gordon(2013) 참고. 노르웨이의 경우는 Alstadsæter(2010)를, 핀란드는 Pirttilä and Selin(2011)를 볼 것.

6장

1 International Monetary Fund(2019), Appendix 1, p. 47.

2 Tørsløv, Wier, and Zucman(2018).

3 Brennan and Buchanan(2000).

4 가령 Atkinson, Piketty, and Saez(2011); 그리고 Piketty (2014) 등을 참고.

5 Organisation for Economic Co-operation and Development(2018).

6 taxjusticenow.org에서 온라인으로 참고자료를 볼 수 있다.

7 Bloomberg(2017).

8 Forbes(2019), accessed July 4, 2019.

9 기업 이익 배분에 대한 미국의 경험을 분석한 연구로는 Clausing(2016b)을 참고.

10 Organisation for Economic Co-operation and Development(2019b).

7장

1 Barstow, Craig, and Buettner(2018); Buettner and Craig(2019).

2 Rawls(1971).

3 Ramsey(1927).

4 Diamond(1998); Saez(2001).

5 1986년 세금개혁법을 둘러싼 탈세 논쟁에 대해서는 Slemrod(1990)와 Saez(2004)를 참고. Moffitt and Wilhelm(2000)는 고소득 개인에 대한 과세 가능 소득의 증가 논의가 노동시간 증가와 함께 이루어지고 있지 않음을 지적하고 있다.

6 이 이론적인 분석에 대한 요약은 Diamond and Saez(2011) 참고.

7 Saez, Slemrod, and Giertz(2012)는 경험적 자료를 검토하고 세금의 변화가 언제나 탈세의 증가로 이어진다는 주장에 대한 다수의 문헌을 검토한 것이다.

8 Kiel and Eisinger(2018)는 2010년 이후 벌어진 국세청의 예산 삭감과 행정력 약화에 대해 기록하고 있다.

9 가령 Kiel and Eisinger(2019) 참고.

10 Zucman(2015).

11 Zucman(2014).

12 미국 내 누진적 부유세의 전망에 대해서는 Saez and Zucman(2019b)에서 더 자세히 다루었다.

13 Rosenthal and Austin(2016).

14 Meyer and Hume(2015).

8장

1 US Treasury Department, Internal Revenue Service(1962), p. 32. 참고.

2 Madison(1792).

3 Madison(1795).

4 Piketty, Saez, and Zucman(2018)는 미국의 국민계정 배분 현황을 제시하며 Alvaredo et al. (2016)는 전반적인 방법론을 제시하고 있다. 미국 통계청과 OECD는 또한 미국과 유럽을 위해 이러한 방향의 계획을 개발하여 제시한 바 있다(Fixler and Johnson 2014; Zwij-nenburg et al. 2017).

5 Garbinti, Goupille-Lebret, and Piketty(2018).

6 College Board(2019).

7 Feldstein(2017).

8 Gates(2013).

9 Aeppel(2015).

10 Mouton(2018).

11 Chetty et al.(2017).

12 Organisation for Economic Co-operation and Development(2018b).

13 OECD Health Statistics(Organisation for Economic Co-operation and Development 2019c) 참고.

14 Saez and Zucman(2019b)에 여기서 논의한 부유세 통계에 대한 자세한 계산 내역 전부가 제시되어 있다.

9장

1 OECD Health Statistics(Organisation for Economic Co-operation and Development 2019c) 참고.

2 OECD 가입국의 GDP 대비 공교육 및 사교육 지출의 수준을 알고 싶다면 OECD 통계를 참고할 것(Organisation for Economic Co-operation and Development, Revenue Statistics, 2019e).

3 성별 및 집단별 대학 진학률은 Goldin, Katz, and Kuziemko(2006) 참고. 성별 격차에 대해서는 Blau, Ferber, and Winkler(2014), 여성이 출산 후 겪는 "육아 패널티"를 국가별로 추정한 연구로는 Kleven et al.(2019)를 참고.

4 Gallup surveys(Witters, 2019) 참고.

5 이는 프랑스의 일반 사회보장 기여금Contribution Sociale Générallisée을 통한 사례다. Landais, Piketty, and Saez(2011) 참고.

6 부가가치세의 역사를 자세히 알고 싶다면 Ebrill, Keen, and Perry(2001)을 참고.

7 Bakija, Cole, and Heim(2012).

8 Organisation for Economic Co-operation and Development, Revenue Statistics(2018c), Table 3.14.

9 US Department of Commerce, Bureau of Economic Analysis, National Income and Product Accounts of the United States(2019), Tables 7-14, 7-16, and 7-18을 참고.

참고문헌

Aeppel, Timothy. "Silicon Valley Doesn't Believe U.S. Productivity Is Down." *Wall Street Journal*, July 16, 2015.

Agostini, Claudio A., Eduardo Engel, Andrea Repetto, and Damián Vergara. "Using Small Businesses for Individual Tax Planning: Evidence from Special Tax Regimes in Chile." *International Tax and Public Finance* 25, no. 6 (2018): 1449–1489.

Alstadsæter, Annette. "Small Corporations Income Shifting Through Choice of Ownership Structure—A Norwegian Case." *Finnish Economic Papers* 23, no. 2 (2010): 73–87.

Alstadsæter, Annette, Niels Johannesen, and Gabriel Zucman. "Who Owns the Wealth in Tax Havens? Macro Evidence and Implications for Global Inequality." *Journal of Public Economics* 162 (2018): 89–100.

————. "Tax Evasion and Inequality." *American Economic Review* 109, no. 6 (2019): 2073–2103.

Alvaredo, Facundo, Anthony Atkinson, Lucas Chancel, Thomas Piketty, Emmanuel Saez, and Gabriel Zucman. "Distributional National Accounts (DINA) Guidelines: Concepts and Methods Used in the World Wealth and Income Database." WID Working Paper 2016/1, 2016.

Alvaredo, Facundo, Lucas Chancel, Thomas Piketty, Emmanuel Saez, and Gabriel Zucman. *World Inequality Report 2018*. Cambridge, MA: Harvard University Press, 2018.

그들은 왜 나보다 덜 내는가

Atack, Jeremy, and Peter Passell. *A New Economic View of American History from Colonial Times to 1940*. 2nd ed. New York: W. W. Norton, 1994.

Atkinson, Anthony, Thomas Piketty, and Emmanuel Saez. "Top Incomes in the Long Run of History." *Journal of Economic Literature* 49, no. 1 (2011): 3–71.

Atkinson, Anthony, and Joseph E. Stiglitz. "The Design of Tax Structure: Direct Versus Indirect Taxation." *Journal of Public Economics* 6, no. 1–2 (1976): 55–75.

Auerbach, Alan J., and Joel Slemrod. "The Economic Effects of the Tax Reform Act of 1986." *Journal of Economic Literature* 35, no. 2 (1997): 589–632.

Bakija, Jon, Adam Cole, and Bradley T. Heim. "Jobs and Income Growth of Top Earners and the Causes of Changing Income Inequality: Evidence from US Tax Return Data." Williams College Department of Economics Working Paper 2010–22, revised January 2012.

Barbier, Edward B. "Account for Depreciation of Natural capital." *Nature* 515 (2014): 32–33.

Barstow, David, Susanne Craig, and Russ Buettner. "Trump Engaged in Suspect Tax Schemes as He Reaped Riches From His Father." *New York Times*, October 2, 2018.

Beshears, John, James J. Choi, David Laibson, and Brigitte C. Madrian. "The Importance of Default Options for Retirement Saving Outcomes: Evidence from the United States." In Jeffrey Brown, Jeffrey Liebman, and David Wise, eds., *Social Security Policy in a Changing Environment*, 167–195. Chicago: University of Chicago Press, 2009.

Black, Fischer. "The Dividend Puzzle." *Journal of Portfolio Management* 2, no. 2 (1976): 5–8.

Blau, Francine, Marianne A. Ferber, and Anne E. Winkler. *The Economics of Women, Men, and Work*. 7th ed., Upper Saddle River, NJ: Prentice Hall, 2014.

Bloomberg. "Tracking Tax Runaways," Bloomberg LP, March 1, 2017. Available at www.bloomberg.com/graphics/tax-inversion-tracker/.

Bowers, Simon. "Luxembourg Tax Files: How Juncker's Duchy Accommodated Skype and the Koch Empire." *The Guardian*, December 9, 2014.

Bozio, Antoine, Bertrand Garbinti, Jonathan Goupille-Lebret, Malka Guillot, and Thomas Piketty. "Inequality and Redistribution in France 1990–2018: Evidence from Post-tax Distributional National Accounts." WID.world Working Paper no. 2018/10, 2018.

Brennan, Geoffrey, and James M. Buchanan. *Collected Works: Analytical Foundations of a Fiscal Constitution. The Power to Tax*. Indianapolis: Liberty Fund, 2000.

Buettner, Russ, and Susanne Craig. "Decade in the Red: Trump Tax Figures Show Over $1

Billion in Business Losses." *New York Times*, May 8, 2019.

Burgin, Angus. *The Great Persuasion: Reinventing Free Markets since the Depression.* Cambridge, MA: Harvard University Press, 2012.

Card, David, Carlos Dobkin, and Nicole Maestas. "Does Medicare Save Lives?" *Quarterly Journal of Economics* 124, no. 2 (2009): 597–636.

Case, Anne, and Angus Deaton. "Rising Morbidity and Mortality in Midlife among White Non-Hispanic Americans in the 21st Century." *Proceedings of the National Academy of Sciences* 112, no. 49 (2015): 15078–15083.

Chamley, Christopher. "Optimal Taxation of Capital Income in General Equilibrium with Infinite Lives." *Econometrica* 54, no. 3 (1986): 607–622.

Chetty, Raj, John N. Friedman, Søren Leth-Petersen, Torben Heien Nielsen, and Tore Olsen. "Active vs. Passive Decisions and Crowd-out in Retirement Savings Accounts: Evidence from Denmark." *Quarterly Journal of Economics* 129, no. 3: (2014): 1141–1219.

Chetty, Raj, John Friedman, Emmanuel Saez, Nicholas Turner, and Danny Yagan. "Mobility Report Cards: The Role of Colleges in Intergenerational Mobility," National Bureau of Economic Research Working Paper no. 23618, July 2017.

Chetty, Raj, David Grusky, Maximilian Hell, Nathaniel Hendren, Robert Manduca, and Jimmy Narang. "The Fading American Dream: Trends in Absolute Income Mobility since 1940." *Science* 356, no. 6336 (2017): 398–406.

Clausing, Kimberly A. "The Effect of Profit Shifting on the Corporate Tax Base in the United States and Beyond." *National Tax Journal* 69, no. 4 (2016): 905–934.

———. "The U.S. State Experience under Formulary Apportionment: Are There Lessons for International Tax Reform?" *National Tax Journal*, 62, no. 2 (2016b): 353–386.

———. *Open: The Progressive Case for Free-Trade, Immigration, and Global Capital.* Cambridge, MA: Harvard University Press, 2019.

College Board. *Trends in Higher Education, Tuition and Fees and Room and Board over Time,* 2019.

Cook, Tim. "A Message to the Apple Community in Europe." Apple Inc., August 30, 2016.

Cooper, George. *A Voluntary Tax? New Perspectives on Sophisticated Tax Avoidance.* Studies of Government Finance. Washington, DC: Brookings Institution, 1979.

Crystal, Graef S. *In Search of Excess: The Overcompensation of American Executives.* New York: W. W.

그들은 왜 나보다 덜 내는가

Norton, 1992.

Dafny, Leemore. "Are Health Insurance Markets Competitive?" *American Economic Review* 100, no. 4 (2010): 1399–1431.

De Mooij, Ruud A., and Sjef Ederveen. "Taxation and Foreign Direct Investment: A Synthesis of Empirical Research." *International Tax and Public Finance* 10, no. 6 (2003): 673–693.

Diamond, Peter A. "Optimal Income Taxation: An Example with a U-shaped Pattern of Optimal Marginal Tax Rates." *American Economic Review* 88, no. 1 (1998): 83–95.

———, and Emmanuel Saez. "The Case for a Progressive Tax: From Basic Research to Policy Recommendations." *Journal of Economic Perspectives* 25, no. 4 (2011): 165–190.

Drucker, Jesse. "Google 2.4% Rate Shows How $60 Billion Is Lost to Tax Loopholes." *Bloomberg*, October 21, 2010.

Ebrill, Liam, Michael Keen, and Victoria Perry. *The Modern VAT.* Washington, DC: International Monetary Fund, 2001.

Edmark, Karin, and Roger H. Gordon. "The Choice of Organizational Form by Closely-Held Firms in Sweden: Tax Versus Non-Tax Determinants." *Industrial and Corporate Change* 22, no. 1 (2013): 219–243.

Einhorn, Robin. *American Taxation, American Slavery.* Chicago: University of Chicago Press, 2006.

Fack, Gabrielle, and Camille Landais, eds. *Charitable Giving and Tax Policy: A Historical and Comparative Perspective.* Oxford: Oxford University Press, 2016.

Feldstein, Martin. "Underestimating the Real Growth of GDP, Personal Income, and Productivity." *Journal of Economic Perspectives* 31, no. 2 (2017): 145–164.

Fisher, Irving. "Economists in Public Service: Annual Address of the President." *American Economic Review* 9, no. 1 (1919): 5–21.

Fixler, Dennis, and David S. Johnson. "Accounting for the Distribution of Income in the U.S. National Accounts." In D. Jorgenson, J. S. Landefeld, and P. Schreyer, eds., *Measuring Economic Stability and Progress.* Chicago: University of Chicago Press, 2014. 213–244.

Forbes. "GLOBAL 2000: The World's Largest Public Companies." May 15, 2019. Available at www.forbes.com/global2000.

Gallman, Robert E. "Trends in the Size Distribution of Wealth in the Nineteenth Century: Some Speculation." *Six Papers on the Size Distribution of Wealth and Income.* 1–30. New York:

National Bureau of Economic Research, 1969.

Garbinti, Bertrand, Jonathan Goupille-Lebret, and Thomas Piketty. "Income inequality in France, 1900–2014: Evidence from Distributional National Accounts (DINA)." *Journal of Public Economics* 162 (2018): 63–77.

Gates, Bill. "GDP Is a Terrible Way to Measure a Country's Economy." *Slate*, May 9, 2013.

Goldin, Claudia, Lawrence F. Katz, and Ilyana Kuziemko. "The Homecoming of American College Women: The Reversal of the College Gender Gap." *Journal of Economic Perspectives* 20, no. 4 (2006): 133–156.

Guyton, John, Patrick Langetieg, Daniel Reck, Max Risch, and Gabriel Zucman. "Tax Evasion by the Wealthy: Measurement and Implications," UC Berkeley Working Paper 2019.

Hall, Challis A. *Effects of Taxation on Executive Compensation and Retirement Plans*. Vol. 3. Division of Research, Graduate School of Business Administration, Cambridge MA: Harvard University Press, 1951.

Hall, Robert, and Alvin Rabushka. *The Flat Tax*. Stanford, CA: Hoover Institution Press, 1985.

Hodge, Scott A. "'The Missing Profits of Nations' Mistakes Tax Competition for Tax Evasion." Tax Foundation, Fiscal Fact no. 607, 2018.

Holmes, George K. "The Concentration of Wealth." *Political Science Quarterly* 8, no. 4 (1893).

Hubmer, Joachim, Per Krusell, and Anthony A. Smith, Jr. "The Historical Evolution of the Wealth Distribution: A Quantitative-Theoretic Investigation." National Bureau of Economic Research Working Paper No. 23011, 2016.

Huret, Romain D. *American Tax Resisters*. Cambridge, MA: Harvard University Press, 2014.

Institute on Taxation and Economic Policy. *Who Pays: A Distributional Analysis of the Tax Systems in All 50 States*. 6th ed., Washington DC: ITEP, 2018. Available at https://itep.org/whopays/.

International Consortium of Investigative Journalists. The Panama Papers: Exposing the Rogue Offshore Finance Industry. Available at www.icij.org/investigations/panama-papers/.

International Monetary Fund. "Corporate Taxation in the Global Economy," IMF Policy Paper no. 19/007, March 2019.

Jakobsen, Katrine, Kristian Jakobsen, Henrik Kleven, and Gabriel Zucman. "Wealth Taxation and Wealth Accumulation: Theory and Evidence from Denmark." National Bureau of Economic Research Working Paper no. 24371, 2018, forthcoming in *Quarterly Journal of*

Economics.

Johannesen, Niels, and Gabriel Zucman. "The End of Bank Secrecy? An Evaluation of the G20 Tax Haven Crackdown." *American Economic Journal: Economic Policy* 6, no. 1 (2014): 65–91.

Johnston, David Cay. *Perfectly Legal: The Covert Campaign to Rig Our Tax System to Benefit the Super Rich—and Cheat Everybody Else.* New York: Portfolio Books, 2003.

Judd, Kenneth L. "Redistributive Taxation in a Simple Perfect Foresight Model." *Journal of Public Economics* 28, no. 1 (1985): 59–83.

Kaiser Family Foundation. *2018 Employer Health Benefits Survey.* 2018. Available at www.kff.org/health-costs/report/2018-employer-health-benefits-survey/.

Kamal, Rabah, and Cynthia Cox. "How Do Healthcare Prices and Use in the U.S. Compare to Other Countries?" Peterson-Kaiser Health System Tracker, May 8, 2018.

Kertscher, Thomas. "Paul Ryan Claims 1986 Tax Reform, Like the Current One, Had Low Public Support Just Before Passage." *Politifact*, December 18, 2017.

Kiel, Paul, and Jesse Eisinger. "How the IRS Was Gutted." *ProPublica*, December 11, 2018.

———. "The IRS Tried to Take on the Ultrawealthy. It Didn't Go Well." *ProPublica*, April 5, 2019.

Kleinbard, Edward D. "Stateless Income." *Florida Tax Review* 11, no. 9 (2011): 699–774.

Kleven, Henrik, Camille Landais, Johanna Posch, Andreas Steinhauer, and Josef Zweimüller. "Child Penalties Across Countries: Evidence and Explanations." *AEA Papers and Proceedings* 109 (2019): 122–126.

———, Martin Knudsen, Claus Kreiner, Soren Pedersen, and Emmanuel Saez. "Unwilling or Unable to Cheat? Evidence from a Tax Audit Experiment in Denmark." *Econometrica* 79 no. 3 (2011): 651–692.

———, and Esben Anton Schultz. "Estimating Taxable Income Responses using Danish Tax Reforms." *American Economic Journal: Economic Policy* 6, no. 4 (2014): 271–301.

Kopczuk, Wojciech, and Emmanuel Saez. "Top Wealth Shares in the United States, 1916–2000: Evidence from Estate Tax Returns." *National Tax Journal* 57, no. 2, part 2 (2004): 445–487.

Kuziemko, Ilyana, Michael I. Norton, Emmanuel Saez, and Stefanie Stantcheva. "How Elastic are Preferences for Redistribution? Evidence from Randomized Survey Experiments." *American Economic Review* 105, no. 4 (2015): 1478–1508.

Kuznets, Simon. *Shares of Upper Income Groups in Income and Savings.* New York: National Bureau of Economic Research, 1953.

Landais, Camille, Thomas Piketty, and Emmanuel Saez. *Pour une Révolution Fiscale—Un Impôt sur le Revenu pour le 21e Siècle.* Le Seuil: République des Idées, 2011.

Lerner, Eugene. "Money, Prices and Wages in the Confederacy, 1861–65." *Journal of Political Economy* 63, no. 1, (1955): 20–40.

Lewellen, Wilbur G. *Executive Compensation in Large Industrial Corporations.* New York: National Bureau of Economic Research, 1968.

Lindert, Peter H. "Three Centuries of Inequality in Britain and America." In Anthony B. Atkinson and Francois Bourguignon, eds., *Handbook of Income Distribution*, Volume 1, 167–216. Amsterdam: Elsevier Science, North-Holland, 2000.

Madison, James. "Parties." *National Gazette*, January 23, 1792.

———, "Political Observations." April 20, 1795, in *Letters and Other Writings of James Madison*, Volume 4, Philadelphia: J.B. Lippincott & Co., 1865.

Madrian, Brigitte C., and Dennis F. Shea. "The Power of Suggestion: Inertia in 401 (k) Participation and Savings Behavior." *Quarterly Journal of Economics* 116 no. 4 (2001): 1149–1187.

Martin, Isaac William. *Rich People's Movements: Grassroots Campaigns to Untax the One Percent.* Oxford: Oxford University Press, 2015.

Mayer, Jane. *Dark Money: The Hidden History of the Billionaires Behind the Rise of the Radical Right.* New York: Anchor Books, 2017.

McCormick, John. "Koch-Backed Groups Are Selling Trump's Tax Cuts Door-to-Door Ahead of the Midterms." *Bloomberg Businessweek*, May 2, 2018.

Mehrotra, Ajay K. *Making the Modern American Fiscal State: Law, Politics, and the Rise of Progressive Taxation, 1877–1929.* Cambridge: Cambridge University Press, 2013.

Meyer, Gregory, and Neil Hume. "Cargill Guards Private Life in 150th Year." *Financial Times*, April 19, 2015.

Moffitt, Robert, and Mark Wilhelm. "Taxation and the Labor Supply Decisions of the Affluent." In Joel Slemrod, ed., *Does Atlas Shrug? The Economic Consequences of Taxing the Rich.* New York: Russell Sage Foundation, 2000. 193–234.

Mouton, Brent R. "The Measurement of Output, Prices, and Productivity—What's Changed

그들은 왜 나보다 덜 내는가

Since the Boskin Commission?" *Brookings Institution*, July 25, 2018.

Musgrave, Richard A. "Short of Euphoria." *Journal of Economic Perspectives* 1, no. 1 (1987): 59–71.

Norton-Taylor, Duncan. "How Top Executives Live." *Fortune*, July 1955. Available at online at http://fortune.com/2012/05/06/how-top-executives-live-fortune-1955/.

Okner, Benjamin A., and Joseph A. Pechman. "Who Paid the Taxes in 1966?" *American Economic Review* 64, no. 2 (1974): 168–174.

Organisation for Economic Co-operation and Development (OECD). "Board-Level Employee Representation." *Collective Bargaining*. Paris: OECD Press, 2017.

———. Automatic Exchange Portal. Country-Specific Information on Country-by-Country Reporting Implementation. Paris: OECD Press, 2018. Available at www.oecd.org/tax/automatic-exchange/country-specific-information-on-country-by-country-reporting-implementation.htm.

———. *International Migration Outlook 2018*. Paris: OECD Press, 2018b.

———. *Revenue Statistics 2018*. Paris: OECD Press, 2018c.

———. *Taxing Wages 2019*. Paris: OECD Press, 2019.

———. Base erosion and profit shifting. Country-by-Country exchange relationships. Paris: OECD Press, 2019b. Available at www.oecd.org/tax/beps/country-by-country-exchange-relationships.htm.

———. Health Statistics. Paris: OECD Press, 2019c. Available at www.oecd.org/els/health-systems/health-data.htm.

———. Global Tax Statistics Database. Paris: OECD Press, 2019d. Available at www.oecd.org/tax/tax-policy/global-revenue-statistics-database.htm.

———. Education Spending. Paris: OECD Press, 2019e. Available at https://data.oecd.org/eduresource/education-spending.htm.

Palan, Ronen. "Tax Havens and the Commercialization of State Sovereignty." *International Organization* 56, no. 1 (2002): 151–176.

Pechman, Joseph A. "Tax Reform: Theory and Practice." Journal of Economic Perspectives 1, no. 1 (1987): 11–28.

Perlstein, Rick. *Before the Storm: Barry Goldwater and the Unmaking of the American Consensus*. New York: Hill and Wang, 2001.

Phillips, Richard, Matt Gardner, Alexandria Robins, and Michelle Surka. *Offshore Shell Games 2017: The Use of Offshore Tax Havens by Fortune 500 Companies*. Institute on Taxation and Economic Policy and U.S. PIRG Education Fund, 2017.

Piketty, Thomas. *Capital in the 21st Century*. Cambridge, MA: Harvard University Press, 2014.

———. *Capital et Idéologie*. Paris: Le Seuil, 2019.

———, and Emmanuel Saez. "Income Inequality in the United States, 1913–1998." *Quarterly Journal of Economics* 118, no. 1, (2003): 1–39.

———, and Emmanuel Saez. "A Theory of Optimal Inheritance Taxation." *Econometrica* 81, no. 5 (2013): 1851–1886.

———, and Emmanuel Saez. "Optimal Labor Income Taxation." In Alan Auerbach, Raj Chetty, Martin Feldstein, and Emmanuel Saez, eds., *Handbook of Public Economics*, Volume 5, 391–474. Amsterdam: Elsevier–North Holland, 2013.

———, Emmanuel Saez, and Stefanie Stantcheva. "Optimal Taxation of Top Labor Incomes: A Tale of Three Elasticities." *American Economic Journal: Economic Policy* 6, no. 1 (2014): 230–271.

———, Emmanuel Saez, and Gabriel Zucman. "Distributional National Accounts: Methods and Estimates for the United States." *Quarterly Journal of Economics* 133, no. 1 (2018): 553–609.

———, and Gabriel Zucman. "Capital Is Back: Wealth-Income Ratios in Rich Countries 1700–2010." *Quarterly Journal of Economics* 129, no. 3 (2014): 1255–1310.

———, and Gabriel Zucman. "Wealth and Inheritance in the Long Run," In Anthony B. Atkinson and Francois Bourguignon, eds., *Handbook of Income Distribution*, Volume 2, 1303–1368. Amsterdam: Elsevier Science, North Holland, 2015.

Pirttilä, Jukka, and Håkan Selin. "Income Shifting within a Dual Income Tax System: Evidence from the Finnish Tax Reform of 1993." *Scandinavian Journal of Economics* 113, no. 1 (2011): 120–144.

Plagge, Arnd, Kenneth Scheve, and David Stasavage. "Comparative Inheritance Taxation Database." Yale University, ISPS Data Archive, 2011.

Pomeroy, Eltweed. "The Concentration of Wealth." *Arena* 16 (1896): 82.

ProPublica, *Gutting the IRS: Who Wins When a Crucial Agency Is Defunded*. ProPublica series, 2018–2019.

Ramsey, Frank P. "A Contribution to the Theory of Taxation." ^Economic Journal 37, no. 145 (1927): 47–61.

Raub, Brian, Barry Johnson, and Joseph Newcomb. "A Comparison of Wealth Estimates for America's Wealthiest Decedents Using Tax Data and Data from the Forbes 400." *National Tax Association Proceedings*, 103rd Annual Conference on Taxation (2010): 128–135.

Rawls, John. *A Theory of Justice*. Cambridge, MA: Harvard University Press, 1971.

Reeves, Richard. *Dream Hoarders—How the American Upper Middle Class Is Leaving Everyone Else in the Dust, Why That Is a Problem, and What to Do About It*. Washington, DC: Brookings Institution Press, 2017.

Romanov, Dmitri. "The Corporation as a Tax Shelter: Evidence from Recent Israeli Tax Changes." *Journal of Public Economics* 90, no. 10–11 (2006): 1939–1954.

Rosenthal, Steven M. and Lydia S. Austin. "The Dwindling Taxable Share of U.S. Corporate Stock." *Tax Notes*, May 16, 2016.

Saez, Emmanuel. "Using Elasticities to Derive Optimal Income Tax Rates." *Review of Economic Studies* 68, no. 1 (2001): 205–229.

———. "Reported Incomes and Marginal Income Tax Rates, 1960–2000: Evidence and Policy Implications." In James Poterba, ed., *Tax Policy and the Economy*, Volume 18. Cambridge, MA: MIT Press, 2004.

———, Joel Slemrod, and Seth Giertz. "The Elasticity of Taxable Income with Respect to Marginal Tax Rates: A Critical Review." *Journal of Economic Literature* 50, no. 1 (2012): 3–50.

———, and Stefanie Stantcheva. "A Simpler Theory of Optimal Capital Taxation." *Journal of Public Economics* 162 (2018): 120–142.

———, and Gabriel Zucman. "Wealth Inequality in the United States since 1913: Evidence from Capitalized Income Tax Data." *Quarterly Journal of Economics* 131, no. 2 (2016): 519–578.

———, and Gabriel Zucman. "Clarifying Distributional Tax Incidence: Who Pays Current Taxes vs. Tax Reform Analysis." UC Berkeley Working Paper 2019.

———, and Gabriel Zucman. "Progressive Wealth Taxation." *Brookings Papers on Economic Activity*, 2019b.

———, and Gabriel Zucman. "A National Income Tax." UC Berkeley Working Paper 2019c.

Scheve, Kenneth, and David Stasavage. *Taxing the Rich: A History of Fiscal Fairness in the United States and Europe*. Princeton, NJ: Princeton University Press, 2017.

Seligman, Edwin. "The Income Tax." *Political Science Quarterly* 9, no. 4 (1894): 610–648.

Slemrod, Joel. *Do Taxes Matter? The Impact of the Tax Reform Act of 1986*. Cambridge, MA: MIT Press 1990.

————. "Cheating Ourselves: The Economics of Tax Evasion." *Journal of Economic Perspectives* 21, no. 1 (2007): 25–48.

————, and Jon Bakija. *Taxing Ourselves: A Citizen's Guide to the Debate Over Taxes*. 5th ed. Cambridge, MA: MIT Press, 2017.

Spahr, Charles. *An Essay on the Present Distribution of Wealth in the United States*. New York: TY Crowell, 1896.

Teles, Steven. *The Rise of the Conservative Legal Movement: The Battle for Control of the Law*. Princeton, NJ: Princeton University Press, 2012.

Thaler, Richard H. *Misbehaving: The Making of Behavioral Economics*. New York: W. W. Norton, 2015.

————, and Cass R. Sunstein. *Nudge: Improving Decisions about Health, Wealth, and Happiness*. New Haven, CT: Yale University Press, 2008.

Thorndike, Joseph J. "Historical Perspective: Pecora Hearings Spark Tax Morality, Tax Reform Debate." *Tax Notes* 101, November 10, 2003.

Toder, Eric. "Explaining the TCJA's International Reforms." Tax Policy Center, Urban Institute and Brookings Institution, February 2, 2018.

Tørsløv, Thomas, Ludvig Wier, and Gabriel Zucman. "The Missing Profits of Nations." National Bureau of Economic Research Working Paper no. 24701, 2018.

US Bureau of the Census. *Historical Statistics of the United States, 1789–1945. US Department of Commerce*, Bureau of the Census, 1949.

————. *Historical Statistics of the United States, Colonial Times to 1970*. US Department of Commerce, Bureau of the Census, 1975.

US Bureau of Labor Statistics. National Compensation Survey. Healthcare Benefits: Access, Participation, and Take-up Rates. 2018. Available at www.bls.gov/ncs/ebs/benefits/2017/ownership/civilian/table09a.htm.

US Centers for Disease Control and Prevention. Life Expectancy. 2019. Available at www.cdc.

그들은 왜 나보다 덜 내는가

gov/nchs/fastats/life-expectancy.htm.

US Centers for Medicare and Medicaid Services. *National Health Expenditure Accounts.* Washington, DC: Government Printing Office, 2019.

US Congressional Budget Office. "The Distribution of Household Income, 2015." Washington, DC: Government Printing Office, 2018.

US Department of Commerce. Bureau of Economic Analysis. *National Income and Product Accounts of the United States, 1929–2018.* Washington, DC: Government Printing Office, 2019.

US Joint Committee on Tax Evasion and Avoidance. *Hearings before the Joint Committee on Tax Evasion and Avoidance,* 75th Congress, First Session, June 1937.

US Treasury Department, Internal Revenue Service. *Statistics of Income: Individual Income Tax Returns 1960.* Washington, DC: Government Printing Office, 1962. Available at www.irs.gov/pub/irs-soi/60inar.pdf.

———. *Annual Report of the Commissioner of Internal Revenue 1975.* Washington, DC: Government Printing Office, 1975.

———. "Federal Tax Compliance Research: Individual Income Tax Gap Estimates for 1985, 1988, and 1992." IRS Publication 1415 (Rev. 4–96), Washington, DC: Government Printing Office, 1996.

———. *Country-by-Country Report: Tax Jurisdiction Information.* Washington, DC: Government Printing Office, 2018.

———. *Foreign Portfolio Holdings of U.S. Securities.* Washington, DC: Government Printing Office, 2018.

———. *Internal Revenue Service Databook 2018.* Washington, DC: Government Printing Office, 2019.

Ventry, Dennis J. "Tax Shelter Opinions Threatened the Tax System in the 1970s." *Tax Notes* 111, May 22, (2006): 947.

Viard, Alan, and Robert Carroll. *Progressive Consumption Taxation: The X Tax Revisited.* Washington, DC: AEI Press, 2012.

Wang, Ben. "Supplying the Tax Shelter Industry: Contingent Fee Compensation for Accountants Spurs Production." *Southern California Law Review* 76 (2002): 1237–1273.

Wartzman, Rick. *The End of Loyalty: The Rise and Fall of Good Jobs in America.* New York:

PublicAffairs, 2017.

Watson, Garrett. "Resisting the Allure of Gross Receipts Taxes: An Assessment of Their Costs and Consequences." Tax Foundation, Fiscal Fact no. 634, February 2019.

Wearden, Graeme, and Larry Elliott. "Google CEO: We're Happy to Pay More Tax." *The Guardian*, January 24, 2018.

Witters, Dan. "U.S. Uninsured Rate Rises to Four-Year High." *Gallup*, January 23, 2019.

Wolff, Edward. *Top Heavy: A Study of Increasing Inequality of Wealth in America*. New York: The Twentieth Century Fund Press, 1995.

———. "Time for a Wealth Tax?" *Boston Review*, February 1, 1996.

Wright, Ronald. *A Short History of Progress*. Toronto: House of Anansi, 2004.

Wright, Thomas, and Gabriel Zucman. "The Exorbitant Tax Privilege." National Bureau of Economic Research Working Paper no. 24983, 2018.

Zucman, Gabriel. "The Missing Wealth of Nations: Are Europe and the U.S. Net Debtors or Net Creditors?" *Quarterly Journal of Economics* 128, no. 3 (2013): 1321–1364.

———. "Taxing Across Borders: Tracking Personal Wealth and Corporate Profits." *Journal of Economic Perspectives* 28, no. 4 (2014): 121–148.

———. *The Hidden Wealth of Nations*. Chicago: University of Chicago Press, 2015.

———. "Global Wealth Inequality." *Annual Review of Economics* 11 (2019): 109–138.

Zwijnenburg, Jorrit, Sophie Bournot, and Federico Giovannelli. "Expert Group on Disparities within a National Accounts framework—Results from a 2015 exercise." OECD Working Paper No. 76, 2017.

그들은 왜 나보다 덜 내는가

옮긴이의 말

《그들은 왜 나보다 덜 내는가》는 불평등에 관한 책이다. 경제적 불평등의 원인을 제도, 더 나아가 정치의 문제로 바라보며, 그 해법을 모색하고 독자들의 관심과 참여를 촉구하는 저술이다. 저자인 이매뉴얼 사에즈와 게이브리얼 저크먼은 특히 이른바 '슈퍼리치'들의 국경을 넘나드는 탈세 행각에 주목하여, 그들에게 정당한 세금을 물리고 그 재원으로 미국을 복지 국가로 만들자는 청사진을 제시하고 있다. 보수와 진보로 나눈다면 진보적인 관점에서 불평등을 다루는 책이라고 할 수 있다.

그러나 오늘날은 불평등을 다루는 진보의 관점이 복잡해졌다. 또한 그에 발맞춰 기존의 보수적 관점 역시 이전처럼 투박하지만은 않다. 그런 맥락과 함께 이 책이 우리 사회에서 어떤 방향으로 논의될 수 있을지, 또한 논의되어야 하는지 간략하게 짚어 보도록 하자.

불평등에 대한 저자들의 입장은 분명하다. 경제적 불평등은 순수하게 경제적인 이유만으로 결정되지 않는다. 특정 시기의 사건과 분위기 등으로 형성되는 이른바 '시대정신'에 의해, 혹은 상대적으로 소수지만 잘 결집해 있는 특정한 세력의 정치적 공작에 의해, 조세 제도가 바뀌면서 부의 형성과 분배 방식 역시 왜곡되거나 바로잡힐 수 있다.

1930년대 대공황 이후 루스벨트 대통령이 취임했던 그 시절의 미국인들은 의도적으로 부자들에게 더 많은 세금을 물렸다. 최상위 소득구간에는 사실상 압류나 다를 바 없는 높은 세금을 물림으로써 아예 돈을 벌겠다는 의지 자체를 빼앗아 버렸다. 이유는 간단했다. 부자들의 소득이, 세전이건 세후건, 특정 수준 이상으로 커지는 것을 막겠다는 것이었다. 대공황 직전까지 전 세계가 호황을 겪고 있었고 특히 미국은 '도금시대'라 불리는 풍요의 시기를 누리고 있었지만, 그 이면에서 부익부빈익빈이 극심해지고 있었던 것에 대한 반작용이었다. 그렇게 만들어진 미국의 조세 체계는 약 50여 년간 경제성장과 평등을 동시에 가져다주었다.

1980년 로널드 레이건이 당선되면서 상황은 180도 달라졌다. 레이건은 노골적으로 부자들의 세금을 깎아주기 위한 조세 정책을 추진해 나갔다. 세율을 '적정 수준'으로 유지해야 부자들의 투자의욕이 살아나고, 그래야 그들이 더 많이 벌어서 더 많은 세금을 낼 것이며, 그럼으로써 경기 불황과 재정 적자를 동시에 극복할 수 있다는 논리가 제시된 것이다. 그 중심에는 그 유명한 '래퍼 곡선'이 있었다. 세율이 100퍼센트가 되면 아무도 일하지 않을 것이고 세액은 0이 된다. 세율이 0퍼센트일 때는 당연히 세액이 0이다. 따라서 세액이 가장 높은 지점은 0과 100 사이의 어딘

그들은 왜 나보다 덜 내는가

가에 있다. 이 명료한 '수학적' 논리를 들이대며 신보수주의자들, 즉 네오콘 세력은 레이건을 앞세워 루스벨트의 유산을 차근차근 파괴해 나갔다.

그 파괴 공작의 핵심에 바로 '조세 도피처'를 이용한 탈세 수법이 있었다. 그 수법을 간단히 살펴보면 이렇다. 나이키의 로고, 애플의 상표권, 구글의 검색 알고리즘 등 기업이 지니는 핵심적인 자산, 대체로 무형자산을 별도의 것으로 떼어낸다. 그리고 케이먼제도나 영국령 버진아일랜드 같은 조세 도피처에 설립한 해외 법인으로 해당 무형자산을 매각한다. 그리고 미국을 비롯한 세계 각국에 설립된 자회사는 조세 도피처의 자회사에 그 무형자산의 사용료 명목으로 막대한 돈을 지불하는 것이다. 조세 도피처는 그 이름대로 법인세율이 매우 낮거나 때로는 0이다. 글로벌 다국적 대기업은 이렇게 법인세를 회피하고, 그렇게 덩치가 커진 기업은 고스란히 그 창업자 내지는 소유주의 막대한 재산이 된다. 이렇게 글로벌 경제엘리트들은 오늘날 평범한 이들이 감히 상상할 수도 없을 만큼 많은 부를 쌓아둔 채 푼돈에 가까운 세금만 내며 살아갈 수 있게 된 것이다.

이는 결국 상대적으로 작은 나라인 조세 도피처가 자신들의 주권을 남용해 부유한 나라의 세금을 빼앗아 부자들과 나눠먹는 행태라 할 수 있다. 문제는 개별적인 주권국가의 일탈 행위를 막을 방법이 없거나 묘연하다는 것이다. 적어도 일반적으로는 그렇게 알려져 있다. 그러므로 조세 도피처를 이용한 슈퍼리치들의 '절세'를 우리는 도덕적으로 비난할 수 있지만 실질적으로 막을 수는 없다는 것이 통념이다.

《그들은 왜 나보다 덜 내는가》의 독창적인 내용과 가치는 바로 이 대목에서 빛난다. 현존하는 법과 국제질서를 통해 미국뿐 아니라 (조세 도피처를 제외한) 전 세계 모든 나라와 국민이 혜택을 볼 수 있는 구체적인 해법을 제시하고 있는 것이다. 옮긴이는 세금 · 경제 · 국제법 등의 전문가가 아니어서, 그 내용의 타당성을 직접 검토할 능력은 없다. 하지만 적어도 한 가지 사실만큼은 분명히 말할 수 있다.《그들은 왜 나보다 덜 내는가》는 흔히 말하는 '대안 없는 비판'의 함정에 빠진 책이 아니라는 것이다. 이 책은 분명한 대안을 제시하고 있으며, 그것만으로도 숱한 인문 · 사회과학 서적들과는 분명한 차별점을 보여준다고 할 수 있다.

그렇다면 구체적으로 어떤 문제의식에 대한 대안이라고 할 수 있을까? 인문 · 사회 분야의 책을 어느 정도 읽어 온 독자라면 이 책의 공저자 중 특히 이매뉴얼 사에즈의 이름이 낯설지 않을 것이다. 토마 피케티의 《21세기 자본》으로 구체화될 내용을 함께 연구했으며, 이후 피케티와 함께《세금 혁명》등의 책을 쓰기도 한 바로 그 사람이기 때문이다.

《그들은 왜 나보다 덜 내는가》가 21세기의 진보적 경제 정책 담론장에서 위치하는 좌표도 그에 따라 자연스럽게 결정되어 있다. 이 책은 그 두껍고 치열했던《21세기 자본》에 빠져 있던 유일한 내용, 즉 구체적인 정책적 해법이 담겨 있는 책이다. 상위 1퍼센트, 더 나아가 0.1퍼센트, 그보다 더 적은 0.01퍼센트에게 어떻게 제대로 세금을 내게 할지 몇 년에 걸쳐 치열하게 고민한 결과물인 것이다. 전체 수입에서 근로소득에 비해 자본소득이 차지하는 비중이 월등히 높은 사람들, 글로벌 대기업의 지분을 다수 보유하고 있는 사람들, 따라서 그 기업의 수익을 해외로 이전하

그들은 왜 나보다 덜 내는가

고 조세 도피처에 감춰둠으로써 마땅히 미국 시민으로서 내야 할 세금을 내고 있지 않은 사람들, 그런 이들을 겨냥하고 있는 책이다.

이와 같은 논의의 방향은 앞서 언급했다시피 피케티의 《21세기 자본》 이후 2010년대 초중반을 휩쓸었다. 거대한 담론적·정책적 흐름을 형성했다고 이야기할 수도 있다. 미국의 경우 2016년 대선을 좌우한 가장 뜨거운 화두이기도 했다. 자신들이 짊어져야 할 책임을 다하지 않는 글로벌 엘리트들이 2008년 이후에도 미국 사회를 그대로 지배하고 있다는 불만이 특히 청년층과 중서부에 사는 중하층 사이에 퍼져 나갔다. 그러한 대중적 정서는 공화당에서 트럼프 지지로, 민주당에서 엘리자베스 워런과 버니 샌더스 상원의원을 향한 열기로 표출되기도 했다. 반면 글로벌 엘리트에 친화적인 후보로 여겨진 힐러리 클린턴은 유리한 조건에서 선거운동을 시작했음에도 고배를 마실 수밖에 없었던 것이다.

그 무렵 미국의 진보 진영을 지배하는 의식을 한마디로 축약하자면 "우리는 99퍼센트다"라고 할 수 있었다. 월가 점령 운동의 구호이기도 했던 이 말은, 불평등의 대립 구도를 상위 1퍼센트 대 하위 99퍼센트로 나누는 것이었다. 이는 《21세기 자본》을 비롯해 그 영향권 내에 있는 다양한 논의의 전제라고 할 수도 있으며, 이 책 또한 그러한 입장에 가깝다고 말할 수 있다.

이와 같은 담론 구도는 국내에 《20 대 80의 사회》라는 제목으로 번역 소개된 리처드 리브스의 책 《Dream Hoarders》가 2017년 출간되면서 달라지기 시작했다. 미국의 불평등은 극소수의 최상위 엘리트와 그 외

'우리 모두'의 차이로 축약될 수 없다고 리브스는 주장했다. 좋은 교육을 받을 기회, 더 나은 여건에서 자녀를 낳고 기를 기회, 대학교 학벌을 바탕으로 비슷한 경제적·문화적 수준을 가진 이들과 교류할 기회 등을 모두 상위 20퍼센트가 독점하고 있는 것이 오늘날 미국이 가지고 있는 불평등의 진정한 원인이며, 따라서 미국의 경제적 불평등은 1:99의 싸움이 아니라 20:80의 싸움이라는 것이다.

리처드 리브스의 문제제기 또한 토마 피케티의 그것과 마찬가지로 큰 반향을 불러일으켰다. 특히 상위 20퍼센트가 금과옥조로 삼는 '능력주의meritocracy'에 대한 비판이 봇물 터진 듯 쏟아져 나왔다. 상위 20퍼센트는 자신들이 교육을 통해 능력을 증명했으므로 더 좋은 일자리를 차지해야 한다는 일종의 자격 서사를 스스로에게 부여하지만, 그러한 교육 및 기회에의 접근성 자체가 일종의 '기회 사재기'에서 비롯하고 있다는 것이다.《정의란 무엇인가》로 잘 알려진 하버드대학교 철학과 교수 마이클 샌델의《공정하다는 착각》, 대니얼 마코비츠의《엘리트 세습》, 국내에 다시 번역 소개된 마이클 영의 고전《능력주의》등을 대표적인 논의로 꼽아볼 수 있다.

《21세기 자본》대《20 대 80의 사회》또는 1:99의 갈등 대 20:80의 갈등이라는 두 입장은 서로를 완전히 배척한다고 볼 수 없다. 하지만 두 논의가 지향하는 바에 따라 정책의 우선순위를 정하자면 무게중심이 실리는 방향이 달라질 수밖에 없는 것 또한 사실이다.《20 대 80의 사회》는 특히 저소득층을 대상으로 한 교육 정책에 초점을 맞추는 반면,《21세기

그들은 왜 나보다 덜 내는가

자본》은 글로벌 대기업과 자본의 통제 방안을 찾는 쪽으로 향할 수밖에 없기 때문이다.

앞서 말했듯《그들은 왜 나보다 덜 내는가》는《21세기 자본》의 문제 의식을 바탕으로 구체적이고 실천가능한 해법을 모색하는 책이다. 본문보다 역자 후기를 먼저 읽고 계신 독자라면, 혹은 책을 다 읽은 후 여운을 음미하고 계신 독자라면, 이러한 논쟁의 좌표를 한번쯤 곱씹어 주시기를 바라는 마음이다.

최근 기업의 상속 문제가 국내에서 화제가 되고 있다. 몇몇 창업자들이 기업 상장이나 매각을 통해 하루아침에 억대를 넘어 조 단위의 부자가 되기도 한다. 코로나19로 인해 실물경제가 얼어붙은 가운데 부동산과 주식 등 자본시장만은 전례 없는 호황을 누리고 있는 것이 현실이다. 불평등, 특히 자산의 소유 규모에 따른 불평등을 고민하지 않을 수 없는 시점인 것이다.

특히 최근 유행처럼 거론되고 있는 기본소득의 경우가 그렇다. 기본소득은 본디 밀턴 프리드먼을 비롯한 우파 경제학자들의 지지를 받는 제도다. 국가가 사람을 직접 고용하고 운영하는 현행 복지 체제를 버리고 대신 돈을 나눠주는 것으로 갈음하는 것이기 때문이다. 하지만 진보 진영에서 기본소득을 말하는 이들은 거의 대부분 현존하는 복지 체제의 축소를 원치 않는다. 그렇다면 지금보다 훨씬 많은 세금을 걷지 않을 수 없다.

부자에게 세금을 걷어 가난한 이들을 위한 복지의 재원으로 쓰자는 말을 하는 것은 쉽다. 하지만 구체적으로 얼마만큼의 돈을 어떻게 걷

옮긴이의 말

어야 하는지, 그 과정에서 발생할 수 있는 부작용이 무엇이며 어떻게 예방할 수 있을지, 이런 주제를 대중들이 쉽게 접하고 읽을 수 있는 단행본이라는 형식 속에서 탐구하는 논의는 그리 흔치 않다. 관심이 있는 독자라면 저자들이 만들고 책 속에서 여러 차례 강조하는 웹사이트 taxjusticenow.org 또한 방문해 보실 것을 권한다. 진보와 보수를 막론하고, 현실을 다루는 한국의 지식인이라면 귀감으로 삼을 만하다.

평소 영어권 출판계의 동향에 관심을 기울이는 편이지만, 이렇게 재미있고 유의미한 작업이 나와 있다는 것은 알지 못했다. 좋은 책을 영어로 읽고 한국어로 옮기며 여러 각도에서 고민할 수 있는 기회를 제공해 주신 박윤우 대표님과 부키 여러분께 감사의 말씀을 드린다. 저자들이 본문에서 쓰는 표현을 빌리자면, 세상을 바꾸는 것은 결국 "집합적 행위에 대한 긍정적 믿음"일 것이다. 모쪼록 이 책이 독자 여러분에게 어떤 '경전'이나 '계시'가 아닌 일종의 '연습문제집'처럼 받아들여질 수 있기를 희망한다.

그들은 왜 나보다 덜 내는가